T0198508

Sammlung Metzler
Band 306

Uwe Dethloff

Französischer Realismus

Verlag J.B. Metzler
Stuttgart · Weimar

Die Deutsche Bibliothek – CIP-Einheitsaufnahme

Dethloff, Uwe:
Französischer Realismus / Uwe Dethloff.
– Stuttgart ; Weimar : Metzler, 1997
(Sammlung Metzler ; Bd. 306)
ISBN 978-3-476-10306-2

ISBN 978-3-476-10306-2
ISBN 978-3-476-04023-7 (eBook)
DOI 10.1007/978-3-476-04023-7
ISSN 0558-3667

SM 306

© 1997 Springer-Verlag GmbH Deutschland
Ursprünglich erschienen bei J.B. Metzlersche
Verlagsbuchhandlung und Carl Ernst Poeschel Verlag
GmbH in Stuttgart 1997

Inhalt

I. Einleitung

Der Realismus ist neben der Romantik, dem Naturalismus, dem Symbolismus und der literarischen Dekadenz der achtziger und neunziger Jahre eine der prägenden Strömungen der französischen Literatur des 19. Jahrhunderts, zumal mit ihm so bedeutende Autoren wie Stendhal, Honoré de Balzac und Gustave Flaubert assoziiert werden. *Le Rouge et le Noir*, *Le Père Goriot* und *Madame Bovary* gehören seit Beginn des 20. Jahrhunderts zur Weltliteratur und erfreuen sich auch heute noch in der Postmoderne des ungebrochenen Interesses einer breiten Leserschaft, wohl gerade auch deswegen, weil sie über ihren Charakter als Zeitdokumente hinaus die existentiellen Grundsituationen des Menschen vor dem Hintergrund seiner gesellschaftlichen Einbindung so eindringlich und facettenreich schildern. Darüber hinaus vermitteln sie ein Bild von dem archetypischen Spannungsverhältnis zwischen Individuum und Gesellschaft, das auch in der Moderne, wenngleich unter anderen Voraussetzungen und mit veränderten Konfliktsituationen, die Menschen in ihren Handlungsmustern, Zielvorstellungen und emotionalen Verstrickungen determiniert. Nicht von ungefähr haben die französischen Realisten des vergangenen Jahrhunderts in der Gegenwart kaum an Popularität eingebüßt, weil sie auch den Leser von heute durch das Angebot einfühlender Identifikation oder bewußter Provokation zu einer engagierten Lektüre animieren. Gerade die Kombination von zeittypischen Bildern der im Aufbruch befindlichen französischen Gesellschaft des 19. Jahrhunderts mit den zeitlosen, allgemeinmenschlichen Problemen existentieller Sinnsuche und individuellen Glücksstrebens verleiht den Romanen des französischen Realismus eine erstaunliche Aktualität, der sich auch die romanistischen Universitätscurricula nicht verschließen: Stendhal, Balzac und Flaubert sind Romanciers, die selbst im Zeitalter von Internet, der Multimedien und der kulturellen Diversifizierung die Hochschulseminare füllen.

Zunächst ein Blick auf eine Auswahl von einführenden Darstellungen zum französischen Realismus: Es gibt nur wenige Gesamtdarstellungen, die dem Anspruch auf eine konzise Synthese genügen. Zumal die Entwicklung und Ausbildung einer realistischen Ästhetik seit der Romantik in Frankreich werden in der Regel nicht systematisch abgehandelt, sondern innerhalb der Autorenkapitel meist nur werkbezogen und selektiv mitberücksichtigt.

Pierre Martino (1913) und der hervorragende Flaubertkenner René Dumesnil (1936) sind mit ihren Überblicken zur Genese und Entwicklung der Realismusbewegung in der Mitte des 19. Jahrhunderts wegen der Fülle des zusammengetragenen Materials für den Literarhistoriker ungemein informativ, als einführende Synthesen aber kaum geeignet. Martino konzentriert seine Darstellung auf die Pioniere der Realismuskampagne in Frankreich, Champfleury, Duranty, Murger, und beschränkt sich ansonsten auf die Analyse von Gustave Flauberts *Madame Bovary* und auf die Diskussion der wichtigsten literarästhetischen Prinzipien der Gebrüder Goncourt, deren Zuordnung zum Realismus oder Naturalismus bis heute strittig geblieben ist. Dumesnil behandelt unter dem Titel *Le Réalisme* die gesamte französische Literatur der zweiten Hälfte des 19. Jahrhunderts unter Einbezug des Naturalismus und des Parnasse, läßt jedoch Stendhal und Balzac unberücksichtigt.

Sind die genannten Studien eher für den Spezialisten von Interesse, so stehen andererseits nur wenige einführende Gesamtdarstellungen zur Verfügung, denen eine fast unübersehbar gewordene Fülle an Monographien und Spezialuntersuchungen zu den einzelnen realistischen Autoren gegenübersteht. Zu nennen ist hier der Band von Colette Becker (1992), der, obwohl methodisch ansprechend präsentiert, zu einer problematisch erscheinenden Verkürzung des Realismusbegriffs neigt. Neben dem bis heute unübertroffen gebliebenen ›Klassiker‹ von Hugo Friedrich ([1]1939) bleibt das Buch von Klaus Heitmann (1979) die bislang gelungenste Gesamtdarstellung, wenn auch seine Definition des Epochenbegriffs ›Realismus‹ (ebd., S. 9) dem Spezialisten wie auch dem Literaturstudenten deutlich ins Bewußtsein rückt, daß die Begrifflichkeit und die dieser zugrunde liegenden theoretischen Prämissen kaum eine formelhafte Definition zulassen. Gut recherchiert ist das Buch von Wolfgang Klein (1989), das die sozialhistorisch bedeutsamen Fakten und Entwicklungen einbezieht, allerdings nur den programmatischen Realismus der fünfziger Jahre, deren Akteure und Theorien, zum Gegenstand hat und somit Stendhal und Balzac nicht thematisiert.

Es gibt bislang keine Synthese zum französischen Realismus, in der die Klassiker Stendhal, Balzac, Flaubert *und* die Bewegung des programmatischen Realismus in einer Zusammenschau präsentiert würden (abgesehen einmal von dem Überblick zum Realismus in der Literaturgeschichte von Claude Pichois, 1979). Der vorliegende Band stellt sich diese Aufgabe, vor allem auch mit dem Ziel, deutlich zu machen, daß der französische Realismus sowohl im Hinblick auf die Ausbildung eines literarästhetischen Programms als auch in bezug auf seine herausragenden Repräsentanten keine ästhetisch homogene, monolithische Bewegung darstellt.

Vor allem die Arbeiten von Hans-Jörg Neuschäfer (1976; 1986) haben erwiesen, daß im Verlauf der ersten Hälfte des 19. Jahrhunderts der Roman mit dem Aufstieg der Bourgeoisie und der Erschließung einer ständig wachsenden Leserschaft zum beherrschenden literarischen Genre wird. Diese Entwicklung wurde durch die ab den dreißiger Jahren verbesserten Bildungschancen des mittelständigen Bürgertums begünstigt. Der mit dem Gesetz Guizot (1833) eingeführte allgemeine Grundschulunterricht für Knaben und der mit der Loi Falloux (1850) obligatorisch gemachte »enseignement primaire« für Mädchen führen zu einer stetig steigenden Alphabetisierung breiter Schichten der fanzösischen Gesellschaft und folglich auch zu einem steigenden Lektürebedarf, vor allem auch bei der weiblichen Bevölkerung aus den mittleren Schichten. Da die Bücher im 19. Jahrhundert im Verhältnis zum verfügbaren Einkommen der Leserschaft aus dem Klein- und mittleren Bürgertum nicht billig sind, steigt die Anzahl örtlicher Leihbüchereien, sogenannter »cabinets de lecture«, sprunghaft an. Das Aufkommen der Massenpresse mit ihrem täglichen Angebot des Fortsetzungsromans, der im Rhythmus des Erscheinens der Tageszeitungen unterbrochen wurde und aufgrund seiner Parzellierung seine kommerziell intendierte Spannungsstruktur erhält, führt zu einer rasanten Verbreitung von für den Geschmack breiter Schichten ›industriell‹ hergestellten Unterhaltungsromanen. Bereits ab 1836 praktizierte Emile de Girardin mit seiner Zeitung *La Presse* systematisch dieses Verfahren. Die realistischen Autoren veröffentlichen ihre Romane dementsprechend zunächst als »romans-feuilletons«, so auch Gustave Flaubert seine *Madame Bovary* in der *Revue de Paris* (1856).

Mit der Zurückweisung der klassischen Doktrin durch die Gruppe der jungen Romantiker, die sich um Victor Hugo geschart haben, und mit der gewonnenen Hernani-Schlacht um die Durchsetzung der Forderung nach Darstellung der »réalité totale« übernahmen das romantische Drama und insbesondere der Roman »den Primat in der Literatur« (Heitmann, 1979, S. 11). Die traditionelle Romanfeindlichkeit des 17. und 18. Jahrhunderts mündet in der Julimonarchie in einen spektakulären Aufschwung dieses Genres, dessen Spektrum vom Populärroman bis zur künstlerisch anspruchsvollen Prosa reicht und das besonders in Form des Feuilletons prosperiert. Der Roman wird nach 1830 auch deswegen zur dominanten Gattung, weil die Autoren ihre Werke zur Bestreitung des Lebensunterhalts auf den Markt bringen und die Literaturproduktion dem Gesetz von Angebot und Nachfrage unterworfen wird. Zumal der

Feuilletonroman unterliegt dem Gesetz der ›kundenfreundlichen‹ Warenproduktion; das Kriterium der Qualität hat sich der Bedarfssituation unterzuordnen. Das Publikum will Romane lesen, Literatur wird zur »littérature industrielle« (vgl. dazu besonders Heitmann, 1970, S. 294-297).

Die hier nur angedeuteten, literatursoziologisch relevanten Veränderungen in den Grundbedingungen der Literaturproduktion nach 1830 verlaufen parallel zur endgültigen Überwindung der klassischen Regelästhetik. Victor Hugos *Préface de Cromwell* und die wochenlange »Schlacht« um sein Drama *Hernani* im Jahre 1830 haben, wie zu zeigen sein wird, nicht nur den Durchbruch zu einer ästhetischen Grundlegung der französischen Romantik bewirkt, sondern zugleich auch die Ausgangsbasis für die Entwicklung des literarischen Realismus geschaffen. In der ersten Hälfte des 19. Jahrhunderts kommt also in Frankreich das gesamte literarästhetische ›System‹ in Bewegung und erhält zusätzlich noch einen von außen einwirkenden dynamischen Anstoß durch die veränderten Bedingungen der Produktion von Literatur. Die Hinwendung der Romanciers wie Stendhal und Balzac zu Romangegenständen, die in der Gegenwart und im Gesellschaftlichen verankert sind, ergibt sich fast zwangsläufig aus der Tatsache,

- daß der Roman als Gattung dominant wird,
- daß der Roman nicht mehr der klassischen Normierung oder Stoffbeschränkung unterliegt,
- daß sich der Autor im Sinne seiner eigenen ökonomischen Schreibsituation auf die Bedürfnisse und Interessenbereiche der bürgerlichen Leserschaft einstellt, indem er seine Romane als Zeitdokumente gestaltet.

Der literarische Realismus ›verdankt‹ folglich seine Genese gegen Ende der Restauration dem Zusammentreffen einer Vielzahl von spezifischen literarästhetischen, literatursoziologischen und rezeptionsästhetischen Faktoren, die sowohl zur Konsolidierung der romantischen Bewegung als auch besonders zur Herausbildung einer realistischen Ästhetik beigetragen haben.

4

1. Der Epochenbegriff ›Realismus‹ und die Geschichte seiner Kritik

Es geht im Rahmen dieser Einführung nicht darum, die theoretische Grundsatzdiskussion über den Begriff des Realismus neu aufzurollen. Hier hat Hugo Aust eine gründliche Bestandsaufnahme vorgelegt (1977/1981), welche die Voraussetzungen und Bedeutungsfelder der Begrifflichkeit prägnant darstellt. Zum Gebrauch des Begriffs in den einzelnen Wissenschaftsdisziplinen und zur Klärung der unterschiedlichen Richtungen und Ausprägungen des Realismuskonzepts in der Literaturwissenschaft (Realismus als Norm-, Gehalt-, Stil-, Epochen- und Kommunikationsbegriff; poetischer – bürgerlicher – literarischer Realismus usw.) sind die von Aust präsentierten Eingrenzungen und Definitionen grundlegend.

Um in dem hier vorgelegten Band eine theoretische Basis für die Autoren und Werke des Realismus wie auch für die Entwicklung einer realistischen Ästhetik in Frankreich bereitzustellen, sollen im folgenden die entscheidenden kritischen Auseinandersetzungen mit dem Realismusbegriff, bezogen auf den französischen Realismus, skizziert werden.

Der Versuch einer solchen Synopse scheint angesichts des Faktums, daß der Terminus ›Realismus‹ als »der dehnbarste Begriff der Literaturwissenschaft« gelten kann (Kohl, 1977, S. 11), ein kühnes Unterfangen. Andererseits kann man auf eine didaktische Reduktion bei der Darstellung der Problematik der Begrifflichkeit nicht verzichten, wenn man trotz deren Uferlosigkeit und Brisanz ein gemeinsames ›Dach‹ für die Romanprosa mit evidenter Wirklichkeitsorientierung finden will. Deshalb sollen im folgenden die Voraussetzungen und Erscheinungsformen realistischen Erzählens und insbesondere auch die Geschichte der unterschiedlichen Ansätze zur definitorischen Eingrenzung des Realismusbegriffs in der gebotenen Kürze dargelegt werden.

Die Grundannahmen für die folgende Darstellung sind dabei,

– daß ›Realismus‹ als überzeitlicher, allgemeiner Begriff des sogenannten »ewigen«, in jedem Kunstwerk zu jeder Zeit in bestimmter Quantität/Qualität vorzufindenden Realismus hier außer Acht gelassen wird;
– daß das Verhältnis von literarischem Realismus und Realität, insbesondere die Frage, was Realität ist und konstituiert, als philosophische Grundfrage hier nicht zur Debatte steht (zur Problematik Realismus/Realität in philosophischer Perspektive siehe die Beiträge in Ritter, Gründer, Bd. 8, 1992, Sp. 147-178; Sp. 185-211);

- daß bei der Darstellung des französischen Realismus von dem historischen *Epochenbegriff* ausgegangen wird, der ein zwischen 1830 und 1870 in Frankreich dominierendes ästhetisches Normensystem einschließlich der diesem zuzuordnenden Romanproduktion subsumiert.

Wir sind uns bewußt, daß ein gemeinsames Merkmalsbündel für einen klar eingrenzbaren ›Zeit-Bruch‹, mit dem die Realismusepoche in Frankreich identifiziert werden könnte, notwendigerweise anfechtbar ist. Jeder Versuch der Eingrenzung oder Klassifizierung des französischen Realismus erfordert Kompromisse. Es gibt jedoch globale Kriterien, denen eine heuristische Funktion zur Kategorisierung von Epochenmerkmalen eignet. Dabei ist von grundsätzlicher Bedeutung, daß nicht die Wiedergabegenauigkeit der Dingwelt zum Maßstab für realistisches Erzählen wird, sondern das komplexe, interagierende Bezugsgeflecht aus Wirklichkeit, aus Erfahrung derselben und aus der künstlerischen Darstellung von Wirklichkeit und Wirklichkeitserfahrung. Der Realismus eines Werks mißt sich also an folgender Triade: Abbildung von Wirklichkeit, Erfahrung von Wirklichkeit, Darstellung von Wirklichkeit (d.h. die Darstellungsformen sowohl im Werk als auch im Horizont ihrer Entstehung und Wirkung).

Die Geschichte der Kritik des Realismus, bezogen auf die französische Literatur des 19. Jahrhunderts, spiegelt die Komplexität des von uns vorausgesetzten Epochenbegriffs. So wurden zum Beispiel Honoré de Balzac und Stendhal zu ihren Lebzeiten keineswegs mit einer »école réaliste« identifiziert. Als sich nach der skandalträchtigen Etablierung der neuen Bewegung diese um die Jahrhundertmitte in Paris öffentlichkeitswirksam in Szene setzte, konnotierte man die modische Literaturrichtung mit deren zeitgenössischen Akteuren, dem Maler Gustave Courbet und den Literaten Champfleury und Edmond Duranty. Die in der »bataille réaliste« lancierte Kontroverse wurde nicht primär von der Streitfrage genährt, ob ein Stendhal oder Balzac mit ihren als Zeitdokumente konzipierten Romanen die Rolle von Wegbereitern der ab 1850 zur vollen Entfaltung gelangenden, antiromantischen Literaturströmung des Realismus beanspruchen können. In der gut dokumentierten Übersicht von Guy Robert (1953) über die zeitgenössischen Reaktionen auf die »école réaliste« wird deutlich, daß sich die Kritiker zunächst hauptsächlich über die Darstellung von zuvor tabuisierten Themenbereichen wie Sexualität, Lebensalltag und deklassierte Gesellschaftsmilieus entrüsteten. Der Terminus »Realismus« dient in den Jahren 1848 bis 1857 vor allem als pejoratives Etikett für die Literaturproduktion der zeitgenössischen Außenseitergruppe der »réalistes«. Gustave Flaubert setzt sich in seinem Prozeß um *Madame Bovary* dem Vorwurf aus, er habe sich der »peinture réaliste« schuldig gemacht, »un réalisme qui serait la négation du beau et du bon et qui (...) commettrait de continuels outrages à la morale publique et aux bonnes moeurs« (Flaubert, Ausg. Maynial, 1961, S. 342). Erst nach dem Achtungserfolg seines Romans bei einer breiten Leserschaft wird in Flaubert ein Autor gesehen, der die banale Wirklichkeit in eine künstlerisch ansprechende Form umsetzt und den ästhetisch ungepflegten Realismus eines Champfleury durch einen formal anspruchsvollen Realismus ersetzt. Und jetzt, da Flaubert sich durch die künstlerisch ansprechende Darstellung der Trivialwirklichkeit ausgezeichnet hat, besinnt sich die Kritik auch auf Balzac, dem man sogar die Gründerrolle des Realismus zuerkennt:

»Balzac en fondant l'école réaliste, M. Gustave Flaubert en la rajeunissant, l'ont soumise au système qu'ils pratiquent eux-mêmes, l'analyse et l'hallucination à outrance; l'un dissèque les objets, l'autre les saisit d'ensemble avec une lucidité particulière et un certain grossissement« (Anatole Claveau, *La Revue contemporaine*, 1-12-1859; vgl. auch Robert, 1953, S. 19).

Obwohl sich hier bereits ein Verständnis von Realismus im Sinne epochaler Prägung andeutet und Balzac und Flaubert diesem zugeordnet werden, zögern die Literaturkritiker noch zu Beginn des 20. Jahrhunderts, einen Stendhal oder Balzac innerhalb der realistischen Bewegung des 19. Jahrhunderts anzusiedeln. Noch im Jahre 1923 vermeidet es Ernst-Robert Curtius (1923), Balzac eindeutig mit der Epochenbezeichnung des Realismus zu identifizieren. Auch in René Dumesnils 650-seitiger Studie über den französischen Realismus (1936) sucht man vergeblich ein Kapitel zu Stendhal oder Balzac. Eine erste Darstellung des französischen Realismus *vor* und *nach* 1850 findet sich in Friedrichs auch heute noch grundlegendem Buch (1939), in dem die Einheit der drei »Klassiker« Stendhal, Balzac und Flaubert nicht mehr in Frage gestellt wird.

Ein entscheidender Impuls in der Realismusdebatte ging in den dreißiger Jahren von der Widerspiegelungstheorie Georg Lukács‹ aus, die bei dem ungarischen Literaturkritiker mit dem Lob der Balzacschen Variante realistischen Erzählens einherging (vgl. Lukács, 1952). In seinem Aufsatz »Erzählen oder Beschreiben?« (Lukács, 1936, S. 33-85) entwickelt Lukács seine Theorie der »richtigen Widerspiegelung« von Wirklichkeit in der Fiktion. Korrekte Widerspiegelung im Kunstwerk bedeutet für ihn, eine adäquate Vorstellung beim Leser von den literarisch evozierten, gesellschaftlichen Verhält-

nissen der jeweiligen Gegenwart zu vermitteln und die Prozesse gesamtgesellschaftlicher Entwicklung über fiktive menschliche Einzelschicksale sichtbar zu machen. Für Lukács garantieren nur Stendhal und in besonderem Maße Balzac diese adäquate Schilderung
des globalen gesellschaftlichen Rahmens. Seine Intention ist dabei,
wie Peter Bürger zu Recht hervorgehoben hat (Bürger, 1975,
S. 199-228), einen ›hochwertigen‹ literarischen Realismus von dessen Dekadenzformen abzugrenzen, wie sie in der Beschreibungsmanie eines Flaubert oder in den Romanen Zolas, die mehr Alltagsreportagen als echte »Erzählungen« seien, zutage träten. Im Gegensatz zur ›verzerrten‹ Widerspiegelung in der auf vollständige Detailerfassung bedachten naturalistischen Reportage werde zum Beispiel ein Balzac zum Repräsentanten des klassischen, bürgerlichen
Realismus, weil er noch mit seiner traditionellen Erzählhaltung
eine spezifische Lektürelenkung beim Leser im Sinne der Bewußtmachung der intendierten sozialen Botschaft bewirke. Der Realismus à la Balzac weise dem Typus, in dem »alle menschlich und gesellschaftlich wesentlichen, bestimmenden Momente eines geschichtlichen Abschnittes zusammenlaufen« (Lukács, 1952, S. 8)
und der folglich das archetypisch Menschliche mit einer sozialen
Repräsentanz kombiniert, eine Schlüsselrolle zu. Für Lukács sind
also die Formen poetischer Verklärung und künstlerischer Stilisierung von fiktiver Wirklichkeit, wie Flaubert sie nach seiner Auffassung praktiziert, Oberflächenphänomene, die in dem von ihm favorisierten Abbildmodell keine konstitutive Funktion übernehmen
können.

Damit stellt sich für die terminologische Eingrenzung des Realismuskonzepts ein weiteres Problem, das nach Erich Köhler dem Begriff eine Bedeutungsweite gibt, »die ihn völlig zu entwerten droht«
(1987, S. 169) und mit seiner literarhistorisch gewachsenen Bipolarität in Zusammenhang steht. Einerseits kann man nämlich das
›Mimesismodell‹ prioritär setzen, zum anderen konkurriert dieses
mit dem ›Methodenmodell‹. Das Mimesismodell definiert den Realismus auf der Basis einer *inhaltlich* gefaßten Wirklichkeit, die im
künstlerischen Konstrukt erfahrbar wird; im Methodenmodell wird
auf die *Art und Weise* abgehoben, in denen Wirklichkeit abgebildet
und implizit bewertet wird. Im letzteren Falle ließe sich also der literarische Realismus auf der Grundlage des in der Realitätsdarstellung
zum Ausdruck kommenden Verhältnisses des Autors zur Wirklichkeit und darüber hinaus über das Prinzip unbeteiligten Erzählens
definieren, das beim Rezipienten die Illusion authentischer Wirklichkeitsabbildung hervorruft (vgl. dazu den wichtigen Artikel von
Miething, 1984, S. 1-7).

Nun sind weder das Mimesismodell noch das Methodenmodell für sich alleine geeignet, die vielfältigen Erscheinungsformen realistischen Erzählens zufriedenstellend ›abzudecken‹ und dem Anspruch definitorischer Komplettheit des Realismusbegriffs Genüge zu leisten. Dieses Dilemma hat dazu geführt, daß in der modernen Literaturkritik seit 1950 eine Vielzahl von historischen und typologischen Bestimmungen des literarischen Realismus in die Diskussion gebracht wurden. Im folgenden werden nur die für den französischen Realismus relevanten Definitionsmodelle kurz dargelegt. Zunächst René Wellek (1965), der für den Periodenbegriff optiert, mit diesem die ›objektive‹ Wiedergabe der zeitgenössischen sozialen Wirklichkeit in der Fiktion verbindet, ohne allerdings die literarästhetische Dimension zu vernachlässigen. Wellek identifiziert den literarischen Realismus insbesondere mit neuen Themen: Sexualität, der Vorgang des Sterbens (also nicht romantische Liebe und Tod), die Alltäglichkeit und Trivialität des Daseins, wobei diese Themen sich als über das Bewußtsein einer ›mittleren‹ Heldenfigur vermittelte Seinsbereiche darstellen. Bei letzterem Aspekt ansetzend hat Richard Brinkmann mit seiner Habilitationsschrift eine kontroverse Diskussion im Bereich der deutschen Germanistik initiiert (Brinkmann, 1957, ²1966), indem er die für den Realismus postulierte Objektivität der Darstellung auf das *subjektive* Erleben und die *subjektive* Erkenntnis des Individuums reduziert. Der realistische Roman thematisiere also das Verhältnis des Individuums zur Wirklichkeit, die über den Katalysator eines subjektiven Bewußtseins erfaßt würde. Der Stoff realistischen Erzählens sei also die Subjektivität der besonderen Wirklichkeit des Individuums. Ähnlich argumentiert, mit Blick auf Gustave Flauberts *Education Sentimentale* (1869), Michel Raimond, der die Schreibweise des normannischen Romanciers »le réalisme subjectif« nennt in dem Sinne, daß bei Flaubert der (subjektive) Erzähler das Feld der Subjektivität der Romanperson überläßt (Raimond, 1971).

Klaus Heitmann (1979) hat das Verdienst, bezogen auf den französischen Realismus, ein integratives Definitionsmodell vorzulegen, mit dem er versucht, der Diversität realistischer Schreibweise in der französischen Literatur des 19. Jahrhunderts gerecht zu werden:

»Realismus bezeichnet im Hinblick auf die französische Literatur des 19. Jahrhunderts eine – mythische Tiefengehalte nicht ausschließende – Sozialisierung des Erzählbereichs im Sinne einer Korrelation von Literatur und gesellschaftlicher Wirklichkeit, eingeschränkt durch literaturimmanente Zwänge wie durch den Subjektivismus der Beobachter und überhöht durch den individuellen Genius jedes der drei Klassiker des damaligen Romans« (Heitmann, 1979, S. 9).

9

Heitmann ist offensichtlich bemüht, die individuellen Erzählvarianten der drei Klassiker des französischen Realismus, das scheinbare Paradoxon objektiven Erzählens durch die Privilegierung eines subjektiv perzipierenden, personalen Mediums und die Interdependenz von Fiktion und gesellschaftlicher Wirklichkeit in einer (komplexen) Realismusdefinition zu bündeln.

Einen neuen Anstoß zu einem wissenschaftlich abgesicherten Realismuskonzept hat zuletzt Hans Vilmar Geppert (1994) gegeben. In seiner an Informationsmaterial außergewöhnlich reichhaltigen und eindrucksvoll recherchierten Habilitationsschrift versucht er, das Zeichenmodell von Charles S. Peirce aus dem Jahre 1904 zur Bestimmung der Grundzüge eines pragmatischen Wirklichkeitsbegriffs zu nutzen, um den literarischen Realismus von der Zeichensprache her definitorisch zu fassen. Ausgehend von Peirces Grundüberlegung, daß »the highest grade of reality is only reached by signs« (Peirce, 1958, S. 327), geht Geppert davon aus, daß die Anschaulichkeit und Gegenständlichkeit realistischen Erzählens auf einer »indexalisch« strukturierten Zeichensprache beruht. Ikonische, indexalische, symbolische Darstellungen und plurale Indices (=realistische Symbole) wirken in einer komplexen Sprache der Zeichen zusammen. Die realistische Erzählweise rekurriert also gemäß Geppert auf ein im Roman entwickeltes Zeichengeflecht, so daß der Realismus am adäquatesten mit einer ›Kunst des Zeigens‹ gleichzusetzen sei (vgl. Geppert, 1994, S. 143). Gepperts Ansatz liefert in der Tat wichtige Kriterien für die Realismusdefinition, unterbewertet aber aus unserer Sicht aufgrund seiner methodischen Ausgangsprämisse der Verknüpfung von »Erzählzeichen« und Erzählstrategie die spezifische Interdependenz von Abbildung, Erfahrung und Darstellung von Wirklichkeit in der ›écriture réaliste‹ des 19. Jahrhunderts.

2. Der französische Realismus: terminologische Eingrenzung

Die Definitionsprobleme bezüglich des Terminus ›Realismus‹ erklären sich in erster Linie aus der Tatsache, daß eine unverrückbare Auffassung von Wirklichkeit nicht absolut vorauszusetzen ist. »Chacun parle du monde tel qu'il le voit, mais personne ne le voit de la même façon« (Robbe-Grillet, 1963, S. 172). ›Realität‹ ist stets eine über den Katalysator des Individualbewußtseins gefilterte Wirklichkeitswahrnehmung und somit vermittelt, das heißt, subjektiv fraktioniert. Zudem ist die Interpretation von solcherart subjektiv aufgenommenen Wirklichkeitsfragmenten je nach historischer Periode und spezifischer Prägung des kollektiven Bewußtseins der Rezipienten der Veränderung unterworfen.

Jedes literarische Dokument bezieht mehr oder weniger seinen Stoff aus der Wirklichkeit. Ab 1830 ist nun aber in Frankreich ein stärkerer Wirklichkeitsbezug in der Romanproduktion unverkennbar, so daß, ungeachtet der generellen Komplexität des Begriffs, eine pragmatische Setzung von ›Realismus‹ im Sinne eines historisch begrenzten Epochenbegriffs sinnvoll und legitim ist. Mit Realismus wäre dann also die einem besonderen ästhetischen Normensystem zuzuordnende Romanproduktion in Frankreich zwischen 1830 und etwa 1870 gemeint. Für diesen Zeitraum kann man unzweifelhaft von einer signifikanten Konzentration wirklichkeitsnaher Parameter in der Romangestaltung ausgehen. Sowohl die bewußte Hinwendung der Autoren zur zeitgenössischen Wirklichkeit im Sinne des Abbildmodells als auch ein neues künstlerisches Verständnis im Sinne des Methodenmodells geben den Romanen der sogenannten Realisten ein epochales Gepräge. Die Häufung von inhaltlichen und formalen Merkmalen realitätsbezogener Schreibweise legitimiert den Literarhistoriker, für die französische Prosa zwischen Julimonarchie und ausgehendem Kaiserreich das Etikett »Realismus« zu verwenden. »*Einzelne* Kategorien wirklichkeitsbezogener Darstellung treten in der Dichtungstheorie auch vor- und nachher häufig in Erscheinung. Aber nur *gemeinsam* bilden sie die unverwechselbare literarästhetische Norm des französischen Realismus« (Lotz, 1984, S. 319). Eine solcherart historisch eingegrenzte Bestimmung des Begriffs Realismus ist, dies kann nicht oft genug betont werden, für den Literarhistoriker ein nützlicher Behelf zum Zwecke der Epochenklassifizierung. Angesichts der Alternative eines umfassenderen, jedoch konturlosen Realismusbegriffs ist die Beschränkung auf ein enges Epochenkonzept aus literarhistorischer Sicht solange angemessen, als die Definition über das Konzept einer allgemeinen »Zeige-Kunst« (Geppert) hinaus das signifikante Merkmalsbündel des epochalen französischen Realismus im 19. Jahrhundert zentral berücksichtigt, und dies sowohl auf Abbild- als auch auf Methodenebene. Für den literarischen Realismus in Frankreich im Sinne des Epochenbegriffs wären demzufolge folgende Grundmerkmale kennzeichnend:

- eine starke antiromantische, antiidealisierende Tendenz (also Vermeidung phantastischer, dekorativer, exotischer, frenetischer Elemente). Erschließung neuer Themenbereiche wie Sexus, Erotik und Alltäglichkeit;

- die fiktive Darstellung der zeitgenössischen politischen, gesellschaftlichen und ökonomischen Realität, ohne Tabuisierung bestimmter sozialer Milieus;
- die sozialtypische Konzeption des Menschen, der vor dem Bedingungshintergrund der sozialen, politischen und ökonomischen Kräfte und Tendenzen seiner Epoche handelt;
- eine kritisch/didaktische Funktion, die darin zum Ausdruck
  kommt, daß beschriebene Wirklichkeit in der Fiktion zugleich
  als defekte, sich zum Schlechten entwickelnde Wirklichkeit ins
  Bewußtsein des Lesers gerückt wird;
- die Tendenz zur künstlerischen Perfektion in der fiktiven Abbildung von Wirklichkeit, die mittels Stil und Romantechnik zu einer besonderen Kunstwirklichkeit überhöht wird.

Diese allgemeinen Merkmale bedürfen in bezug auf die Werke und
Autoren der Präzisierung, insofern jeder französische Realist in dem
oben genannten ›Raster‹ zwar seinen Platz findet, jedoch die besondere Kolorierung seines Realismus erst über die Werkanalyse sichtbar wird. Zumal die Dreiecksrelation Wirklichkeit – Erfahrung –
Darstellung bzw. die Tendenz, Wirklichkeit in der literarischen Fiktion geradezu ad absurdum zu führen (vgl. dazu Schmidt-Henkel,
1995, S. 28), sind für einen Autor wie Gustave Flaubert entschieden
charakteristischer als für die anderen französischen Realisten. Auch
die Frage, ob der Kunstcharakter eines realistischen Werkes eher in
der formalen Gestaltung als in dem aus der Relation von werkimmanenter und äußerer Realität resultierenden Erkenntniswert liegt
(vgl. Kohl, 1977, S. 194), läßt sich erst durch die Ermittlung des jeweiligen Autoren- und Werkprofils beantworten. Und nicht zuletzt
das von den französischen Realisten artikulierte programmatische
Selbstverständnis ist für die Determinierung der epochengeschichtli-
chen Eingrenzung von Realismus höchst bedeutsam und in dem
oben genannten Kriterienkatalog nur implizit berücksichtigt. Deswegen werden im Kapitel III. des vorliegenden Bandes die theoretischen Grundprinzipien der Vertreter der realistischen Schule aus
den spezifischen Autorenkapiteln herausgenommen und separat abgehandelt.

II. Geschichtlicher und sozialhistorischer Hintergrund des realistischen Romans in Frankreich

Wenn die Gattung des Romans im Verlauf der ersten Hälfte des 19. Jahrhunderts in Frankreich zunehmend an Bedeutung gewinnt, dann ist dies insbesondere das Verdienst solcher Autoren, die sich, wie Stendhal und Balzac, in ihren Romanen mit der zeitgenössischen politischen und gesellschaftlichen Wirklichkeit auseinandersetzen. Daß der Roman ab den zwanziger Jahren des 19. Jahrhunderts seine Stoffe aus der Zeitgeschichte und ›aktuellen‹ Gesellschaft bezieht – Hugo Friedrich spricht vom »Aktualismus« des realistischen Romans (Friedrich, ⁵1966, S. 27) –, hängt ohne Zweifel *auch* mit der allmählichen Überwindung der *doctrine classique* ab 1800 zusammen. Ganz entscheidend für den Siegeszug des gegenwartsbezogenen Romans ab Beginn des 19. Jahrhunderts ist jedoch die spezifische politisch-gesellschaftliche Entwicklung im nachrevolutionären Frankreich, die insbesondere von der kulturtragenden und -produzierenden Schicht zum Teil traumatisch erlebt und verarbeitet wird.

Nach den Wirren und sozialpolitischen Umwälzungen der französischen Revolution ist die überkommene ständische Ordnung zunächst mit der Propagierung der Gleichheit aller vor dem Gesetz abgeschafft. Die Freiheit *von* den Zwängen des ungerechten Privilegienwesens des *Ancien Régime* verkehrt sich in eine Freiheit *zur* gesellschaftlichen Verwirklichung des Individuums, das als Citoyen auf der Basis von Verdienst und Befähigung jenseits aller Klassenschranken und sozialen Ausgrenzungen den ihm gebührenden Platz in der Gesellschaftspraxis beanspruchen kann. Prinzipiell stehen die Errungenschaften der Revolution von 1789 also für den von jedermann einforderbaren Anspruch auf Arbeit, auf sozialen Aufstieg, auf Besitz und auf Erfüllung individuellen Glücksstrebens. Nach 1789 wird die französische Gesellschaftsstruktur, trotz aller restaurativer Gegenströmungen und Revisionen zwischen 1815 und 1870, nie wieder zu dem jahrhundertelang dominanten Modell radikaler Ständedifferenzierung zurückfinden. Es hat also unwiederbringlich eine soziale ›Umwälzung‹ stattgefunden, welche die Generationen in der ersten Hälfte des 19. Jahrhunderts in hohem Maße für das soziale Zeitgeschehen sensibilisieren mußte.

Nun befindet sich Frankreich nach 1789 nicht im paradiesischen Zustand einer realen Utopie von Freiheit, Gleichheit und Brüderlichkeit, in der ein friedliches Miteinander der freien Bürger und ein idealer gesellschaftlicher Endzustand verwirklicht wären, sondern die postnapoleonische französische Gesellschaft mobilisiert im Gegenteil starke Gegenkräfte gegen die Demontage der überkommenen Ständegesellschaft. Die diversen lobbyistischen, konservativen, klerikalen, kapitalistischen und sozialistischen Strömungen und Parteiungen, die sich von der Restauration, Julirevolution, Julimonarchie über die Achtundvierziger Revolution, Zweite Republik bis hin zum Zweiten Kaiserreich in Frankreich etablieren, rufen bei der neuen Künstlergeneration ein tiefes Unbehagen und zum Teil auch eine entschiedene Oppositionshaltung hervor, die sich zwischen 1825 und 1870 einerseits in einer Art Flucht in die Innerlichkeit äußert und die zum anderen die Literaten in ihrem Willen zur literarischen Dokumentierung der neuen Zustände in der französischen Gesellschaft bestärkt. So wird aus einer sozial-historischen Bewertungsperspektive das Nebeneinander von romantischer Konfessionslyrik und realistisch-aktualistischem Roman bis weit über 1850 hinaus erklärbar. Zugleich übt die Ausbildung einer gegen die klassische Stiltrennung gerichteten romantischen und realistischen Ästhetik einen entscheidenden Einfluß auf die Darstellungsformen romantischer Innerlichkeit und auf die gesellschaftszugewandte Romanprosa à la Balzac und Stendhal aus. Bevor wir uns den Hauptvertretern des französischen Realismus zuwenden, gilt es zunächst, die Grundfakten der gesellschaftspolitischen Entwicklung in Frankreich zu beleuchten, die den konkreten Hintergrund für die Fiktion der großen französischen Realisten Balzac, Stendhal und Flaubert bilden und mit denen sich diese Autoren äußerst kritisch auseinandersetzen.

1. Von der Restauration bis zum Ende des Zweiten Kaiserreichs (1814/15-1870)

Die Revolution hatte die Gleichheit aller vor dem Gesetz gebracht. Zumal das Bürgertum und die Bauern waren die eigentlichen Nutznießer der revolutionären Umgestaltung der französischen Gesellschaft, die Napoleon neu strukturieren und rehierarchisieren wollte, um ihren Zerfall in die unterschiedlichsten Interessengruppen zu verhindern. Das Bürgertum, aber auch die besser situierten Bauern, profitierten von der Güterkonfiszierung der Revolution, indem sie in großem Stil Land aus den Nationalgütern aufkauften. Die wirtschaftliche Liberalisierung durch die Aufhebung der Binnenzölle führte ab Jahrhundertbeginn zur Ausbildung einer ständig wachsen-

den Klasse eines neureichen Besitz- und Finanzbürgertums, das die
französische Gesellschaft während des gesamten 19. Jahrhunderts
dominieren wird. Auf der anderen Seite träumt die französische Aristokratie nach dem Zusammenbruch des Empire 1814/1815 von einer nicht-despotischen Monarchie mit einem wiedererstarkten, das
politische Leben bestimmenden Adel. Somit wird die Ära der Restauration (1814/15-1830) von markanten Klassen- und Interessen-
gegensätzen bestimmt, die sich in der Julirevolution in Barrikadenkämpfen entladen werden.

Das politisch-gesellschaftliche Spektrum der Restauration reicht
von den *ultra-royalistes* über die *doctrinaires* bis hin zu den *libéraux*:

Die Ultras rekrutieren sich aus dem alten Adel, sie streben die
Wiederherstellung der Adelsprivilegien und den *régime organique* an,
was letztlich die Abschaffung der Charte und des Parlaments, das
heißt die Rückkehr zur absoluten Monarchie impliziert. Die Charte
von 1814 hatte Frankreich nach englischem Vorbild ein Parlament
mit zwei Kammern gegeben und den Adel und das gehobene, reiche
Bürgertum auf der Basis eines Wahlrechts mit hohem Zensus an der
politischen Macht beteiligt. Diese ›gemäßigte Restauration‹ wird
von den Ultras bekämpft. Sie unterstützen die Rolle der katholischen Religion als unbedingter Staatsreligion und begünstigen eine
starke Einflußnahme der Kirche in Staat und Gesellschaft. Zugleich
favorisieren sie eine scharfe Pressezensur und sind erklärte Anhänger
der älteren, ›legitimen‹ Linie der Bourbonen.

Die ›moderaten‹ *doctrinaires* stammen ebenfalls aus dem Adel,
zugleich jedoch auch aus dem Großbürgertum (Großkaufleute, Un-
ternehmer, Bankiers, hohe Beamte). Sie verteidigen die Privilegien
des Reichtums, wollen die Aufrechterhaltung der Charte von 1814,
allerdings mit einer Stärkung der Position des Königs: dieser sollte
von den Kammern, die ihm nur als beratende Gremien zur Verfügung stehen sollten, unabhängig sein. Ansonsten vertreten die *doctrinaires* die gleichen politischen Auffassungen wie die Ultras in bezug auf das Verhältnis von Kirche und Staat oder die Pressezensur,
dies nur in gemäßigter Form.

Links von den Ultras und den gemäßigten Royalisten befindet
sich das recht disparate politische Lager der Liberalen, die – allerdings nicht ausschließlich – dem mittleren und kleinen Bürgertum
zuzurechnen sind. Sie haben ein politisches Programm auf ihre Fahnen geschrieben, das sie in eine entschiedene Opposition zu den Ultras und Gemäßigten stellt. Sie propagieren die Abschaffung aller
Privilegien zugunsten der Chancengleichheit der Tüchtigen, befür-
worten die konstitutionelle Monarchie mit einem starken Parlament, demgegenüber die Minister verantwortlich zu sein hätten. Sie

halten das Prinzip der Trennung von Kirche und Staat in Ehren, lehnen jede Art von Pressezensur ab und neigen republikanischen Werten zu, die bei vielen von dem nostalgischen Andenken an die Napoleonische Ära überlagert werden. In der Tat wird Napoleon, nicht zuletzt nach dem Erscheinen der Bände von Emmanuel de Las Cases, *Mémorial de Sainte-Hélène* (1822/23), von der jüngeren Generation – Julien Sorel in *Le Rouge et le Noir* (1830) hat dieses Werk zu seiner politischen Bibel erkoren – zum Verteidiger der revolutionären Errungenschaften und zum Einiger der Völker Europas verklärt. Er ist Objekt eines wahren Kultes, der mit der Rückführung seiner sterblichen Überreste von Sankt-Helena nach Frankreich und deren Beisetzung im Invalidendom (1840) seinen Höhepunkt in der Julimonarchie erreichen wird.

In den politisch-gesellschaftlichen Gegensätzen der französischen Gesellschaft zur Zeit der Restauration liegen die Wurzeln für die politischen Erschütterungen in der von inneren Widersprüchen ständig bedrohten französischen Gesellschaftsordnung bis ins Zweite Kaiserreich. Ab 1817 äußert sich der wachsende Einfluß der liberalen Unabhängigen vor allem in der Pressefreiheit, die im Juni 1819 mit einem von Justizminister Pierre de Serre erlassenen Gesetz offiziell zugestanden wird. Andererseits darf nicht verkannt werden, daß das durch die ältere, legitime Linie der Bourbonen auf der Basis der Charte eingeführte Zwei-Kammer-System (die Mitglieder der einen Kammer werden vom König auf Lebenszeit ernannt, die der anderen Deputiertenkammer nach dem Modus des Zensuswahlrechts gewählt) weiten Teilen der französischen Gesellschaft das Wahlrecht vorenthielt. In der Tat hatten nur ca. 75000 Bürger das aktive und nur 16000 das passive Wahlrecht. Man ist in der Restauration also weit entfernt von der Verwirklichung eines *allgemeinen* Wahlrechts. An den Forderungen der Liberalen nach Senkung des Wahlzensus und nach bedingungsloser Garantie der Pressefreiheit entzünden sich dann auch die Konflikte innerhalb der französischen Restaurationsgesellschaft bis zum Jahre 1830. Der Streit um den Wahlzensus und die *liberté de la presse* spaltet diese in den *pays réel* der Machtkonzentration beim konservativen Adel und Großbürgertum und in den *pays légal* einer konstitutionellen Monarchie, welche die liberalen Kreise jedoch weitgehend von der Macht ausschließt. Dieses Auseinanderklaffen von Ultrakonservatismus und Liberalismus verschärft sich im Verlauf der Herrschaft von Louis XVIII (1814/15-1824) und vor allem von Charles X (1824-1830), der eine betont royalistisch-reaktionäre Politik verfolgt. Bereits im Jahre 1820 führt Ludwig XVIII. wieder eine schärfere Pressezensur ein, die zum Niedergang der oppositionellen Zeitungen führt. So kann z.B. der *Con-*

stitutionnel nur unter Schwierigkeiten bestehen. Nach 1821 bestimmt der Finanzminister und spätere Ministerpräsident (ab 1822) Graf Villèle die Richtlinien der Regierungspolitik. Deren restaurative Tendenz äußert sich insbesondere in der ab 1825 von Villèle betriebenen Politik der Wiederaufwertung der adeligen Emigranten, die für ihre in der Revolution erlittenen Enteignungen großzügig entschädigt werden. Der Adel gewinnt somit zunehmend an politischem Einfluß. In die zwanziger Jahre fällt auch die Blütezeit der *Congrégation*, einer religiösen Vereinigung von Hochadel, leitenden Staatsbeamten, Offizieren und Magistraten, die von der liberalen Opposition als Staat im Staate und als eigentliche Machtzentrale angesehen wird.

Als im Jahre 1829 der erzreaktionäre Fürst Jules de Polignac mit der Regierungspolitik beauftragt wird, ergibt sich eine starke Rechtslastigkeit seines Kabinetts. Aufgrund der ständigen Konflikte der Regierung mit der Deputiertenkammer wird diese aufgelöst, und im Juli 1830 finden Neuwahlen statt. Diese Wahl ergibt jedoch eine klare Niederlage für die Anhänger Polignacs, so daß Karl X. die Wahl einfach nicht anerkennt. Die Folgen dieses selbstherrlichen Verfahrens sind bekannt. Der König läßt am 26. Juli 1830 vier ›Ordonanzen‹ veröffentlichen, mit denen die Grundprinzipien einer ultra-royalistischen Politik bestätigt werden: die Pressefreiheit wird ausgesetzt und die Zensur wiedereingeführt. Das Stimmrecht wird weiter eingeschränkt; die eben gewählte Deputiertenkammer wird aufgelöst, die Zahl der Deputierten herabgesetzt und Neuwahlen für 1830 angekündigt. Diese einem Staatsstreich gleichkommende Machtusurpation durch den König löst in der Folge die Julirevolution aus (27. bis 29. Juli 1830: »les trois glorieuses«, d.h. »die drei glorreichen Tage«), in deren Verlauf die ältere, legitime Linie der Bourbonen durch die ›jüngere‹ »branche cadette« des Königshauses abgelöst wird. Als am 7. August 1830 die Abgeordneten unter Führung des Historikers und Journalisten Adolphe Thiers Louis-Philippe zum König der Franzosen ausrufen, beginnt in Frankreich die Ära des liberalen Bürgertums, auf das sich der ›Bürgerkönig‹ stützt. Es ist bemerkenswert, daß weder das Volk noch die republikanisch gesonnenen Julirevolutionäre bei der Bestimmung der neuen Regierungsform 1830 zum Zuge gekommen waren, denn »die Revolution hatte nicht die Republik, sondern nur einen Wechsel der Dynastie gebracht« (Schunck, 1994, S. 236).

Die ersten zehn Jahre der Julimonarchie waren durch Arbeiteraufstände, Streiks, Putschversuche und das Bemühen des Königs, den Frieden zu erhalten, gekennzeichnet. 1839/40 verschärfte sich dann die soziale Krise; hohe Arbeitslosigkeit und Brotpreissteigerungen provozierten 1839 einen Aufstand in den Arbeitervierteln, der vom Militär zurückgeschlagen wird. Erst ab 1840 beginnt eine mehrjährige Periode der politisch-wirtschaftlichen Stabilität unter dem Außenminister und späteren Ministerpräsidenten François Guizot, der eine sichere Mehrheit in der Deputiertenkammer hinter sich vereinigen konnte. Die Forderungen des Bürgertums nach Erweiterung des Wahlrechts und nach politischer Mitbestimmung konterte der agile Minister mit dem Aufruf an seine Kritiker, sie mögen sich doch stetig bereichern (»enrichissez-vous par le travail et par l'épargne«), damit so ein jeder seine finanziellen Voraussetzungen zur Ausübung des aktiven Wahlrechts verbessere. Im Winter 1847/48 geht die Ära des Julikönigtums zu Ende. Im Februar 1848 kommt es aufgrund der unzumutbaren wirtschaftlichen Lage der unteren Bevölkerungsschichten und wegen der Unnachgiebigkeit des Königs und Guizots in der Frage der Lockerung des Zensus zu den ersten Zusammenstößen und Barrikadenkämpfen in Paris. Das monarchische System bricht mit der Flucht des Königs zusammen. Die Zweite Republik wird im Mai 1848 von der verfassungsgebenden Versammlung ausgerufen. Die Achtundvierziger Revolution verwirklichte, zumindest für eine gewisse Zeit, die jahrzehntelangen Forderungen des liberalen Bürgertums und der Republikaner. So findet das Recht auf Arbeit seine institutionelle Verankerung in der Schaffung von *ateliers nationaux,* das heißt großangelegten nationalen Beschäftigungsprogrammen. Die Arbeitszeit wird generell auf zehn bis elf Stunden reduziert, die Sklaverei abgeschafft, die Presse- und Versammlungsfreiheit unterliegt keinerlei Beschränkungen. Das allgemeine und direkte Wahlrecht wird am 4. März 1848 für alle männlichen Personen über 21 Jahren eingeführt, was die Anzahl der Wahlberechtigten mit einem Schlag auf fast zehn Millionen steigert. Paradoxerweise ist die Einführung des allgemeinen Wahlrechts, des *suffrage universel,* zugleich die Ursache für die Radikalisierung der Revolution, weil die Wähler die sozialistische Linke bei den Wahlen im April 1848 zur verfassungsgebenden Versammlung in die Minderheit zwingen und einer liberal-konservativen Mehrheit unter Alphonse de Lamartine zur Macht verhelfen. Mit der Auflösung der Nationalwerkstätten erheben sich im Juni 1848 die Arbeiter. Deren Aufstand wird vom Général Cavaignac blutig niedergeschlagen. Die Sieger über die Julimonarchie haben sich entzweit: das liberal-konservative Bürgertum entledigt sich seiner ehemals brüderlichen Mitstreiter aus dem Volk. Der Staatsstreich Bonapartes vom 2. Dezember 1851 besiegelt endgültig das Intermezzo der Zweiten Republik. Mit dessen Einsetzung als *prince-président* beginnt im Dezember 1852 das Zweite Kaiserreich, das sich der wirtschaftlichen Prosperität verschrieben hat. Die fünfziger und sechziger Jahre sind denn auch von einer progressiven wirtschaftlichen politischen Liberalisierung gekennzeichnet.

Im *Second Empire* erlebt Frankreich eine ungeahnte Expansion des Kapitalismus. Es steht für eine Vielzahl von Bankgründungen und großen Kapitalanlagen im Ausland. Es ist die Zeit der großen Kaufhäuser und der monumentalen baulichen Veränderungen der Stadt Paris unter dem Präfekten Haussmann. Aber die sozialen Gegensätze verschärfen sich weiter, da das Problem der Armut und Ausbeutung der Arbeiterschaft trotz der fortschreitenden Industrialisierung Frankreichs und der Steigerung des Volkseinkommens ungelöst bleibt. Am Anfang der siebziger Jahre steht das Trauma des verlorenen deutsch-französischen Krieges mit dem Verlust von Elsaß-Lothringen und die Pariser Kommune, die einmal mehr von der konservativen Mehrheit unter Thiers niedergeschlagen wird.

2. Das Zeitalter der bürgerlichen Wertewelt

Der Überblick über die politisch-gesellschaftliche Entwicklung von der Restauration bis zum Zweiten Kaiserreich macht deutlich, daß die Sozialgeschichte Frankreichs im 19. Jahrhundert entscheidend von dem sozialen und ökonomischen Aufstieg des Bürgertums geprägt ist (vgl. dazu Milner, 1973, S. 19-23). Die gesellschaftliche Hierarchie, die im *Ancien Régime* von der Geburt her bestimmt war, wird seit der Revolution und dem Empire gemäß dem Kriterium des Reichtums und durch das Instrument des Wahlzensus gesteuert. Der unaufhaltsame Aufstieg des Großbürgertums und der *bonne bourgeoisie* akzentuiert sich unter der Julimonarchie in einer Weise, daß der König von den Bankiers und den Industriellen mittelbar abhängig ist, da diese die Einfuhr von lebenswichtigen Verbrauchsgütern und die Eisenbahngesellschaften finanzieren. Der Geldbürger wird zum schwarzen Schaf der Intellektuellen (vgl. Neuschäfer, 1981, S. 83), der Romantiker wie auch der realistischen Romanautoren. Die Neureichen und der postrevolutionäre Adel bilden eine sich vom Volk und Kleinbürgertum abschottende Kaste, die ihr Selbstverständnis aus der peinlichen Beachtung und Pflege von Sekundärtugenden bezieht. Das Gemeinwohl tritt hinter das Eigenwohl zurück; Besitzkonservierung und Kapitalakkumulation sind angesagt. Die Einheirat zur Vergrößerung des Besitzes gehört zu den bevorzugten Strategien bürgerlicher Existenzplanung. Das Gespenst des Familienvaters ist die Mesalliance. Gleicher Güteranteil und vergleichbarer Bildungsgrad der Ehepartner garantieren dem Nukleus der bürgerlichen Kleinfamilie Prosperität und die Basis zum weiteren gesellschaftlichen Aufstieg. Vorsicht, Ordnung, Sparsamkeit, Freiheits- und Friedensliebe, ein gutes Gewissen einerseits und kompromißlose Bereicherung auf Kosten der *classes laborieuses* andererseits beherrschen die kollektive Mentalität der Juste-Milieu-Bourgeoisie, die sich ab Ende der vierziger Jahre zunehmend vor der »roten Gefahr« (siehe dazu u.a. Dupeux, 1972, S. 100-141; Braudel, Labrousse, 1976, S. 807ff.) fürchtet. Dabei wollen die Führer der Linken, Blanqui, Blanc und Ledru-Rollin eigentlich nur, daß die Prinzipien Freiheit, Gleichheit und Brüderlichkeit für alle sozialen Klassen Gültigkeit haben sollen (vgl. dazu Bron, 1968, Kap. V). Wenn sich ein derart konservativer und autoritärer Machtmensch wie Napoleon III. nach der Revolution von 1848 zum unumschränkten, mit großer Machtfülle ausgestatteten Kaiser der Franzosen aufschwingen konnte, und dies mit dem Mittel des kalten Staatsstreiches, so war dies nur aufgrund der Einführung des allgemeinen Wahlrechts und des Plebiszits möglich: die Masse der bürgerlichen Wähler verschafft sich über die Nominierung einer starken Führerpersönlichkeit die Friedens- und Sicherheitsgarantien, die ihnen für ihren sozialen Aufstieg unerläßlich erscheinen.

Es kann nicht verwundern, daß die großen Romanciers des literarischen Realismus Stendhal, Balzac und Flaubert die gesellschaftlichen Trends ihres Jahrhunderts und den sozialen Aufstieg der Bourgeoisie im Zuge der wirtschaftlichen Neugliederung der französischen Gesellschaft seit der Restauration mit großer Sensibilität wahrgenommen haben. Und gerade die Mißstände der allgemeinen ökonomischen Prosperität, die moralischen Dekadenzerscheinungen und Exzesse kapitalistischen Handelns sind es, gegen die diese Autoren in ihren Romanen zu Felde ziehen. Aus den neuen Verhältnissen und gesellschaftlichen Verwerfungen schöpfen sie den Grundstoff für ihre Fiktion. Dabei beschränken sie sich nicht auf die Wiedergabe von Alltäglichkeit, geben sich nicht mit bloßer Milieudokumentierung zufrieden, sondern vermitteln ein umfassendes Bild von den dynamischen Kräften und dominanten Gesetzmäßigkeiten, gemäß denen sich die Entwicklung der bürgerlichen französischen Gesellschaft vollzieht.

»[Die Realität ihrer Romane] liegt (...) im Ganzen, nämlich in der Entschiedenheit, mit der sie die Gestalten ihrer Schöpfung in Übereinstimmung mit den Lebensbedingungen und Verhältnissen des damals gegenwärtigen gesellschaftlichen Lebens Frankreichs bringen. Das Schicksal und die Reaktionsweisen ihrer Gestalten sind konkretisiert zum Schicksal und den Reaktionsweisen der so und so gearteten Menschen des 19. Jahrhunderts« (Friedrich, [5]1966, S. 26/27).

Zur Einführung in die Geschichte Frankreichs von der Restauration bis zum Zweiten Kaiserreich empfiehlt sich die Lektüre von Peter Schunck (1994) und Max Milner (1973, S. 9-30). Einen vielschichtigen Einblick in die französische Restaurationsgesellschaft, die insbesondere von Stendhal und Balzac in ihren Romanen dargestellt wird, bietet die Artikelsammlung von Gudrun Gersmann und Hubertus Kohle (1993). Zum vertiefenden Studium der Struktur und der Entwicklung der französischen Gesellschaft im 19. Jahrhundert sei auf Daumard (1970), Dupeux (1972), Braudel, Labrousse (1976) und insbesondere auf Lequin (1984) verwiesen.

III. Die Realismusdebatte in Frankreich: literarästhetische Voraussetzungen, theoretische Grundpositionen und literarische Manifeste im 19. Jahrhundert

1. Die Entwicklung des ästhetischen Normensystems vor 1800

Eine der grundlegenden Problemstellungen der Literarästhetik ist die Frage nach der Art und Weise, wie Dichtung Wirklichkeit künstlerisch gestalten kann oder, in normativer Sicht, abbilden soll. Vom 17. bis 19. Jahrhundert stehen spezifische Fragen im Zentrum der Normendiskussion wie diese, ob die Dichtung die Wirklichkeit weitgehend zu reproduzieren oder vielmehr neu zu schaffen habe; ob sie die Wirklichkeit idealisieren, schönen müsse oder ob vielmehr gerade auch ihre häßlichen, abstoßenden Aspekte in den Vordergrund zu rücken seien; ob die Wirklichkeitsdarstellung entweder die subjektive Sicht des Autors, seine Intentionen, sein Engagement, seine kritische Einstellung konnotieren dürfe oder ob sie dem Gebot strikter Unbeteiligtheit des Erzählers/Autors zu unterwerfen sei; und schließlich, ob dem individuellen, spontanen Schöpfungswillen des Dichters oder der Autorität der großen literarischen Vorbilder und Glanzepochen literarischen Schaffens mehr Gewicht beizumessen sei.

Vor dem Hintergrund dieser prinzipiellen Fragen zur Wirklichkeitsgestaltung im literarischen Kunstwerk hat sich in der französischen Klassik ein mächtiges poetisches Normensystem ausgebildet, dessen Übertretung oder Mißachtung bis in die ersten Jahrzehnte des 19. Jahrhunderts immer wieder zu lautem Protest gegen den ästhetischen Vandalismus und zu aufsehenerregenden literarischen Auseinandersetzungen führte, in deren Verlauf die Dogmatiker die aufmüpfigen Kunstrebellen kompromißlos stigmatisierten.

Grundlegend für das literarische Normensystem in Frankreich sind die Dramentheorien der französischen Klassik, die weitgehend auf der Aristotelischen Poetik fußen. Gemäß dem Abbildungsmodell des Aristoteles sind die Objekte der Mimesis vor allem die Erfahrungen und Handlungen von Personen, die primär für die außertextliche Wirklichkeit konstitutiv sind. Demzufolge geht es im Drama darum, die Natur des Menschen in ihren seelischen und moralischen Dimensionen zu erfassen und anhand von entsprechenden Taten und Handlungsweisen darzustellen. Nun müssen die Handlungen der Charaktere nicht absolut wirklichkeitskonform sein, sondern vielmehr plausibel, *möglich* erscheinen. Anders gewendet: nicht die historische Verbürgtheit von Handeln und Verhalten, sondern das Kriterium des *semblable au vrai* (»des dem Wahren Ähnlichen«) wird zum Gradmesser für eine adäquate Mimesis. Das Aristotelische Wahrscheinlichkeitskonzept entspringt der Vorstellung, daß die Welt im literarischen Kunstwerk so dargestellt werden müsse, wie sie *sein sollte*. Das Mimesismodell geht demnach von einer inhaltlichen Bestimmung des Wirklichen und historisch Wahren aus, das künstlerisch überhöht, wenn nicht idealisiert werden muß. Die Tragödie zum Beispiel wird somit zu einem Wahrheitskonstrukt, das gemäß der kollektiven Mentalität und Meinung einer bestimmten Klasse von Rezipienten als *wahrscheinlich* und folglich auch als überzeugend angesehen wird. Die persuasive Wirkung stellt sich gemäß Aristoteles um so mehr ein, als das Irrationale, Monstruöse aus der ›gedämpften‹ literarischen Präsentation von Heldentum, Konflikten und Konfliktlösung verbannt sind. Tugend und Laster unterliegen also dem Gebot der *juste mesure*, allerdings mit der Maßgabe, daß die auf der Bühne agierenden Menschen dem Zuschauer als ›bessere‹ Menschen erscheinen können als er selber ist. Dies bedeutet allerdings nicht, daß eine fiktive Welt zur Darstellung kommt, aus der das Übel verbannt ist. Nur wird in der Regel auch die Figur des Bösen in einer Weise verklärt, daß die Charaktere und das in Szene gesetzte Handlungsnetz Furcht und Mitleid erregen, das heißt katharsisstiftend wirken.

Die Aristotelische Mimesiskonzeption (vgl. hierzu z.B. die einführende Darstellung bei Roubine, 1990, S. 5-12, und v. Stackelberg, 1996, S. 62-75), die Forderung also nach charakterzentrierter Wirklichkeitsabbildung im Drama, welche sich im Rahmen des Wahrscheinlichkeitstopos einerseits und der Ästhetik des Naturschönen andererseits zu gestalten habe, wird von der französischen Klassik auf ein rigoros präskriptives ästhetisches System verengt, das die Aristotelische Mimesis auf eine jegliche Inspiration und Originalität ausschließende Nachahmungspoetik verkürzt. Die strenge Beachtung der antiken Vorbilder bestimmt entscheidend den französischen Aristotelismus des 17. Jahrhunderts, abgesehen von Ansätzen zu einer vorsichtigen Aufwertung des Prinzips der *invention* in den drei *Discours* von Corneille (*Discours des trois unités*; *Discours de la tragédie*; *Discours du poème dramatique*, 1660). Der Disput um eine adäquate Wiedergabe der Realität im Kunstwerk entzündet sich seit dem 17. Jahrhundert bis in das 19. Jahrhundert in Frankreich immer aufs Neue an den übermächtigen ästhetischen Grundpositionen eines rigiden klassischen Regelsystems, dessen Nichtbeachtung als unerhörte Respektlosigkeit gegenüber dem zur Norm erhobenen antiken Vorbild gilt und literarischem Ketzertum gleichkommt. Die radikalste Auseinandersetzung mit der klassichen Poetik, die zugleich eine entscheidende Etappe auf dem Weg zur theoretischen Begründung des literarischen Realismus im 19. Jahrhundert darstellt, erfolgt in der *Préface de Cromwell* (1827), in der Victor Hugo mit den ästhetischen Prinzipien der *doctrine classique* abrechnet (siehe Kap. III.2).

Eine Grundvoraussetzung klassischer Ästhetik war gemäß der Aristotelischen Poetik die Schönung der Natur. Das Gebot der literarischen Idealisierung der Natur konkretisiert sich in der Forderung nach der Beachtung von vier Aspekten bei der Wiedergabe des Naturschönen: *le Beau, le Plaisant, le Noble* und *le Simple*. Gemäß diesen vier Ausprägungen entfaltet sich die das Naturschöne gestaltende literarische Fiktion, je nach Dominanz des einen oder anderen der genannten Aspekte, als Tragödie, als Epos, als Komödie oder gar als Farce. Neben der Naturidealisierung besteht die Forderung nach der Nachahmung der Natur, die paradoxerweise das Gebot nach deren Perfektionierung im Kunstwerk miteinschließt. Dabei ist die Imitatio-Vorschrift vor allem auf die Mimesis der menschlichen Natur fokussiert, und zwar im Sinne der Beschreibung des Allgemeinmenschlichen, Archetypischen und nicht des Sozialtypischen, dem sich erst die französische Romantik und insbesondere der realistische Roman zuwenden wird.

Die klassische Doktrin erhält in Frankreich ihren dogmatischen Charakter insbesondere durch die Regeln der drei Einheiten, die von den Theoretikern wie z.B. dem Abbé d'Aubignac (*La pratique du théâtre*, 1657) recht eng ausgelegt wurden. Noch zu Beginn des 19. Jahrhunderts bedeutete deren Nichteinhaltung, daß man sich als traditionsfeindlicher Autor massiver Kritik durch Zensur, Publikum und Rezensenten aussetzte. Gegen die 24-Stunden-Regel (Einheit der Zeit), die Regel der Einheit des Ortes und die Regel der strikten Kohärenz der Handlung ziehen denn auch erst die französischen Romantiker in den zwanziger Jahren des 19. Jahrhunderts konsequent zu Felde.

Schließlich ist für die französische Klassik noch das *bienséance*-Gebot, das eng mit der Wahrscheinlichkeitsvorschrift verknüpft ist, von zentraler Bedeutung (vgl. dazu Roubine, 1990, S. 42-44).

Ein erster Schritt zur Modifizierung und Weiterentwicklung der klassischen Regelästhetik des 17. Jahrhunderts wird bereits im 18. Jahrhundert von Diderot vollzogen. Mit der Schaffung des *drame sérieux* wendet sich der Aufklärer gegen die Vorherrschaft antikisierender Stoffe in der Tragödie, gegen die Versdialoge und insbesondere gegen die starre Regel der Einheit des Ortes. Angesichts der Veränderung des Theaterpublikums, das sich zunehmend aus der *bonne* und *moyenne bourgeoisie* rekrutierte, paßt Diderot seine Dramen *Le Fils naturel* (1757) und *Le Père de famille* (1758) dem veränderten Publikumsgeschmack an, indem er den Effekt der Rührung als Hauptkriterium für die moralische Wirkung des Dramas betrachtet. Moralische Erbauung ist, so Diderot, nur dann zu erzielen, wenn man die Tugend in Handlung und Dialog in Szene setzt und dem Zuschauer über die Anrührung seines Herzens nahebringt, daß tugendorientiertes Handeln sowohl zu individuellem Glück als auch zur Verbesserung des sozialen Miteinander der *citoyens* beiträgt. Die Wirkung des auf der Bühne inszenierten Tugendexemplums, wie überhaupt die Rolle des Theaters als moralischer Anstalt, lassen sich gemäß Diderots Dramentheorie, wie sie im *Discours sur la poésie dramatique* von 1758 dargelegt ist, dadurch verstärken, daß man, statt der *vraisemblance*, der Wahrhaftigkeit (*véracité*) Priorität einräumt: »Il faut montrer la chose comme elle s'est passée; et le spectacle n'en sera que plus vrai, plus frappant, et plus beau« (Diderot, *Discours*, Ausg. Hermann, Bd. 10, S. 340). Die Relativierung des klassischen Wahrscheinlichkeits-Postulats im *Discours* wird von Diderot dann allerdings einige Jahre später im *Paradoxe sur le comédien* (1773) wieder partiell zurückgenommen, wenn er erklärt:

»Réfléchissez un moment sur ce qu'on appelle au théâtre *être vrai*. Est-ce y montrer les choses comme elles sont en nature? Aucunement. Le vrai en ce sens ne serait que le commun. Qu'est-ce donc que le vrai de la scène? C'est la conformité des actions, des discours, de la figure, de la voix, du mouvement, du geste, avec un modèle idéal imaginé par le poète et souvent exagéré par le comédien« (Diderot, *Paradoxe*, Ausg. Lewinter, Bd. 10, S. 435).

Letztlich optiert Diderot für eine Mittelposition zwischen einer Ästhetik des Naturschönen, die den Dichter zur Idealisierung verpflichtet, und einer Ästhetik des Realismus, welche beim empfindsamen Zuschauer das Seelenerlebnis eines tiefen *attendrissement* verstärke (vgl. dazu Roubine, 1990, S. 67f.).

Die Diskussion um eine regelkonforme Wirklichkeitsgestaltung in der Dichtung konzentriert sich in der französischen Klassik auf die Dramentheorie und Theaterpraxis. Dies erklärt sich aus der traditionellen Verachtung des Romans (vgl. dazu Winklehner, 1989), die Boileau in seinem *Art poétique* (1674) aus dessen Inexistenz im antiken Literaturkanon ableitet. Pierre Daniel Huet versucht im *Traité de l'origine des romans* (1670) eine vorsichtige Rehabilitierung des Romans, indem er ihm eine gewisse Noblesse zuerkennt, wenn er sich als *roman régulier* präsentiere. Seine Kriterien für einen im Zeitalter der Klassik akzeptablen Romantyp umschreibt er in seiner berühmt gewordenen Definition wie folgt:

»Ce que l'on appelle proprement Romans sont des fictions d'aventures amoureuses, écrites en prose avec art, pour le plaisir et l'instruction des lecteurs. Je dis des fictions, pour les distinguer des histoires véritables. J'ajoute ›d'aventures amoureuses‹ parce que l'amour doit être le principal sujet du Roman. Il faut qu'elles soient écrites en prose, pour être conformes à l'usage de ce siècle. Il faut qu'elles soient écrites avec art, et sous certaines règles; autrement ce sera un amas confus, sans ordre et sans beauté« (Huet, *Traité*, Faksimiledruck, S. 5).

Mit dieser Definition vollzieht Huet in der Romantheorie die Hinwendung zur Sphäre des Privaten; der Aspekt des *merveilleux* wird zugunsten der psychologischen Analyse des Menschen vor dem Hintergrund individueller Lebenssituationen und Beziehungskonstellationen ausgeblendet.

Im 18. Jahrhundert ist es wiederum Diderot, der, bezogen auf den Roman, im Ansatz eine Ästhetik des Realismus artikuliert. Diderot, der die Romane Richardsons *Pamela* (1740/41) und *Clarissa* (1747/48) begeistert rezipiert hatte, führt in seinem *Eloge de Richardson* (1762) aus, daß die Romane des englischen Romanciers die Identifizierung des Lesers mit den Romanpersonen bewirkten und auf situative Verbürgtheit abzielten, da der Autor seine fiktive Geschichte in einer ganz besonderen Weise künstlerisch zu gestalten wisse: bei Richardson, so Diderot, stelle sich beim Leser der Eindruck ein, daß die soziale Geprägtheit und der Gefühlsbereich der Romanpersonen authentisch, wahr und realitätskonform dargestellt würden:

»Cet auteur ne fait point couler le sang le long des lambris; il ne vous égare point dans les forêts; il ne vous transporte point dans des contrés éloignées; il ne vous expose point à être dévoré par les sauvages; il ne se renferme point dans les lieux clandestins de débauche; il ne se perd jamais dans les régions de la féerie. Le monde où nous vivons est le lieu de sa scène; le fond de son drame est vrai; ses personnages ont toute la réalité possible; ses caractères sont pris du milieu de la société; ses incidents sont dans les moeurs de toutes les nations policées; les passions qu'il peint sont telles que je les éprouve en moi; ce sont les mêmes objets qui les émeuvent, elles ont l'énergie que je leur connais; les travers et les afflictions de ses personnages sont de la nature de celles qui me menacent sans cesse; il me montre le cours général des choses qui m'environnent. Sans cet art, mon âme se pliant avec peine à des biais chimériques, l'illusion ne serait que momentanée, et l'impression faible et passagère« (Diderot, *Eloge*, Ausg. Hermann, Bd. 13, S. 193f.).

26

Diderot kommt hier der berühmten Formel Guy de Maupassants bereits sehr nahe, der über ein Jahrhundert nach dem Aufklärer im Vorwort zu *Pierre et Jean* (»Le Roman«, 1887) die realistische Schreibweise wie folgt charakterisierte: »Faire vrai consiste donc à donner l'illusion complète du vrai (...). J'en conclus que les Réalistes de talent devraient s'appeler plutôt des Illusionnistes« (Maupassant, *Pierre et Jean*, S. 16).

Die Ansätze einer realistischen Romanästhetik bei Diderot dürfen jedoch nicht darüber hinwegtäuschen, daß bis ins beginnende 19. Jahrhundert in Frankreich eine offizielle Poetik dominiert, die auf die Überhöhung, Idealisierung, Heroisierung der literarischen Figur und deren Handeln abhebt. Literarische Stoffe werden generell nur dann als normenkonform akzeptiert, wenn sie das Imitatio-Prinzip respektieren und der *belle nature* Ausdruck verleihen. Noch in seiner Vorrede zur Erstausgabe von *Atala* (1801) verteidigt Chateaubriand engagiert die Norm der ›schönen Natur‹, der sich der Dichter ausschließlich zuzuwenden habe:

»Au reste je ne suis point comme M. Rousseau, un enthousiaste des Sauvages; et quoique j'aie peut-être autant à me plaindre de la société que ce philosophe avait à s'en louer, je ne crois point que la *pure nature* soit la plus belle chose du monde. Je l'ai trouvée fort laide, partout où j'ai eu l'occasion de la voir. Bien loin d'être d'opinion que l'homme qui pense soit un *animal dépravé*, je crois que c'est la pensée qui fait l'homme. Avec ce mot de *nature*, on a tout perdu. De là les détails fastidieux de mille romans où l'on décrit jusqu'au bonnet de nuit et à la robe de chambre; de là ces drames infâmes, qui ont succédé aux chefs-d'oeuvre de Racine. Peignons la nature, mais la belle nature: l'art ne doit pas s'occuper de l'imitation des monstres« (Chateaubriand, *Atala-René*, Ausg. Letessier, S. 45).

Die Absage Chateaubriands an die Beschreibung des sozialen Umfeldes des Menschen einschließlich seiner alltäglichen Verrichtungen, wie sie dem realistischen Roman im 19. Jahrhundert eignet, konnte nicht deutlicher artikuliert werden. Wie eine Replik auf die Apologie der *belle nature* im Vorwort von *Atala* wirkt da die despektierliche Bemerkung des jungen Balzac in seinem Romanerstling *Falthurne* (1820):

»Dans les romans de nos jours, les auteurs s'inquiètent peu de l'estomac de leurs héros, il leur font faire des courses, ils les enveloppent dans les aventures qui ne les laissent pas plus respirer que le lecteur, mais jamais ils n'ont faim (...). C'est à mon avis ce qui décrédite le plus ces ouvrages, mange-t-on dans *René*? ... Peignez donc l'époque, et à chaque époque on a dîné« (Balzac, *Falthurne*, S. 34).

2. Die Demontage des klassischen Normensystems
durch die französische Romantik: Victor Hugo

Weder die Wirren der französischen Revolution noch der Fall des Napoleonischen Kaiserreichs mit der sich anschließenden ›Restauration‹ des legitimen Königtums haben das poetische Normensystem der französischen Klassik entscheidend erschüttern können. Der Literaturgeschmack des Publikums orientiert sich im beginnenden 19. Jahrhundert noch an dem in der Empire-Kultur gepflegten Neoklassizismus, der jedoch von der jungen, liberal denkenden Romantikergeneration zunehmend attackiert wird. Der Generalangriff gegen das klassische Normensystem durch die Romantiker wird in Frankreich durch die allmähliche Herausbildung eines neuen Geschichtsverständnisses vorbereitet. Das wachsende Interesse der gebildeten Schichten an der Geschichte in den zwanziger Jahren erklärt sich aus der kollektiven Erfahrung der rasch aufeinanderfolgenden politischen und gesellschaftlichen Erschütterungen seit 1789. Nach einer jahrhundertewährenden Phase relativer Stabilität im Ancien Régime erleben der Adel und das Bürgertum zwischen 1790 und 1830 eine Ära des ständigen Macht- bzw. Systemwechsels, der sie für die Gesetzmäßigkeiten, Hintergründe und individuellen Ausprägungen historischer Entwicklungen in einem bis dahin ungekannten Maße sensibilisiert. Man wird sich des Faktums bewußt, daß sich eine jede Epoche gemäß der ihr inhärenten, besonderen Gesetzmäßigkeiten gestaltet, die es in der Historiographie ›wiederzubeleben‹ gilt. Das veränderte historische Bewußtsein der Franzosen zur Zeit der Restauration schlägt sich in ihrem Bedürfnis nieder, mit den individuellen Gegebenheiten und spezifischen Konstellationen einer bestimmten geschichtlichen Epoche vertraut gemacht zu werden und über das Fremde, Andere, Besondere einer vergangenen Ära mit dem ihr eigenen Lokalkolorit informiert sein zu wollen. Dieses Bedürfnis insbesondere der jüngeren Generation nach einem Eintauchen in die Ereignisketten und Individualschicksale vergangener Zeiten manifestiert sich in einem wahren Modetrend zur Historisierung des kulturellen und geistigen Lebens. Dies erklärt auch den Erfolg des Politikers und Historikers Prosper Barante (*Histoire des ducs de Bourgogne de la maison de Valois*, 1824-26) und vor allem den von Augustin Thierry, der mit der ihm eigenen Mischung von Gelehrsamkeit und Imagination die Geschichte in erzählend-dokumentarischer Form aufbereitet und historische Ereignisse und Personen durch Rekonstruktion des Lokalkolorits für den Leser zur Zeit der Restauration interessant zu machen versteht (vgl. z.B. seine *Histoire de la conquête de l'Angleterre par les Normands*, 1825). So kommt auch die Verlebendigung nicht-antiker Epochen in Walter Scotts Romanen dem Publikumsbedürfnis nach Erleben und Vergegenwärtigung der Geschichte in einem Maße entgegen, daß ganz Europa in den zwanziger und dreißiger Jahren im Banne der siebenundzwanzig *Waverly Novels* steht, in denen das England der Kreuzzüge (*Ivanhoe*, 1820), das Frankreich Ludwigs XI. (*Quentin Durward*, 1823) und vor allem das Schottland des 17. und 18. Jahrhunderts wiederaufersteht. Alfred de Vignys *Cinq-Mars* (1826), Mérimées *La Chronique du règne de Charles IX* (1829), Balzacs *Les Chouans* (1829) und Victor Hugos *Notre-Dame de Paris* (1831) zeugen von dem literarischen Modetrend, den die Scottschen Romane in Frankreich ausgelöst haben. Die Popularität Scotts in Frankreich wurde dadurch begünstigt, daß der in London ansässige Literat Auguste-Jean-Baptiste Defauconpret und sein Sohn Charles-Auguste fast alle Romane Scotts ins Französische übertrugen (vgl. die Untersuchungen zum Einfluß Walter Scotts in Frankreich von Maigron, 1912, bes. S. 49-110, und Massmann, 1972).

Die Hinwendung zu einer narrativen Historiographie ab der zweiten Hälfte der Restauration und der überwältigende Erfolg des Geschichtsromans à la Walter Scott, in dem fiktive und historisch verbürgte Personen, farbige Zeitbilder und geschichtliche Tatsachen kombiniert sind, bilden den Nährboden, auf dem in Frankreich die romantische Dramentheorie und zugleich der aktualitätsbezogene, realistische Roman Stendhals und Balzacs entstehen. Dabei übernehmen die Dramentheoretiker zwischen 1820 und 1830 den Part der radikalen Zurückweisung der klassischen Doktrin, und zwar im Namen einer stärkeren Realitätsbezogenheit des Theaters.

Stendhal setzt sich in seinen zwei Versionen von *Racine et Shakespeare* (1823; 1825) mit dem klassischen Theater auseinander und distanziert sich von der grassierenden Romantikschelte der Konservativen. Die zweite Version von 1825 war in Pamphletform die Antwort auf eine Rede des Directeur de l'Académie française, Louis-Simon Auger, die dieser am 24. April 1824 im *Institut Royal de France* gehalten hatte. In dieser Philippika gegen die »Sekte« der Romantiker beklagt Auger die Mißachtung der klassischen Prinzipien des *delectare et prodesse* durch die Romantiker, die es nur auf eine »poésie de l'âme« abgesehen hätten (vgl. Stendhal, *Racine et Shakespeare*, S. 243). Er bezeichnet die romantische Literatur als »littérature de cannibales, qui se repaît de lambeaux de chair humaine, et s'abreuve du sang des femmes et des enfants« (ebd., S. 250). Sein Appell an die schreibende Zunft ist von einer tiefen Sorge um den unerträglichen Verlust der klassischen ästhetischen Prinzipien geprägt:

»Célébrez la religion, chantez aussi l'amour; mais ne mêlez pas indiscrète-ment les mystères de la foi et ceux de la volupté, les saints ravissements de l'âme et les profanes extases des sens. Peignez la nature avec vérité, mais avec choix (...). Peignez surtout le coeur humain, mais sans recherche et sans exagération« (ebd.).

Das Genie des Künstlers habe sich den »heilsamen Zügeln« (»le frein salutaire«, ebd.) der Regeln zu unterwerfen und sich nicht der »poésie misanthropique« der Romantiker anheimzugeben. Stendhal räumt in seiner Antwort auf Augers »Manifest gegen die Romantik« (vgl. *Racine et Shakespeare*, Appendice III, S. 233) mit dem überhol-ten Regelwerk der Klassik auf:

»Il me semble que rien n'est plus clair que ceci: *Une tragédie romantique est écrite en prose, la succession des événements qu'elle présente aux yeux des specta-teurs dure plusieurs mois, ils se passent en des lieux différents« (Racine et Shake-speare*, S. 98).

In seiner teilweise recht ungeordnet wirkenden Argumentation for-muliert er litaneiartig seine radikale Absage an die klassische Verstra-gödie mit ihren drei Einheiten, als wolle er die »révolution en poé-sie« (ebd., S. 52) endgültig besiegeln (vgl. auch ebd., S. 98; S. 110).

Augers beschwörender Appell, der Dichter solle die Natur, wenn auch »avec vérité«, so doch gemäß dem Gebot der Motiv- und Stoff-selektion schildern, erscheint Stendhal als völlig unzeitgemäß. Mit Verve ergreift er in den beiden Fassungen von *Racine et Shakespeare* Partei für eine definitive Ablösung der in seinen Augen obsolet ge-wordenen Normendiktatur der *doctrine classique*.

Die von Diderot eingeforderte größere Wirklichkeitstreue der Li-teratur, vor allem des Dramas, und Stendhals engagierter Grabge-sang auf die Regelästhetik der französischen Klassik verbinden sich in Victor Hugos *Préface de Cromwell* (1827) zu einem grundlegen-den Manifest der Moderne, das zugleich als Programmschrift der Romantik und als »Geburtsakt des literarischen ›Realismus‹« (Jauß, 1970, S. 119) zu gelten hat. Wenn auch die dort von Hugo vertrete-ne Theorie des Sublimen und Grotesken bereits im Werk Dantes oder Shakespeares in der Dichtungspraxis vorweggenommen scheint, somit das Programmatische des Vorworts nicht überbewertet werden sollte (vgl. dazu auch Warning, 1968, S. 141), so kommt Hugo das Verdienst zu, in seiner Vorrede die vielfältigen Ansätze und Tenden-zen zur Ablösung des klassischen Normensystems theoretisch engge-führt und argumentativ auf den Punkt gebracht zu haben. Die Ori-ginalität der *Préface de Cromwell* beruht – dies wurde bisher nicht deutlich genug artikuliert – auf der Kopplung von Klassikschelte und romantischer Dramentheorie einerseits und der Grundlegung einer Realismustheorie andererseits, die sich im Verlauf des 19. Jahrhunderts zu einer epochalen Literaturströmung ausweiten sollte.

Die Leitideen des Vorworts basieren auf einer totalisierenden Konzeption des Kunstwerkes, das gemäß Hugo sowohl das Schöne als auch das Häßliche, das Erhabene und das Groteske zugleich zu gestalten habe – gegen das klassische Credo der uneingeschränkten Respektierung der *bienséance* und der *Belle Nature*.

»[La muse moderne] sentira que tout dans la création n'est pas humainement *beau* (...). Le laid y existe à côté du beau, le difforme près du gracieux, le grotesque au revers du sublime, le mal avec le bien, l'ombre avec la lumière« (*Préface de Cromwell*, Ausg. Pléiade, Bd. I, S. 416).

Die Antithese vom Schönen und Häßlichen mit ihren verschiedenen Varianten und Ausprägungen wird als bühnenwürdig und bühnenwirksam zugleich deklariert und entspricht dem Anspruch Hugos auf Totalitätsabbildung im Drama unter Vernachlässigung der klassischen ästhetischen Selektionsprinzipien (zu Hugos Dramenkonzeption siehe Wentzlaff-Eggebert, 1984). Die Pflicht des Künstlers zur Stoff- und Stilmischung, wie Hugo sie sieht, ist also völlig unvereinbar mit dem neoklassischen Aristotelismus, der im Frankreich der Restauration bei den konservativen Kulturhütern weiterhin hoch im Kurs stand. Am deutlichsten drückt Hugo den Totalitätsanspruch der Kunst in seiner *Préface à Marie Tudor* (1833) aus, wenn er sein Idealdrama entwirft:

»Ce serait le mélange sur la scène de tout ce qui est mêlé dans la vie (...). Ce serait le rire; ce seraient les larmes; ce serait le bien, le mal, le haut, le bas, la fatalité, la providence, le génie, le hasard, la société, le monde, la nature, la vie; et au-dessus de tout cela on sentirait planer quelque chose de grand!« (*Préface de Marie Tudor*, Ausg. Pléiade, Bd. II, S. 414).

Abgesehen von Hugos Vorstellung im Schlußsatz, daß über allem eine gewisse Größe sichtbar werden müsse, nimmt diese Dramenkonzeption bereits die wesentlichen Gehalte realistischer Romankunst vorweg.

Nun enthält das Vorwort zu *Cromwell* nicht nur eine detaillierte Auseinandersetzung mit den klassischen drei Einheiten, die als wahrheits- und wirklichkeitsfremd entlarvt werden, sondern die *Préface* stellt, bezogen auf das Drama, das erste große französische Traktat über den literarischen Realismus des 19. Jahrhunderts dar. Hugo insistiert unablässig auf den verstärkten Wirklichkeitsbezug, dem sich die moderne Dichtung zu verpflichten habe:

»La poésie née du christianisme, la poésie de notre temps est donc le drame; le caractère du drame est le réel; le réel résulte de la combinaison toute naturelle de deux types, le sublime et le grotesque, qui se croisent dans le drame, comme ils se croisent dans la vie et dans la création. Car la poésie vraie, la poésie complète, est dans l'harmonie des contraires. Puis, il est temps de le dire hautement, et c'est ici surtout que les exceptions confirmeraient la règle, tout ce qui est dans la nature est dans l'art« (*Préface*, S. 425).

Damit ist der Privilegierung des Naturschönen die Grundlage entzogen. Die Wahrheit ist *in der Natur schlechthin*; sie bedarf keiner ästhetischen Vorzensur durch Ausblendung des Nicht-Schönen. Das Wahrheitsgebot im Kunstwerk stößt, so Hugo, nur insofern an Grenzen, als Wahrheit in der Fiktion keine Identität mit der »absoluten Wirklichkeit« beanspruchen kann: »La vérité de l'art ne saurait jamais être (...) la réalité *absolue*. L'art ne peut donner la chose même« (ebd., S. 435).

Das Drama ist demzufolge ein Spiegel, »où se réfléchit la nature« (*ebd.*, S. 436) – Stendhal benutzt in *Le Rouge et le Noir* (1830) ebenfalls die Spiegelmetapher –, und die Kunst darf keinen Tabus mehr unterworfen werden:

»L'art feuillette les siècles, feuillette la nature, interroge les chroniques, s'étudie à reproduire la réalité des faits, surtout celle des moeurs et des caractères (...), restaure ce que les annalistes ont tronqué (...), comble leurs lacunes par des imaginations qui aient la couleur du temps (...), revêt le tout d'une forme poétique et naturelle à la fois, et lui donne cette vie de vérité et de saillie qui enfante l'illusion, ce prestige de réalité qui passionne le spectateur...« (ebd., S. 436-437).

Insbesondere diese letzte Passage weist Hugo als den großen Initiator der französischen Realismusdebatte im 19. Jahrhundert aus und läßt die pointierte Formulierung von Hans Robert Jauß, die *Préface de Cromwell* markiere den Geburtsakt des literarischen Realismus (Jauß, 1970, S. 119), als durchaus zutreffend erscheinen. Sowohl die stoffliche als auch die formale Ausprägung realistischer Literatur, zum Beispiel bei Balzac oder bei Flaubert, sind in dieser Funktionsbestimmung von Kunst bei Hugo vorweggenommen. Wie schon Diderot in seinem *Eloge de Richardson* artikuliert hier Victor Hugo einen Leitgedanken aus der Vorrede zu *Pierre et Jean*, in der Maupassant ausführt, daß das »faire vrai« darin bestehe, eine vollständige Illusion des Wahren zu vermitteln (vgl. *Pierre et Jean*, S. 16). In diesem Lichte stellt die *Préface de Cromwell* eine der wegweisenden literarästhetischen Abhandlungen im Frankreich des 19. Jahrhunderts dar, weil sie ein Vielfaches leistet: Sie bringt den bereits in *Racine et Shakespeare* fortgeschrittenen Erosionsprozeß im klassischen Regelsystem zu einem unumkehrbaren Abschluß, liefert zugleich die programmatische Legitimation für das neue romantische Drama und artikuliert zudem wesentliche Kriterien und Aspekte des literarischen Realismus, der sich parallel zur Romantik in Frankreich zwischen 1830 und 1870 etabliert. Jochen Schlobach hat zu Recht auf die Parallelität von romantischer Programmatik und realistischer Theorie in Hugos Vorwort zu *Cromwell* aufmerksam gemacht. Im restaurativen Frankreich stellt Hugos Ablehnung des klassischen Idealschönen und der aristotelisch beeinflußten Nachahmungsästhetik mit ihrem Regelkanon das Manifest der Romantik und die Grundlegung einer Realismustheorie in einem dar (Schlobach, 1981, S. 61). Insofern markiert *Cromwell* am Vorabend der Julirevolution den Vollzug der literarischen Revolution, die das System der klassischen Doktrin ›stürzt‹ und durch eine doppelte Perspektivengebung hin zu etwas Neuem, d.h. zur romantischen *und* realistischen Ästhetik, befreit (vgl. auch ebd., S. 62).

3. Die Romantheorie Balzacs und Stendhals im Kontext der zeitgenössischen Realismuskritik

Als Victor Hugo das Vorwort zu *Cromwell* aus Anlaß einer Lektüre bei Freunden zum ersten Mal einer internen Öffentlichkeit vorstellt, ist die Resonanz triumphal. Nodier, Vigny und Musset erkennen in der *Préface* auf Anhieb das Manifest einer literarischen Revolution und das Programm der antiklassischen romantischen Bewegung (vgl. auch Gautier, 1874, S. 5). Das Drama *Cromwell* selbst findet bei Charles de Rémusat im *Globe* vom 2. Februar 1828 wegen der »grande recherche de vérité« Zustimmung, wohingegen sich die Traditionalisten über die Respektlosigkeit Hugos gegenüber den klassischen drei Einheiten entrüsten.

Aus literarhistorischer Perspektive ist hier vor allem bedeutsam, daß in der ausgehenden Restaurationszeit die Überwindung des etablierten ästhetischen Normensystems in Theorie und Praxis auf das Drama beschränkt bleibt. Dies ist umso erstaunlicher, als seit dem Ende des Kaiserreiches in Frankreich ein wahrer Romanboom einsetzt, der sich mit der Verbreitung des historischen Romans nach dem Vorbild Walter Scotts ab den zwanziger Jahren bis zum Ende des 19. Jahrhunderts kontinuierlich verstärken wird. In der Tat löst der Roman nach der Julirevolution die Tragödie als literarische Leitgattung ab. So konstatiert die *Revue de Paris* im Jahre 1832:

»Il y a quelques années encore, le jeune homme qui sortait du lycée se hâtait de faire une tragédie, si déjà il n'en rapportait pas une toute faite (...). Aujourd'hui que la tragédie est morte, (...) c'est par un roman que tout lycéen *commence*, et nous avons même vu que c'est par un roman que maint savant *finit*.«

Und im November 1838 kommt der Romancier und Literaturkritiker Francis-Alphonse Wey in *La Presse* zur Feststellung, daß die alten »systèmes littéraires«, die »alten Schulen« zusammengebrochen, »tot« sind: »Les règles sont brisées, (...) Aristote est sans voix et Boileau sans influence; (...) les principes littéraires consistent dans une énorme indépendance.« Eine Folge dieser ästhetischen Wende ist ohne Zweifel der unaufhaltsame Aufstieg des Romans, wie Auguste Barbier im Mai 1838 in der *Revue des Deux Mondes* feststellt: »C'est en ce moment le genre d'ouvrage le plus en vogue et le plus populaire.« Eugène Sue, Sainte-Beuve, George Sand, Stendhal und nicht zuletzt Honoré de Balzac haben zu diesem Wandel in der Gattungshierarchie entscheidend beigetragen.

Im Kontext der Ausbildung einer Realismustheorie in Frankreich ist also zunächst festzuhalten, daß die Ablösung der klassischen Tragödie durch das romantische Drama sowohl in der Dramentheorie als auch in der Bühnenpraxis stattfindet. Darüber hinaus führt die Befreiung der Kunst vom Korsett der Imitatio-Doktrin und der Regelästhetik zu Liberalisierungseffekten, die im Aufstieg des traditionell als literarisch minderwertig betrachteten Genres des Romans augenfällig werden. Im Gegensatz zur romantischen Dramentheorie gibt es in Frankreich jedoch keine ausgebildete Theorie des *romantischen* Romans. Dies hängt mit dem wachsenden Interesse der nachrevolutionären französischen Gesellschaft an den sozialen Fakten und Entwicklungen der Gegenwart zusammen. Schon Louis de Bonald hatte zu Beginn des 19. Jahrhunderts eine am Gesellschaftlichen orientierte Konzeption von Literatur dargelegt, gemäß der die Literatur Ausfluß und Ausdruck der Gesellschaft sei (»la littérature est l'expression de la société«, Bonald, Bd. III, Sp. 969; Sp. 975f.). Das Fehlen einer romantischen Romantheorie erklärt sich aus der historisch begründeten und sich seit dem Bürgerkönigtum verstärkenden Fixierung der französischen Literaten auf ihren sozialen Erlebenshorizont und aus ihrer Orientierung an den gesellschaftlichen Mechanismen, denen die bürgerliche Gesellschaft der Julimonarchie unterliegt. Der Roman wird der bevorzugte Ort der Aufarbeitung und Darstellung des gesellschaftlichen Status quo und sozialer Befindlichkeiten, die dem Postulat des klassischen Idealschönen nicht entsprechen können und auch der romantischen Selbstbespiegelung des gesellschaftsabgewandten, *ennui*-geplagten Outsider-Individuums völlig entrückt sind.

Der Roman wird also das Genre *par excellence*, das Zustände, Ereignisse, Entwicklungen der modernen Gesellschaft dokumentiert, sei es in Form des Entwicklungs- u. Bildungsromans, des *roman des moeurs* oder des Sozialromans. Damit erklärt sich auch der fast nahtlose Übergang von der Klassik zum Realismus, der sich im französischen Roman zur Zeit der Konstituierung einer programmatischen romantischen Dramentheorie vollzieht und der ab 1830 in Stendhals und Balzacs Romanen greifbar wird (dagegen waren die frühen Romane George Sands *Indiana, Valentine*, 1832, *Lélia*, 1833 und *Jacques*, 1834, eher romantisch geprägt). Charles Nodier hatte die Gesellschaftsorientierung des zeitgenössischen Romans bereits 1823 treffend begründet:

»Le roman, expression de cette civilisation moderne à laquelle il s'est continuellement approprié selon toutes ses modifications, paraît devoir prendre un nouveau caractère, qui résulte de la tendance actuelle des esprits vers les questions importantes de la société, et l'examen des intérêts et des droits que les générations précédentes trouvaient tout discutés et tout établis. Il entrera donc nécessairement dans le roman du siècle un esprit d'observation plus austère et plus profond que celui qui ne s'attache qu'aux détails particuliers des moeurs et aux nuances fugitives des coutumes. Il s'imprégnera des leçons de cette philosophie expérimentale de la sagesse purement humaine, qui s'accrédite dans la doctrine des peuples, à mesure que la philosophie dogmatique de la religion commence à perdre son ascendant« (Nodier, *La Quotidienne*, 1823).

Somit könne der Roman, wie er an anderer Stelle ausführt (Nodier, *Mélanges de littérature et de critique*, Bd. 1, S. 383ff.), auch nicht der klassischen Doktrin entsprechen, da die in ihm beschriebenen Sitten, Charaktere und Ereignisse einer bestimmten Epoche zuzuordnen und nicht von dem »caprice d'un vieux rhéteur«, also von dem Vorbild der Antike (ebd., S. 384) abhängig seien.

3.1 Die Realismuskritik in Frankreich vor 1850

Der rasante Aufstieg des Romans im 19. Jahrhundert im allgemeinen und der parallel dazu verlaufende Prozeß der Modernisierung und Sozialisierung literarischer Stoffe im französischen Roman im besonderen bleibt der Literaturkritik der ersten Hälfte des 19. Jahrhunderts nicht verborgen. In zuweilen heftiger Form polemisieren die Hüter des überkommenen Literaturgeschmacks gegen das, was sie an allzu realitätsorientierten Tendenzen in der zeitgenössischen Literatur, vor allem im Roman, auszumachen meinen. In diesem Kontext gilt es, mit einem Klischee der französischen Literaturgeschichtsschreibung aufzuräumen, in der noch bis in die jüngste Zeit unterstellt wird, daß der Begriff des Realismus erst ab 1850 unter dem Einfluß der Malerei Gustave Courbets Eingang in die Kunst- und Literaturkritik gefunden habe. Es ist das Verdienst von Hans-Joachim Lotz (1984, S. 71-87), diese »idée reçue« der Literaturhistorie als nicht haltbar erwiesen zu haben. Lotz präsentiert in seiner Studie über die Genese des Realismus in der französischen Literarästhetik ein reichhaltiges Material, auf dessen Basis er klarstellt, daß der Begriff *réalisme* im Sinne der für das 19. Jahrhundert charakteristischen Dichtungstheorie ab den dreißiger Jahren von der Kritik zur Bezeichnung und, noch häufiger, zur Stigmatisierung einer als unbotmäßig angesehenen literarischen Unterströmung verwendet wird. Als Erstbeleg für den literarästhetischen, zeitspezifischen Begriff des Realismus gilt allgemein eine Textstelle aus dem *Mercure du dix-neuvième siècle* von 1826:

»Cette doctrine littéraire qui gagne tous les jours du terrain et qui conduirait à une fidèle imitation, non pas des chefs-d'oeuvre de l'art, mais des originaux que nous offre la nature, pourrait fort bien s'appeler le *réalisme*; ce serait, suivant quelques apparences, la littérature dominante du XIXe siècle, la littérature du vrai.«

Der in diesem Beleg *nicht überzeitlich* verwandte Terminus ›Realismus‹ verweist auf eine neue literarische Doktrin und Bewegung, deren Siegeszug im 19. Jahrhundert mit erstaunlicher Weitsicht antizipiert wird. Über den wachsenden Einfluß des Realismus zeigen sich denn auch in den dreißiger Jahren – hatte sich doch gerade erst die Romantik gegen die Klassik durchgesetzt – so einflußreiche Kritiker wie Gustave Planche oder Hippolyte Fortoul (letzterer war unter Louis Bonaparte nach 1851 Kulturminister) aufs höchste beunruhigt. Zumal mit ihren Artikeln in der *Revue des deux mondes*, die der Romantik nahestand, ziehen sie gegen den Realismus, der auch die Poesie erfaßt habe, zu Felde:

»Si le *réalisme*, qui domine aujourd'hui dans la poésie, obtenait gain de cause, le lendemain du jour où son triomphe serait bien et dûment avéré, il faudrait ne plus croire à Dieu ni à l'âme. Car le monde que cette poésie déroule devant nos yeux est un monde sans providence et sans liberté« (Planche, *Revue des deux mondes*, 15. Februar 1833).

Die Ablehnung der neuen, wirklichkeitsorientierten Literatur wird mit Mißachtung des Naturschönen und mit mangelnder Stilqualität begründet. Planche und Fortoul entrüsten sich zwischen 1830 und 1840 immer wieder über die ›Beschreibungswut‹ der neuen literarischen Strömung, deren Vertreter anstelle der Gestaltung von großen

Charakteren in heroischen Situationen und anstelle der Gestaltung von tragischen Konflikten, denen sich der zwischen Pflicht und Leidenschaft schwankende Held ausgesetzt sieht, der Beschreibung von trivialen, das Gebot des Idealschönen mißachtenden Details huldigen und somit das Unwesentliche zum literarisch Bedeutsamen erheben würden (vgl. auch Lotz, 1984, S. 80f.). Der Realismus als neue Literaturrichtung erscheint Planche bereits im Jahre 1837 so verbreitet, daß er von ihm nicht mehr als beherrschbar angesehen wird. So stellt er in seinem Aufstaz »Du Théâtre moderne en France« (1837) resignierend fest: »Le réalisme est aujourd'hui si populaire qu'on ne saurait trop souvent le combattre«. Auch Fortoul prangert die Orientierung der Realisten am Zeitgeschmack und an den Phänomenen der Gegenwart an, wenn er sich in seinem Beitrag »Du Théâtre en 1836« in der *Revue de Paris* (1836) über den Realismus im Theater wie folgt ausläßt: »L'une de ces écoles est réaliste à l'excès; elle n'aime que les modes du jour, que les mots du jour, que les habitudes du jour« (vgl. Lotz, 1984, S. 82).

Zu Recht sieht Lotz in der Fülle von Urteilen, in denen sich die zeitgenössische Kritik mit dem Realismus auseinandersetzt, den Beweis erbracht, daß sich eine spezifische Literaturströmung des Realismus bereits vor 1850 in Frankreich auszubilden beginnt und diese als solche von der Kritik auch wahrgenommen wird:

»Die realistischen Schriftsteller der dreißiger Jahre bilden keine festgefügte Gruppe und ihre Existenz als Bewegung ist auch nicht so stark in das Bewußtsein der literarischen Öffentlichkeit gedrungen, wie es nach 1855 mit dem Kreis um Champfleury geschah, der zudem noch ein eigenes Publikationsorgan zur Verfügung hatte. Dennoch zeigen die oben zitierten Beispiele (...) eindeutig, daß die Vertreter der neuen wirklichkeitsbezogenen Ästhetik schon fast zwei Jahrzehnte vor dem lange angenommenen Zeitpunkt als eigene dichterische Schule angesehen werden. Der Terminus Realismus bezeichnet also etwa seit der Mitte der dreißiger Jahre eine deutlich erkennbare, von den anderen Bewegungen klar unterschiedene literarische Strömung« (ebd., S. 82).

Die theoretische Auseinandersetzung mit der klassischen Doktrin in *Racine et Shakespeare* und in der *Préface de Cromwell* wie auch die enthusiastische Rezeption des historischen Romans Walter Scotts spiegeln die Umbruchsituation, in der sich die französische Literatur zur Zeit der Restauration und Julimonarchie befindet. Victor Hugos Vorwort erhält dabei insofern ein literarhistorisch bedeutsames Profil, als in ihm die ästhetischen Prinzipien sowohl des romantischen Dramas als auch im Ansatz eine Ästhetik des literarischen Realismus begründet werden. Die wachsende Bedeutung des Romans in der ersten Hälfte des 19. Jahrhunderts und die Orientierung der Literaten an den zeitgenössischen gesellschaftspolitischen Entwicklungen im nachrevolutionären Frankreich ab 1815 befördern eine antiklassische Literaturproduktion, die in ihrer romantischen wie auch realistischen Ausprägung von den Anhängern der konservativ-klassischen Doktrin als kulturbedrohend und unmoralisch apostrophiert wird. Die dramenspezifische Forderung nach Stilmischung bei den Romantikern findet ihr Pendant in dem Postulat der realistischen Strömung, daß die für die zeitgenössische Gesellschaft typischen Phänomene, Tendenzen und Fakten unzensiert und befreit von dem Dogma des Idealschönen Eingang in die Literatur finden müssen. Die traditionstreue, den klassischen Prinzipien verbundene Kritik registriert denn auch mit Sorge die unübersehbaren Zeugnisse einer literarischen Moderne, die sich der getreuen Abbildung der gesellschaftlichen Realität in der Fikton verschrieben hat. Stendhal und Balzac geben hier zweifellos den Ton in der neuen realistischen Bewegung an. Beide entwickeln zudem, wenn auch in unterschiedlicher theoretischer Durchdringung, Elemente einer neuen, realistisch geprägten Romantheorie.

3.2 Balzac und Stendhal als Theoretiker realistischen Erzählens

Der Autor, der zwischen 1830 und 1850 sein literarisches Gesamtwerk der Schilderung der zeitgenössischen gesellschaftlichen Wirklichkeit widmet und zugleich eine theoretische Begründung des literarischen Realismus bereitstellt, ist Honoré de Balzac. Seit der Revolution von 1789 unterliegt die französische Gesellschaft einem tiefgreifenden Umwälzungsprozeß, der auch nicht durch die Restaurationsbemühungen der dem alten Regime nachtrauernden Ultras aufgehalten werden kann. Der Motor gesellschaftlicher Veränderungen ab dem Fall des Kaiserreiches ist der Wille des bürgerlichen Individuums zu sozialem Aufstieg und zur Kapitalakkumulation, die zum essentiellen Kriterium der *ascension sociale* wird. Die Tendenz zur Kapitalisierung aller Lebensbereiche seit der Restauration wirkt sich auch auf die sozialen Beziehungen der Menschen untereinander aus, ein Aspekt, der zum Hauptmotiv des Balzacschen Romanuniversums avancieren wird.

Der aus der Beobachtung der zeitgenössischen Gesellschaft gewonnene Romanstoff beflügelt den Autor der *Comédie humaine* zugleich zu einer umfassenden theoretischen Begründung seiner wirklichkeitsorientierten Romankonzeption. In seinem berühmten Brief an Madame Hanska vom 26. Oktober 1834 formuliert er die Leitprinzipien seines Romanwerks:

»Je crois qu'en 1838 les trois parties de cette oeuvre gigantesque seront, si-
non parachevées, du moins superposées et qu'on pourra juger de la masse.

Les *Etudes de moeurs* représenteront tous les effets sociaux sans que ni une
situation de la vie, ni une physionomie, ni un caractère d'homme ou de
femme, ni une manière de vivre, ni une profession, ni une zone sociale, ni
un pays français, ni quoi que ce soit de l'enfance, de la vieillesse, de l'âge
mûr, de la politique, de la justice, de la guerre, ait été oublié.

Cela posé, l'histoire du coeur humain tracée fil à fil, l'histoire sociale faite
dans toutes ses parties, voilà la base. Ce ne seront pas des faits imaginaires:
ce sera ce qui se passe partout.

Alors la seconde assise sont les *Etudes philosophiques*, car après les *effets* viendront les *causes*. Je vous aurai peint dans les *Etudes de moeurs* les sentiments
et leur jeu, la vie et son allure. Dans les *Etudes philosophiques*, je dirai pourquoi les sentiments, sur quoi la vie; quelle est la partie, quelles sont les con-
ditions au-delà desquelles ni la société ni l'homme n'existent; et après
l'avoir parcourue (la société), pour la décrire, je la parcourrai pour la juger.
Aussi, dans les *Etudes de moeurs* sont les *individualités* typisées; dans les *Etudes philosophiques* sont les *types* individualisés. Ainsi, partout, j'aurai donné
la vie – au type, en l'individualisant, à l'individu en le typisant. J'aurai donné de la pensée au fragment; j'aurai donné à la pensée la vie de l'individu.

Puis, après les *effets* et les *causes*, viendront les *Etudes analytiques* dont fait
partie la *Physiologie du mariage*, car après les *effets* et les *causes* doivent se re-
chercher les *principes*. Les *moeurs* sont le *spectacle*, les *causes* sont les *coulisses
et les machines*. Les principes, c'est l'*auteur*....« (Balzac, *Lettres à Madame
Hanska*, Bd. I., S. 269f.).

Bemerkenswert an dieser für das Selbstverständnis des Autors Balzac
zentralen Äußerung sind die beiden Grundziele, die er mit seinem
Romanschaffen verbindet: zum einen sein Anspruch auf eine umfassende Darstellung der französischen Gesellschaft, die sich vor allem
im Facettenreichtum ihrer individuellen Akteure, in der Diversifizierung der Lebensbereiche und in einem spezifischen Angebot von
wissenschaftlichen/philosophischen Erklärungsmodellen niederschla-
gen soll. Zum anderen geht es Balzac in der *Comédie humaine* nicht
um »faits imaginaires«, sondern um die Wiedergabe der überall vorzufindenden konkreten Ereignisse und Gegebenheiten. Mit Balzac
wird also die Beobachtung und Erklärung der zeitgenössischen Gesellschaft zum zentralen Gegenstand literarischer Praxis gemacht.
Der Roman wird zu einer Art Archigattung, mit Hilfe derer der Autor sein ehrgeiziges Projekt der Abbildung dessen, »was sich überall
vollzieht«, verwirklichen kann.

In der berühmten Vorrede zur *Comédie humaine*, in die wesentliche Positionen der Vorworte zu den *Etudes philosophiques* und den

Etudes de moeurs von 1834 und 1835 einfließen, legt Balzac sein theoretisches Programm realistischen Erzählens in einer vertieften und vervollständigten Synthese dar. Zu Beginn seines »Avant-Propos« bekennt er sich zum Prinzip der »Einheit der Komposition« (»Avant-Propos«, Ausg. Pléiade, S. 7), die in anderer Begrifflichkeit auch die großen Theosophen und Illuministen des 17. und 18. Jahrhunderts postuliert hätten. In der Tat ist Balzacs Romantheorie von der theosophisch-mystischen Tradition und von der naturwissenschaftlichen Evolutionslehre eines Geoffroy Saint-Hilaire (1772-1844) beeinflußt. Der Illuminismus des Theosophen Louis Claude de Saint-Martin (1743-1803) und vor allem die Lehre des schwedischen Naturforschers und Sehers Emanuel von Swedenborg (1688-1772), gepaart mit der These von der »unité de la composition organique« des französischen Naturforschers Geoffroy Saint-Hilaire, bilden in den Augen Balzacs eine überzeugende theoretische Basis für seine Grundannahme von der *unité de la Société* (zum Einfluß Swedenborgs und Saint-Martins auf Balzac siehe Bernheim, 1914).

Swedenborgs Lehre ging von der Vorstellung aus, daß das Sein sich von Gott abwärts in drei abgestuften Reichen, dem himmlischen, geistigen und natürlichen, entfaltet und daß diese Sphären in einer abwärts und aufwärts gerichteten Evolution miteinander verbunden sind. In dieser Seinsstruktur kommt dem Menschen die Rolle zu, die Elemente aller Schöpfungsstufen in sich als Mittelpunkt zu vereinigen. Das Swedenborgsche *unité*-Denken erfährt bei Geoffroy Saint-Hilaire (vor allem in seinem Werk *Sur le principe de l'unité de composition organique*, 1828) insofern ein naturwissenschaftlich-biologisches Erklärungspendant, als der französische Naturforscher seine Evolutionstheorie ebenfalls auf ein Einheitsmodell gründet, nimmt er doch einen einzigen Bauplan für die Urform aller Tierkörper an, die sich unter spezifischen Umweltbedingungen im Laufe der Zeit zu immer größerer Perfektion und Vollständigkeit entwickele.

Aus dem Einheitsdenken eines Swedenborg und der bei Geoffroy postulierten einheitlichen kreatürlichen Urform leitet Balzac das Gesetz der Kompositionseinheit ab, das er auf seine Gesellschaftskonzeption überträgt. Damit wird die Gesellschaft als einheitlich zu denkender Gesamtkorpus und zugleich als Reservoir sozialer Differenziertheit konzipiert, das von unterschiedlichen individuellen Repräsentanten gesellschaftlicher Praxis ausgefüllt wird. Für Balzac heißt dies, daß die unendliche Diversität der menschlichen/sozialen Natur in Geschichte und Gegenwart – eine Diversität, die konkreter Ausdruck des übergeordneten sozialen Einheitsorganismus ist – in der Romanfiktion in historischer oder gegegwartsbezogener Ausprägung darzustellen ist. »La Société française allait être l'histoire, je ne devais être que le secrétaire« (»Avant-Propos«, S. 11).

Hinter dem Topos der Bescheidenheit verbirgt sich nun aber ein sich im folgenden unverhüllt artikulierender Anspruch auf Innovation. Dementsprechend legt Balzac seine Sekretärspflichten sehr weit aus:

»En dressant l'inventaire des vices et des vertus, en rassemblant les principaux faits des passions, en peignant les caractères, en choisissant les événements principaux de la Société, en composant des types par la réunion des traits de plusieurs caractères homogènes, peut-être pouvais-je arriver à écrire l'histoire oubliée par tant d'historiens, celle des moeurs« (ebd.).

Balzacs Postulat von der Vergleichbarkeit der *Espèces Zoologiques* und der *Espèces Sociales* (ebd., S. 8) führt zu einer neuen Personenkonzeption und -darstellung, weil die konstatierte Vielfalt von Repräsentanten der unterschiedlichsten Gesellschaftsbereiche eine veränderte Figurenzeichnung in der Fiktion impliziert. Wenn also Balzac davon überzeugt ist, daß »la Société (...) fait (...) l'homme, suivant les milieux où son action se déploie, autant d'hommes différents qu'il y a de variétés en zoologie« (ebd.), dann gilt es auch, neue Charakterisierungsformen zu erproben, welche die Ausgangsthese in der Fiktion stützen können. Balzacs Vorliebe für theatralische, dramatische Formen der Personenzeichnung und für die Katalogisierung und Akkumulation physiognomischer Details sind denn auch die ästhetischen Reflexe der philosophisch-biologischen Ausgangstheorie des Romancier.

Mit seinem Leben und Werk illustriert Balzac, daß das intensive Nachdenken über den Sinn des Lebens und über die philosophischen Erklärungssysteme, welche diesen erschließen helfen, die Gesundheit ruiniert und das eigene Leben zerstört, und die *Comédie humaine* vermittelt insgesamt den Eindruck einer kräfteverschleißenden, kolossalen Herkulesarbeit. Denn unermüdlich erlegt sich Balzac die Aufgabe auf, das Gesellschaftliche theatralisch zur Schau zu stellen, wissenschaftliche Gesetzmäßigkeiten zu ergründen, Wege der politisch-historischen Evolution nachzuzeichnen oder zu antizipieren und philosophische Wahrheiten zu illustrieren (vgl. auch Chartier, 1990, S. 119).

Eine zentrale Kategorie des Balzacschen Realismus ist die sozialtypische Konzeption des Menschen, der vor dem Bedingungshintergrund der gesellschaftlichen, politischen und ökonomischen Gegebenheiten seiner Epoche gezeichnet wird. Bereits in seinem oben zitierten Brief an Madame Hanska vom 26. Oktober 1834 hebt der Autor hervor, daß es ihm bei seinem Gesellschaftsporträt um die

Darstellung der *types individualisés* bzw. der *individualités typisées* geht. In der Vorrede zur *Comédie humaine* entwickelt er eine globale Theorie der Romangestalt, die, wenn als Typus konzipiert, in besonderem Maße geeignet sei, den »moteur social« (»Avant-Propos«, S. 11), das heißt die Gesetzmäßigkeiten gesellschaftlicher Prozesse offenzulegen.

Die Argumentation Balzacs ist in diesem Begründungszusammenhang besonders aufschlußreich. Er, der sich der Respektierung zweier »ewiger Wahrheiten«, der Religion und der Monarchie (S. 13), verpflichtet weiß, will die Gesellschaft »kopieren«, »la saisir dans l'immensité de ses agitations« (S. 14), was sowohl die Abbildung ihrer guten wie auch schlechten Erscheinungsformen, somit auch die Darstellung guter und schlechter Menschen impliziere (S. 15). Wenn auch der Roman traditionellerweise eine bessere Welt zu gestalten habe, so entbehre dieser andererseits jeglicher Überzeugungskraft, wenn er »in den Details nicht wahr sei« (S. 15). Die Wahrheitsillusion würde sich nur dann einstellen, wenn dem Alltäglichen und den Erscheinungsformen des »individuellen Lebens« eine besondere Bedeutung beigemessen werde:

»En saisissant bien le sens de cette composition, on reconnaîtra que j'accorde aux faits constants, quotidiens, secrets ou patents, aux actes de la vie individuelle, à leurs causes et à leurs principes autant d'importance que jusqu'alors les historiens en ont attaché aux événements de la vie publique des nations« (ebd., S. 17).

Diese Hinwendung auf das Alltägliche und auf das soziale Individuum impliziert für Balzac jedoch nicht eine unendliche, strukturlose Partikularisierung von Einzelschicksalen. Wie in einem hermeneutischen Zirkel gehen, gemäß der Gesetzmäßigkeit der *unité de composition*, die Erfassung des Individuellen und die Dokumentierung des überindividuellen Allgemeinen und Sozialtypischen Hand in Hand:

»Les infortunes des *Birotteau*, le prêtre et le parfumeur, sont pour moi celles de l'humanité. La *Fosseuse* (*Médecin de Campagne*), et madame Graslin (*Curé du village*) sont presque toute la femme. Nous souffrons tous les jours ainsi« (ebd.).

»Non seulement les hommes, mais encore les événements principaux de la vie, se formulent par des types. Il y a des situations qui se représentent dans toutes les existences, des phases typiques, et c'est là l'une des exactitudes que j'ai le plus cherchées« (ebd., S. 18).

Der Roman gestaltet somit eine Welt, die über die typische Gestalt in typischen Situationen entschlüsselbar wird. Der Typus reflektiert das Organisationsprinzip gesellschaftlichen Zusammenwirkens in einer gegebenen geschichtlichen Phase.

In der Praxis seiner Romankunst ist Balzac darüber hinaus nicht nur der große Gestalter der Gesellschaft und deren Glieder in ihrer dynamischen Totalität, er ist nicht nur der begnadete Seher des Gesamtorganismus, in dem das Allgemeine und Individuelle aufeinander bezogen sind und organisch zusammengeschaut werden zum Zwecke der Sichtbarmachung einer dominanten historischen und sozialen Tendenz zur Zeit von Restauration und Julimonarchie, sondern er ist vor allem auch ein sich dokumentierender, auf Wirklichkeitstreue bedachter Sozialforscher, der die diversen Schauplätze seiner Romane sorgfältig beobachtet, detailliert beschreibt und klassifiziert. *Typusgestaltung* und akribische *Sozialforschung* sind somit die wesentlichen Komponenten, die Balzacs realistische Ästhetik in Theorie und Praxis prägen.

Bereits am Übergang von der Restauration zur Julimonarchie war Stendhal mit seiner Spiegeltheorie der Romantheorie Balzacs zuvorgekommen. Stendhals Reflexion über die Rolle und die Formen der Wirklichkeitsgestaltung im Roman ist im wesentlichen an die in *Le Rouge et le Noir* (1830) zweimal verwendete Spiegelmetapher geknüpft, die Georges Blin in seiner grundlegenden Studie *Stendhal et les problèmes du roman* (1954) zum Ausgangspunkt für seine Ausführungen zur *esthétique du miroir* Stendhals macht. Nun sieht sich der Autor der *Chartreuse de Parme* durchaus noch in der Tradition der geschönten Natur und der Idealisierung der Wirklichkeit in der Literatur. Er distanziert sich von einer »vérité trop crue«, die mit der Kunst nicht vereinbar sei *(Mél. d'Art*, S. 57). Eigentlich habe er, wie Blin pointiert hervorhebt, nicht die Wiedergabe des »réel«, sondern von »Fakten« auf seine Fahnen geschrieben (Blin, 1954, S. 81). »Stendhal ne reconnaît l'existence effective qu'à l'accident isolé qui surgit en aspect dans le champ limité d'une expérience individuelle « (ebd., S. 82). Die fiktive Wirklichkeit erscheint zum Beispiel in *Le Rouge et le Noir* als eine über den Focus eines subjektiven Seh- oder Bewußtwerdungsaktes geschaute oder gefilterte Wirklichkeit, in der das »kleine«, aber »wahre« Detail bedeutsam wird (vgl. dazu ebd., S. 82ff.). Daraus ergibt sich, daß Stendhal ausladende Beschreibungskataloge weitgehend meidet und deskriptive Passagen mit Vorliebe dort plaziert, wo sie sich als durch das Gefühls- und Gedankenprisma einer Romanperson gebrochene Beobachtungen oder als individuell wahrgenommene Fakten darstellen lassen. Somit ist der Realismus Stendhals vor allem von der Perspektiventechnik und der Spiegelästhetik geprägt. Sein Programm realistischen Erzählens bezieht seinen originellen Zuschnitt aus der Vorstellung, daß dem Roman eine Spiegelfunktion zukommt.

So heißt es in dem Kapitel 13, Teil I, vorangestellten Motto von *Le Rouge et le Noir*: »Un roman: c'est un miroir qu'on promène le long du chemin.« Das gleiche Bild verwendet Stendhal im ersten Vorwort zu *Lucien Leuwen* von 1836: »Mais l'auteur pense que, excepté pour la passion du héros, un roman doit être un miroir.« Die Metapher vom Roman als Spiegel wird in Kap. 19, Teil II von *Le Rouge et le Noir* noch weiter ausgeführt:

»Eh, monsieur, un roman est un miroir qui se promène sur une grande route. Tantôt il reflète à vos yeux l'azur des cieux, tantôt la fange des bourbiers de la route. Et l'homme qui porte le miroir dans sa hotte sera par vous accusé d'être immoral! Son miroir montre la fange, et vous accusez le miroir! Accusez bien plutôt le grand chemin où est le bourbier, et plus encore l'inspecteur des routes qui laisse l'eau croupir et le bourbier se former« (Stendhal, Ausg. Pléiade, Bd. I, S. 557).

Dieser Erzählereinschub ist essentiell für das dichtungstheoretische Selbstverständnis Stendhals. Einerseits wird die eingangs hervorgehobene Distanzierung des Autors von einer kruden Wirklichkeitsspiegelung relativiert, zum anderen formuliert hier der erste große realistische Romancier Frankreichs mehr intuitiv, als theoretisch vertieft, die wesentlichen Ziele und Funktionen, die den realistischen *und* naturalistischen Roman Frankreichs im 19. Jahrhundert bestimmen werden. Der Roman erfüllt seine dokumentatorische Rolle, indem er gleich einer Kamera die Gegebenheiten, Fakten und Geschehnisse einer »großen Straße« registriert. Diese »métaphore filée« mit der zeitgenössischen Gesellschaft gleichzusetzen, scheint zwingend, wenn man die weitere Ausfüllung des gewählten Bildes betrachtet. Die Registrierfunktion der Kamera bzw. des Romans bringt es mit sich, daß die schöne wie auch die häßliche soziale Realität zum Gegenstand der Romanfiktion avancieren darf. Im Anklang an den von Victor Hugo eingeforderten Anspruch auf Gestaltung des Häßlichen und des Erhabenen im Drama (»l'azur des cieux; la fange des bourbiers«) und mit dem Bild des auf der Straße wandelnden Spiegels kommt der von Stendhal intendierte »objektive« Charakter des Gesellschaftsbildes im Roman und darüber hinaus die sich ständig wandelnde Perspektive (»le roman ... qui se promène ...«) zum Ausdruck, eine Technik, die später von Flaubert meisterlich gehandhabt werden wird. Der Schluß des Zitats verweist auf die kritische Funktion des literarischen Registrierens gesellschaftlicher Unzulänglichkeiten. Dem Immoralismusvorwurf hält Stendhal schließlich eine klare Schuldzuweisung für die vorgefundenen schlechten Verhältnisse entgegen (»accusez bien plutôt le grand chemin où est le bourbier, et plus encore l'inspecteur des routes ...«). Damit antizipiert er bereits den aus dem Realismus erwachsenen naturalistischen Roman à la Zola, der über die Evozierung des menschlichen und sozialen »Schmutzes« im Roman die *question sociale* ins Bewußtsein der bürgerlichen Rezipienten rückt und der zugleich mittels der kruden Schilderung der Verhältnisse eine Lösung der in der Fiktion gegeißelten Mißstände anmahnt.

Mit Stendhal und Balzac ist nun der Weg bereitet für eine militantere Ausprägung realistischer Ästhetik, die sich ab 1850 in Frankreich als *programmatischer Realismus* artikulieren wird.

4. Der programmatische Realismus der fünfziger Jahre

Der Begriff des programmatischen Realismus hebt auf eine spezifische Ausprägung der literatur- und kunsttheoretischen Debatte in Frankreich zwischen 1850 und 1860 ab, die sich von den Entwicklungen in anderen europäischen Literaturen, insbesondere auch von der in England und Deutschland, markant unterscheidet. Nachdem sich zwischen 1830 und 1850 in Frankreich eine erste Phase in der Grundlegung einer Realismustheorie und deren literarischer Umsetzung ausgebildet hatte, erlebt die Literatur- und Kunstszene in der folgenden Dekade eine regelrechte Schlacht zwischen den Repräsentanten eines etablierten Kunstverständnisses und den Verfechtern einer neuen, sich betont kämpferisch gebärdenden Bewegung, die von den Zeitgenossen wegen ihres realitätsorientierten Selbstverständnisses unter dem Schlagwort *réalisme* subsumiert wird.

Unsere Untersuchungsperspektive richtet sich im folgenden auf die Fortführung der Realismusdebatte in Frankreich ab 1848, die sich hinsichtlich der Radikalität, mit der die ästhetischen Prinzipizien realistischer Kunstauffassung vertreten werden, und vor allem auch in bezug auf die gesellschaftliche Funktionsbestimmung von Kunst sowohl von der vorhergehenden Realismusdebatte in Frankreich und der realistisch geprägten Literaturproduktion der dreißiger Jahre als auch von der Realismusbewegung in anderen Nationalliteraturen Europas abgrenzt.

In der Tat gestaltet sich die Auseinandersetzung über Realismus in Kunst und Literatur in Frankreich ab etwa 1849/50 in Form eines regelrechten Kulturkampfes, der als ›la bataille réaliste‹ in die Literaturgeschichte eingegangen ist. Das Spezifikum dieser ›Schlacht‹ liegt nun darin, daß sie literaturübergreifend ausgetragen wird oder, präziser formuliert, daß sie von einer neuen Richtung in der Malerei lanciert wird. Um den ›Sonderweg‹ des französischen Realismus um

1850 voll ermessen zu können, soll im folgenden zunächst exemplarisch ein kurzer BLick auf die Entwicklung der Realismusdebatte in
England und in Deutschland geworfen werden.

4.1 Die Realismusdebatte in England und in Deutschland

Eine informative Übersicht über die Debatte in England geben Walter Greiner und Fritz Kemmler (1979), die zudem ihre Sammlung
englischer Realismustheorien in einem präzisen Überblick in The-
senform auswerten. Demnach lassen sich folgende nationalliterari-
sche Trends in der englischen Realismusdebatte ausmachen: Realismus wird in der englischen Literatur in viel stärkerem Maße als in
Deutschland und vor allem in Frankreich bereits seit dem 18. Jahrhundert kontinuierlich thematisiert und theoretisch reflektiert. In
der Auseinandersetzung über die Frage nach einer adäquaten Literarästhetik werden dabei wiederholt Henry Fielding (1707-1754)
und Jane Austen (1775-1817) als Bezugsautoren genannt. Dabei
ist für die Theoretiker des Realismus in der Regel bezeichnend,
daß sie von einem sehr weit gefaßten, zum Teil auch diffusen Realismusbegriff ausgehen. Um die Mitte des 19. Jahrhunderts äußern
sich dann Autoren wie William Thackeray (1811-1863) zum Realismuskonzept in Form einer Funktionsbestimmung des ›realistischen‹ Dichters, indem sie diesem den Part eines Historiographen
der zeitgenössischen Wirklichkeit zuweisen, die mittels einer sorg-
fältigen Gesellschafts- und Charakteranalyse transparent zu machen sei. Theodore Martin (1816-1909), ein zeitgenössischer Bewunderer Thackerays, benutzt in diesem Kontext die pointierte
Formulierung »to paint life as it is« (Greiner/Kemmler, 1979, S.
76). Zugleich wird die Frage nach dem ästhetisch und gesellschaft-
lich-moralisch Erlaubten und Zumutbaren gestellt, wobei in der
englischen Realismuskritik eine bewußte Zurückhaltung bei der
Darstellung der häßlichen, abstoßenden Realitäten des Lebens an-
gemahnt wird; dies in Abgrenzung zum französischen Roman des
18. und 19. Jahrhunderts, der die Verderbtheit der französischen
Kultur über Gebühr spiegele.

In diesem Sinne bedeutet ›Darstellung der Gesellschaft‹ für die
englischen Theoretiker des Realismus im 19. Jahrhundert: künstlerisch aufrichtige, echt wirkende und moralisch-ästhetisch ›gereinigte‹
Abbildung der zeitgenössischen Gesellschaft. Dieses Prinzip hat, wie
aus der Einlassung George Gissings (1857-1903) in seinem Artikel
»The Place of Realism in Fiction« hervorgeht, auch noch an der
Schwelle zum 20. Jahrhundert seine Gültigkeit:

»Realism, then, signifies nothing more than artistic sincerity in the portrayal of contemporary life; it merely contrasts with the habit of mind which assumes that a novel is written ›to please people‹, that disagreeable facts must always be kept out of sight, that human nature must be systematically flattered« (Greiner/Kemmler, 1979, S. 169).

Als weiteres Merkmal für realistisches Erzählen wird um 1850 in England die Darstellung des Alltäglichen genannt. So unterstreicht Theodore Martin in seiner Besprechung von *Vanity Fair* die Leistung Thackerays, einsichtige Wahrheiten über »every-day necessities«, über das Alltagsleben, vermittelt zu haben (ebd., S. 76). Die englischen Repräsentanten realistischer Schreibweise engagieren sich für das Prinzip der Authentizität bei der Darstellung des »ordinary life«, des Durchschnittslebens, wie zum Beispiel George Henry Lewes (1817-1878) in seinem Artikel über »Realism in Art« in der *Westminster Review* von 1858 (ebd., S. 84) unterstreicht. Sie wollen die in der Fiktion gestalteten Menschen und Dinge nicht besser machen als sie sind. Dies ist auch ein erklärtes Ziel von George Eliot (1819-1880), wie aus Kap. VII von *Adam Bede* (1859) hervorgeht (vgl. ebd., S. 89).

Aus der englischen Diskussion über den literarischen Realismus lassen sich zusammenfassend folgende Charakteristika bestimmen:

1. Die theoretischen Positionen der Vertreter des Realismus in der Mitte des 19. Jahrhunderts fügen sich fast nahtlos in die Tradition einer bereits im 18. Jahrhundert intensiv geführten Realismusdebatte ein, die sich an den Modellvorgaben berühmter Pioniere wie Fielding und Austen orientiert.
2. Ab 1850 erfolgt eine eher maßvolle ›Radikalisierung‹ der Debatte. Diese äußert sich in solchen Formulierungen wie: realistisches Erzählen richte sein Augenmerk auf die Darstellung der zeitgenössischen Gesellschaft, insbesondere auf Erscheinungsformen des sozialen Miteinander in seiner Alltäglichkeit, wenn nicht sogar in seiner Häßlichkeit. Allerdings habe der realistische Romancier Zurückhaltung bei der Gestaltung der negativen Aspekte des *every day life* zu üben.

In der Realismusdebatte in Deutschland zwischen 1848 und 1860, die vor allem in den Zeitschriften *Die Grenzboten* und *Deutsches Museum* stattfindet, wird grundsätzlich auch die Forderung nach der Wiedergabe der alltäglichen Wirklichkeit des gesellschaftlichen Lebens in der Literatur erhoben. Allerdings soll diese unter der Prämisse gestaltet werden, daß eine wirklichkeitsorientierte literarische Fiktion das Ziel der Vermittlung sittlicher Ideale keineswegs aus den

Augen verlieren dürfe. Zu einer einführenden Lektüre über die Literaturtheorie des deutschen Realismus (1848-1860) gibt es eine instruktive Synthese von Helmut Widhammer (1977), die den folgenden Ausführungen zur Genese des programmatischen Realismus in Deutschland zugrunde gelegt wird. Aus Widhammers Untersuchung der Theoriedebatte der fünfziger Jahre in Deutschland geht hervor, daß für den nachmärzlichen Realismus ein ausgeprägtes antipessimistisches Engagement charakteristisch ist, welches sich aus dem positiven Selbstverständnis des nachrevolutionären bürgerlichen Liberalismus in Deutschland erklärt. Die Forderung nach objektiver Wiedergabe gesellschaftlicher Realität ist bei den deutschen Theoretikern des Realismus der fünfziger Jahre geknüpft an deren Vorstellung von einem versöhnten Bild von dieser Realität (vgl. Widhammer, 1977, S. 51). Die Wortführer der programmatischen Diskussion in Deutschland, Julian Schmidt (1818-1886), Gustav Freytag (1816-1895) und Otto Ludwig (1813-1865), räumen der didaktisch-sittlichen Funktion von Literatur den absoluten Vorrang ein. An der Realität orientierte Literatur habe solche Werte wie »das ideale Empfinden der Nation«, »der vollkommene Mensch als Bürger«, »Sinn für Ordnung« usw. zu vermitteln (vgl. dazu ebd., S. 53f.). Dementsprechend findet Freytags Roman *Soll und Haben* (1855) wegen dessen Konformismus mit dem bürgerlichen Tugendkanon (Sparsamkeit, Strebsamkeit, Arbeitsethos) Schmidts ausdrückliche Zustimmung, wohingegen Gottfried Kellers (1819-1890) Roman *Der grüne Heinrich* (1854-55) wegen dessen skeptischen und resignativen Grundtenors dem Credo Schmidts, der realistische Roman habe die ›richtige‹ Auffassung vom Leben zu illustrieren, nicht gerecht werden konnte.

Die Realismusdebatte in den *Grenzboten* und im *Deutschen Museum* basiert auf einer ausgeprägten Verklärungspoetik, die ihre Originalität aus der paradox anmutenden Forderung der Programmatiker des bürgerliche Realismus bezieht, der Roman habe die gesellschaftliche Wirklichkeit abzubilden und zugleich ihr Affirmationspotential zu würdigen. Die literarische Gestaltung der historischen Tageswirklichkeit solle auf etwas Substantielles, wie zum Beispiel auf das »schlechthin Gute, Wahre und Sittliche« hindeuten (ebd., S. 55). Das ›wahre‹ Charakteristische der Realität werde nicht, so Schmidt in den *Grenzboten* von 1854, von einem Thackeray, Dickens oder Eliot erfaßt. Zum »reinen Realismus« müsse »die Notwendigkeit einer symbolischen, poetischen, allgemein menschlichen, idealen Wahrheit« hinzutreten (ebd., S. 56). In dieser idealistischen Funktionsbestimmung realistischer Kunst wird der wesentliche Unterschied des programmatischen Realismus in

Deutschland zum Realismusverständnis der englischen Theoretiker deutlich: Schmidt und seine Mitstreiter in den *Grenzboten* verstehen den literarischen Realismus als künstlerisches Medium zur Bestätigung eines optimistischen bürgerlich-liberalen Selbstverständnisses, im Gegensatz zu den Realisten Englands, für die Wirklichkeitsabbildung im Roman zugleich auch zur Erkenntnis einer als ungenügend erfahrenen Wirklichkeit führen soll.

4.2 Die Vorbereitung der Realismuskampagne in Frankreich durch die Malerei: Barbizon, Gustave Courbet

Die Ausstellung zur Pleinair-Malerei von Barbizon im Frühjahr 1996, im Haus der Kunst in München, hat in beeindruckender Weise deutlich werden lassen, daß die Theoriebildung und Programmatik in der französischen Realismusdebatte ab 1850 von der spezifischen Wechselwirkung und gegenseitigen Befruchtung von Malerei und Literatur geprägt sind. Zu Recht hat Wolfgang Klein diese interdisziplinäre Konstellation in Frankreich auf die pointierte Formel gebracht: »Ohne die Bilder Courbets hätte die Realismusschlacht nicht stattgefunden« (Klein, 1989, S. 67).

In der Kunstgeschichte gilt die Schule von Barbizon als vorbereitende Bewegung des französischen Impressionismus. Andererseits darf nicht in Vergessenheit geraten, daß sich das sechzig Kilometer südöstlich von Paris am Rande des Waldes von Fontainebleau gelegene Künstlerdorf Barbizon inmitten einer unberührten Natur ab 1830 zu einem bedeutenden Zentrum für die Genese des künstlerischen Realismus und überhaupt für die Landschaftsmalerei der Moderne entwickelte.

Die Barbizon-Maler waren nicht unerheblich von den englischen Landschaftsmalern John Constable (1776-1837) und Richard Parkes Bonington (1801-1828) beeinflußt. Zumal die englischen Landschaftsansichten kündigen mit ihrer Schlichtheit und zugleich leuchtkräftigen Unmittelbarkeit den künstlerischen Realismus und Impressionismus an. Man denke zum Beispiel an solche Werke Constables wie *View of Salisbury* (um 1820, Louvre), *Branch Hill Pond, Hampstead Heath* (1828, Tate Gallery) oder *La baie de Weymouth* (Louvre, ohne Jahr) mit den expressiven Wolkenformationen, die den Maler berühmt gemacht haben. Barbizon wird zu Beginn der dreißiger Jahre des 19. Jahrhunderts für Maler wie Corot, Diaz, Dupré, Troyon und vor allem Rousseau und Daubigny der bevorzugte Ort, an dem man die Natur ungestört von der Hektik des Pariser Lebens studieren und malen konnte. Ab 1847 lebte Théodore Rousseau (1812-1867) vorwiegend in Barbizon, Jean-François Millet (1814-1875) folgt ihm im Jahre 1849. Einen plastischen Einblick in das neue Verhältnis der jungen Malergeneration von Barbizon zu der majestätischen, authentischen Natur geben uns die Gebrüder Goncourt in ihrem Roman *Manette Salomon* (1867) mit der Figur des Künstlers Coriolis, der sich in Barbizon der Malerei widmet. Im Gegensatz zur klassizistischen, im Atelier gemalten Landschaft mit ihren Accessoires, klassischen Motiven und ihrer strengen Komposition, die auch noch im 19. Jahrhundert für die Académie des Beaux-Arts als etablierte künstlerische Norm gilt, ziehen die Maler von Barbizon mit ihren Farbkästen in die Natur, um vor Ort zu malen, was sie konkret sehen. Dies gilt insbesondere für Camille Corot (1796-1875), der auch wegen der zahlreichen Photos, auf denen er in freier Natur mit Staffelei, Farbkasten und Sonnenschirm posiert, bekannt geworden ist.

Nun steht Barbizon nicht nur für die malerische Wiedergabe der vielfältigsten Details und Erscheinungsformen der Natur. Eine Reihe von Künstlern wie Rousseau, Dupré, Millet und auch Courbet, der in den vierziger Jahren gelegentlich mit den Barbizon-Malern zusammenarbeitet, bemühen sich zudem, das Wesenhafte der Naturgegenstände zu erfühlen, ganz im Sinne eines romantischen Naturverständnisses. So gibt es, wie Christoph Heilmann ausführt, in der Barbizon-Schule zwei Ausprägungen der Landschaftsabbildung:

»Malerisch optimal der Wirklichkeit angenäherte Umsetzung des äußeren Erscheinungsbildes oder meditative Versenkung in die Wesenheit des Naturobjekts« (Heilmann u.a., 1996, S. 13).

Corots, Troyons und Daubignys Pleinair-Ansichten repräsentieren den erstgenannten Typus; Rousseau, Dupré, Diaz und Millet den zweiten. Zumal Théodore Rousseaus eindrucksvolle Gemälde *Le Pêcheur* (1830), *Rochers dans la forêt de Fontainebleau* (1840) und *Sortie de forêt à Fontainebleau, soleil couchant* (1850/51) kombinieren die detaillierte Wiedergabe der Einzelobjekte in der Natur mit einer quasi-romantischen Mystifizierung ihres Wesenhaften. Realismus und romantische Überhöhung stehen bei ihm in einem spezifischen Wechselverhältnis.

Barbizon ist um die Jahrhundertmitte in Frankreich, wie später auch der malerische Realismus, umstritten. Die akademischen Kunstkritiker wie Etienne-Jean Delécluze (1781-1863) räumen der klassizistischen, historisch ausgerichteten Landschaftsmalerei weiterhin den Vorrang ein, während Théophile Gautier (1811-1872) für den wiederholt in den großen Kunstausstellungen (den Salons) abgewiesenen Camille Corot Partei ergreift.

Der Schule von Barbizon kommt in der Kunstgeschichte des 19. Jahrhunderts die von der Literaturkritik wenig beachtete Rolle zu, die klassische Landschaftsmalerei mit ihrer historisierenden Tendenz ersetzt zu haben durch reale, typographisch authentische und zugleich ausdrucksstarke Landschaften, die von überlieferten Stoffen oder traditionellen Motiven befreit sind und sich dem Auge des Betrachters in ihrer Konkretheit und zugleich in ihrer Erhabenheit darbieten. Damit werden die Wände des Ateliers, die in der Tradition von Mythos, Geschichte und festem Motivkanon befangen waren, aufgebrochen. Die Freilichtmalerei etabliert sich als eine bahnbrechende Praxis der »amis de la nature« in der Künstlerkolonie von Barbizon; und werden die Gemälde zuweilen auch im Atelier vollendet, so basieren sie in der Regel doch auf der Natur unmittelbar abgeschauten Studien und Skizzen. Einen ersten, informativen Überblick über die Rolle von Barbizon in der Landschaftsmalerei und in der Entwicklung des Realismus gibt der von Heilmann, Clarke und Sillevis bearbeitete Katalog zur Münchner Ausstellung *Corot, Courbet und die Maler von Barbizon* (1996), der sich zudem durch instruktive Kommentare der Exponate sowie eine reichhaltige, einschlägige Bibliographie im Anhang auszeichnet.

Die für die Phase der Durchsetzung eines ›orthodoxen‹ Realismus in der französischen Literatur entscheidende Künstlerpersönlichkeit ist ohne Zweifel Gustave Courbet (1819-1877), der mit seiner Malweise eine Art Initialzündung für die kämpferische Phase des literarischen Realismus zwischen 1850 und 1860 in Frankreich bewirkt. Diese Dekade des programmatischen Realismus stellt in der europäischen Realismusbewegung insofern einen nationalen Sonderweg dar, als die Radikalität des realistischen Programms aus der kämpferischen Solidarität von künstlerischer und literarischer Avantgarde zu Beginn der fünfziger Jahre erwächst. Gustave Courbet mit seiner als revolutionär empfundenen Malerei findet in der Literaturszene eine Reihe von Bundesgenossen, die das künstlerische Credo des Meisters auf den Bereich der Literatur übertragen. So wird zum Beispiel Champfleury einer der engagiertesten Mitstreiter Courbets und zugleich die Galionsfigur der ›bataille réaliste‹ zwischen 1848 und 1857.

Im Juni 1855 eröffnet Courbet eine Verkaufsausstellung von über vierzig seiner Werke, unter ihnen auch *L'Enterrement à Ornans* (1849/50) und *L'Atelier* (1855). Das *Begräbnis von Ornans* hatte bereits auf der Kunstausstellung von 1850 einen vielbeachteten Skandal hervorgerufen und galt, auch wegen seiner monumentalen Ausmaße (3,14 X 6,63 m), fortan als Pilotwerk realistischer Kunst. Mit dem von Courbet eigenfinanzierten Ausstellungszelt in der Nähe des Palais de l'Industrie an der heutigen Avenue Montaigne – am Ausstellungseingang war die Inschrift *Le réalisme* angebracht – wird nach Aussage des Künstlers die Romantik begraben. Im Gefolge dieses aufsehenerregenden Kulturereignisses, das die Realismusbewegung in Paris mit einem Schlag ins Rampenlicht der Öffentlichkeit rückt, veröffentlicht der Heimatdichter und Romancier Max Buchon (1818-1869) in der Schweiz unter dem Titel *Le réalisme* eine Sammlung von Äußerungen zur zeitgenössischen Kunsttheorie (1856). Es folgen weitere programmatische Schriften: von 1856 bis 1857 erscheint die kurzlebige Zeitschrift *Réalisme* unter der Federführung von Duranty, Assézat und Thulié, und Champfleury steuert 1857 zur sogenannten ›bataille réaliste‹ der fünfziger Jahre einen Sammelband mit einer Reihe seiner veröffentlichten Artikel bei und gibt diesem ebenfalls den Titel *Le réalisme*.

Gustave Courbet gilt trotz der Tatsache, daß die Regierung ihm im Jahre 1849 das Gemälde *L'après-dînée à Ornans* abkauft, beim Fachpublikum als Protestmaler und Revolutionär. Seine programmatische Äußerung, man müsse die Kunst in die Gosse führen (Courthion, Bd. 2, 1950, S. 76), hebt auf zwei künstlerische Zielbestimmungen ab: zum einen auf die Neubestimmung der gesellschaftlichen Rolle des Künstlers, der sich dem Volk zuzuwenden und Alltagsthemen zu gestalten habe, und zum anderen, worauf vor allem Klaus Herding aufmerksam gemacht hat (1978, S. 478), auf eine neue Anwendung und Funktionalität der Farben. So geht Courbets gesellschaftskritischer Impuls von einer von der bürgerlichen Kritik als anarchisch empfundenen Farbgestaltung aus. Zumal das Begräbnisbild zeichnet sich durch eine spezifische Malweise aus (vgl. auch ebd., S. 479). Die sichtbaren Dinge werden in ein drohendes Dunkel eingebunden, die Physiognomien der am Begräbnis teilnehmenden Landbevölkerung von Ornans wirken ausgesprochen wirklichkeitsnah. Diese Realitätsnähe wird vom zeitgenössischen, an den akademischen Malstil gewöhnten Publikum als vulgär, wenn nicht brutal empfunden. Das Gemälde gefalle sich, so meinen seine Kritiker, in der Zurschaustellung von Trivialität, Häßlichkeit und künstlerisch ungefilterter Gemeinheit. Das undurchdringliche Dunkel mit seinen tupferartigen Hellstellen wirke wie ein Urgrund der Schwärze, und die schwarze Masse der am Begräbnis Beteiligten signalisiere die drohende Invasion der armen Landbevölkerung (vgl. dazu ebd., S. 480).

Mit dem *Begräbnis* avanciert Courbet zum Hauptvertreter der neuen Bewegung. Seine realistische Kunstrichtung wird sogar mit

›sozialistischer‹ Malerei assoziiert. In der Tat dokumentieren die *Casseurs de pierres* (1849) oder die *Cribleuses de blé* (1855) in einer bis dahin ungekannten Weise den trivialen Arbeitsalltag des vierten Standes, ohne jegliche bukolische Beschönigung oder akademische Verklärung. Die *Kornsieberinnen*, für die Courbets Schwester Zoé posiert hatte, schockieren zutiefst das ästhetische und moralische Empfinden der Zeitgenossen des Malers. Das Gemälde verstoße gegen jede überkommene Norm akademisch gedämpfter Malerei und verletze die Grundprinzipien der klassischen Doktrin: anstatt die Natur zu interpretieren, zur Vermittlung einer höheren Wahrheit, gefalle sich das Gemälde geradezu in der Präsentation unästhetischer Körperlichkeit und Anstößigkeit. Die Tätigkeit der Sieberinnen sei mehr als trivial, die Pose der Sieberin im Zentrum des Gemäldes sei obszön, ihre Arme seien unweiblich kräftig, die Geste des Siebens falle allzu forsch aus, entbehre jeglicher Anmut, und das Ganze sei eingetaucht in eine Mischung aus schmutzigen und reinen Farben, die der Wirklichkeit in unzumutbarer Weise angepaßt seien. Kurzum: Courbets künstlerisches Programm sei die »négation de l'idéal« und suggeriere zudem in gefährlicher Weise dem Betrachter die Notwendigkeit gesellschaftlicher Veränderung (vgl. auch ebd., S. 481f.). Die Negierung des »idéal« bezieht sich bei Courbet somit nicht nur auf die Protesthaltung des Künstlers gegen die antikisierenden, klassizistischen Leitvorstellungen der französischen Akademie der Künste, sondern impliziert einen über das ästhetisch Normative hinausweisenden, generellen Anspruch auf Veränderung im sozialpolitischen Sinne. Courbets Malerei begründet demzufolge, wie Herding (1984) in einem grundsätzlichen Beitrag zum Begriff des Realismus in der bildenden Kunst ausführt, die Programmatik einer globalen (d.h. ›interdisziplinär‹ wirksamen) realistischen Bewegung, die sich folgende Prinzipien zu eigen macht:

1. Realismus in der bildenden Kunst bedeutet »bildliche Objektivation« von Leib, Artefakt, Raum, Handlung oder Ausdruck;
2. Realismus in der bildenden Kunst impliziert getreue Realitätsaneignung gegen den Erwartungshorizont der durch eine ›klassische‹ Bilderfahrung konditionierten Rezipienten;
3. Realismus in der bildenden Kunst tendiert zur künstlerischen Abbildung einer durchschnittlichen, häßlichen Alltagswelt, ist charakterisiert durch die Auswahl banaler Objekte und durch die Darstellung von sozial niederen Zielgruppen, birgt somit ein ausgeprägtes Provokationspotential in sich zum Zwecke der Bewußtmachung der Notwendigkeit gesellschaftlicher Veränderung.

Nun wurde Courbet in seiner Zeit auch durchaus positiv gewürdigt. Abgesehen einmal von seinem Gönner und Mäzen Alfred Bruyas und seinem eifrigsten Verteidiger und Freund Champfleury, zollt selbst die konservative Kritik dem Talent des Künstlers verhaltenes Lob. Gustave Planche bewundert die »puissance de réalité« der Figuranten im Ornans-Begräbnis (Salon de 1852, *Revue des Deux Mondes*), und in seiner Besprechung der Kunstausstellung von 1855 erkennt er Courbets Fähigkeit zur getreuen Wiedergabe des realen Modells an: »Que M. Courbet sache imiter avec fidélité, avec évidence plusieurs parties du modèle vivant, ce n'est pas moi qui essaierais de le contester« (Planche, Salon de 1855, *Revue des Deux Mondes*). Andererseits löst die neue Kunstrichtung eine regelrechte Kampagne gegen Courbet und gegen die Literaten aus, die sich seiner Schule angeschlossen haben. Hier nur eine Kostprobe für die Schärfe, mit der der Streit um den »mouvement réaliste« ausgefochten wurde. So werden zum Beispiel Courbet und seine Theorie in der Person des *Réalista* im *Feuilleton d'Aristophane* (26.12.1852) verhöhnt: Courbet habe den noblen Anspruch auf das »faire vrai« zu einem »faire laid« verkommen lassen:

»Je suis un réaliste. Et contre l'idéal j'ai dressé ma baliste. J'ai créé l'art bonhomme, enfantin et naïf.
Sur les autels de qui j'égorge le poncif.
Rubens, poncif! Rembrandt, Poussin, poncif! Corrège
Et Raphaël, poncif qu'on ânonne au collège!

Hors moi, tout est poncif....
Faire vrai, ce n'est rien pour être réaliste:
C'est faire laid qu'il faut! Or, Monsieur, s'il vous plaît
Tout ce que je dessine est horriblement laid;
Ma peinture est affreuse, et, pour qu'elle soit vraie,
J'en arrache les teints terreux et les nez de carton,
Les fillettes avec de la barbe au menton,
Les trognes de tarasque et de coquesigrues,
Les durillons, les cors aux pieds et les verrues!

Voilà le vrai!« (zitiert nach Martino, 1913, S. 76).

Im Jahre 1853 erreicht der Skandal um die Realismusbewegung seinen ersten Höhepunkt mit der Ausstellung der *Baigneuses* auf dem Salon. Napoléon III. soll mit seiner Reitpeitsche auf die beiden Badenden geschlagen haben, um sein Mißfallen zu bekunden (vgl. Chalumeau, 1995, S. 8). Und die Kaiserin Eugénie war ebenfalls äußerst indigniert. Wie konnte man auch die französische Frau in derart ›abstoßender‹ Weise in ihrer korpulenten Nacktheit präsentieren! Also wurden die *Badenden* von der Gemälderetrospektive anläßlich der Weltausstellung 1855 ausgeschlossen (vgl. Martino, 1913, S. 76f.). Auch die Sozialstudien Courbets wie zum Beipiel die *Steineklopfer* animierten die Karikaturisten zu beißendem Spott. Die humoristische Zeichnung von Amédée de Noé (1819-1879), der unter dem Namen Cham politische und gesellschaftliche Karikaturen für den *Charivari* zeichnete, zeigt Vater und Sohn vor dem ausgestellten Gemälde *Les Casseurs de pierres*, und der Sohn fragt den Vater: »Pourquoi donc, papa, qu'on appelle ça de la peinture socialiste?«; und dessen Antwort lautet: »Parbleu! parce qu'au lieu d'être de la peinture riche c'est de la pauvre peinture!...« (vgl. Chalumeau, 1995, S.7).

Courbet scheint unter dem Eindruck solcher massiver Angriffe in seinem Vorwort zum Katalog der Ausstellung von 1855 den auf seine Malerei angewandten Begriff des Realismus zu relativieren und sich vorsichtig von ihm zu distanzieren:

»Le titre de réaliste m'a été imposé comme on a imposé aux hommes de 1830 le titre de romantique. Les titres, en aucun temps, n'ont donné une idée juste des choses (...). J'ai étudié, en dehors de tout système et sans parti pris, l'art des anciens et l'art des modernes. Je n'ai pas plus voulu imiter les uns que copier les autres; ma pensée n'a pas été davantage d'arriver au but oiseux de *l'art pour l'art*! Non, j'ai voulu tout simplement puiser dans l'entière connaissance de la tradition le sentiment raisonné et indépendant de ma propre individualité. Savoir pour pouvoir, telle fut ma pensée. Etre à même de traduire les moeurs, les idées, l'aspect de mon époque selon mon appréciation, en un mot faire de l'art vivant, tel est mon but« (vgl. Martino, 1913, S. 76f.).

Courbet reduziert hier den Realismus in der bildenden Kunst auf zwei Zielaspekte, die ohne Zweifel sein Bemühen ausdrücken, der Kampagne gegen den Realismus den Wind aus den Segeln zu nehmen. Einerseits fordert er für sich als Künstler das Recht auf Individualität und Originalität ein, und zum anderen bekennt er sich zur Modernität und zu einer »lebendigen Kunst« in dem Sinne, daß der Künstler seinen Malgegenstand aus der Gegenwart, den Sitten, dem Denken und den Phänomenen seiner Zeit zu wählen habe. Demzufolge erscheint der Realismus auf *le vrai moderne* verkürzt, eine Verallgemeinerung Courbets im Sinne einer apologetischen Strategie. Pierre Martino vermutet zudem, daß Champfleury an diesem Glaubensbekenntnis seines Malerfreundes mitgewirkt hat (ebd., S. 77), denn auch Champfleury zeigt sich in der Mitte der fünfziger Jahre bemüht, die Existenz einer »école réaliste« zu negieren.

Ab 1855 wendet sich Courbet vermehrt der Darstellung von Landschaften und der Tierwelt zu. Seine Bilder werden weniger skandalträchtig; sein Ruf als Protestmaler verblaßt. In der Literaturszene geht die Schlacht allerdings weiter, vor allem unter der Federführung von Duranty und Champfleury, dem »Courbet der Literatur« (ebd., S. 79), und deren Anhängern, die im 20. Jahrhundert weitgehend aus dem Blickfeld der Forschung geraten sind.

Der Verlauf und die diversen Ereignisse der Realismuskampagne um Gustave Courbet konnten hier nicht in allen Details dargestellt werden. Für eine vertiefende Lektüre bieten sich eine Reihe von gut recherchierten, älteren Untersuchungen an wie Martino (1913, Kap. III), Dumesnil (1936, Kap. I u. II), Bouvier (1913, Kap. VII). Zur Malerei Courbets empfiehlt sich als erste Einführung mit reichhaltiger Illustration seiner Werke der Katalog *Courbet* von Jean-Luc Chalumeau in der Reihe »Découvrons l'art, 19e siècle« (1995).

4.3 Die Realismuskampagne und ihre Akteure in der Literaturszene

Die Malergruppe von Barbizon hatte den klassischen *paysage historique*, die in der Tradition des 17. Jahrhunderts stehende, durchkomponierte Ideallandschaft, mit ihrer ›unakademischen‹ Art des Sehens durch den *paysage intime* und *réel* abgelöst, in dem eine gesteigerte Naturunmittelbarkeit und Objektbezogenheit zutage trat. Courbet hatte mit seinen Gemälden die »schreckliche Genauigkeit« (»une fidélité terrible«) der bildenden Kunst als Prinzip verordnet (Vallès, 1969, S. 260). Mit ihm »erwies der Realismus seine revolutionäre Potenz« (Klein, 1989, S. 265). Seine Gemälde ›leisten‹ ein dreifaches: sie bilden ab, sie gestalten, und sie konnotieren zugleich das antiakademische, soziale Engagement des Künstlers, der das Bewußtsein für die Möglichkeit, wenn nicht Notwendigkeit gesellschaftlicher Veränderung schärft.

Die Pariser Boheme sieht in solcherart Auflehnung gegen das etablierte ästhetische Normensystem einen willkommenen Anlaß zur Solidarisierung mit dem umstrittenen Künstleroutsider. Im Verlauf des republikanischen Intermezzos von 1848 bis 1852 verstärkt sich bei der jungen, mittellosen Künstlergeneration die Antipathie gegen die Bourgeoisie, die für das Massaker des Juniaufstandes und die Machtergreifung von Napoleon III. verantwortlich gemacht werden (s.o., S. 18). Das liberal-konservative Bürgertum pflegt seine Sekundärtugenden, die im krassen Gegensatz zur antireligiösen, materialistischen Grundhaltung der nonkonformistischen Zirkel in der künstlerisch ambitionierten Boheme standen. Es ist nicht verwunderlich, daß Courbets ästhetische Prinzipien nach seinem Achtungserfolg von *L'Après-dînée à Ornans* und *La Vallée de la Loue* auf der Kunstausstellung von 1849 von der literarischen Boheme begierig rezipiert werden und so, vor allem bei Champfleury und Duranty, in ihr eigenes literarisches Schaffen einfließen.

Der bekannteste Vertreter der literarischen Boheme ist Henri Murger (1822-1861), dessen *Scènes de la vie de bohème* im *Corsaire* ab 1847 in Form von Episoden abgedruckt werden und 1851 in Buchform erscheinen. Mit seinen ebenfalls 1851 veröffentlichten *Scènes de la vie de jeunesse* wird Murger zum unbestrittenen Meister der (autobiographisch verbürgten) Darstellung von authentischen Pariser Randfiguren und Armenmilieus.

Der mehr als achtbare Erfolg der *Scènes* Murgers beweist, daß ab dem Ende der Julimonarchie triviale Stoffe und Vulgärmilieus literaturfähig geworden sind. Champfleury schildert in seinem Boheme-Roman *Les Aventures de Mademoiselle Mariette* (1853), in welcher Weise sein ehemaliger Freund Murger verfuhr, um dem *Corsaire* seine Episoden pünktlich abzuliefern:

»Streich [i.e. Murger] avait une singulière manie: il n'écrivait que sa vie, ses amours et les amours de Rose [Mimi, la maîtresse de Murger]. De temps en temps il découpait une aventure de sa vie comme on coupe une tranche de pâté, et portait cette tranche à M. de Saint-Charmay [au *Corsaire*], qui recevait avec plaisir ces sortes de biographies de poètes et de grisettes: les infidélités de Rose procuraient une aventure par semaine à Streich. Ainsi, la disposition d'un sentiment comique et exagéré; les chagrins domestiques de Streich se tournaient en mots plaisants« (Champfleury, *Les Aventures de Mademoiselle Mariette*, S. 69).

Murger wird von seinen Zeitgenossen als modischer Autor angesehen, dessen Werke der ›nouvelle vague‹ realistischer Prosa zuzurechnen seien. Dabei bezieht sich der Begriff Realismus in der Vorstellung der Rezipienten zunächst nur auf den Romangegenstand und die soziale Zugehörigkeit der Romanpersonen. Murger wurde demzufolge deswegen als Realist angesehen, weil er sich in der Beschreibung des vulgären Bodensatzes der Gesellschaft gefalle und die Repräsentanten sozialen Outsidertums wie heruntergekommene Künstlerbohemes und leichte Mädchen zu den Hauptfiguren seiner Episoden mache. Andererseits ist Murger, darauf hat bereits Martino (1913, S. 26-50) hingewiesen, mit seiner Schreibweise weit entfernt von dem Modell realistischen Erzählens à la Balzac, Stendhal oder Flaubert. Unbelastet von einer vertieften programmatischen Reflexion pflegt Murger eine variable Erzählweise, die persönliche Bekenntnisse über seine Familie, Jugendzeit, Liebesaffären in einen fast preziösen und bildreichen Stil kleidet. Murger scheint bewußt alle

Register der Wort-, Charakter- und Situationskomik zu ziehen, so daß »toutes ces gentillesses de style n'ont rien à voir évidemment avec la manière réaliste, plutôt sobre, et volontiers brutale« (ebd., S. 34). Auch ein Roman wie *Les vacances de Camille* (1857), der mit seinem Untertitel »Scènes de la vie réelle« auf Murgers Intention, einen Roman in realistischer Manier zu präsentieren, zu verweisen scheint, zeichnet sich eher durch eine starke Idealisierung der Hauptfiguren aus. So kommt denn auch Martino zu folgendem Gesamturteil über den ›Realisten‹ Murger:

> »Il est resté jusqu'au bout un poète sentimental, plus disposé à rêver à propos de ce qu'il voit qu'à le bien regarder; mais il conservait dans ces exaltations de l'esprit une verve assez comique, un certain don de la caricature, qui suppose à tout le moins une vraie aptitude à l'observation, même passagère« (ebd., S. 49).

Jules-François-Félix Husson (1821-1889), der sich den Künstlernamen Champfleury zulegt, gehörte zunächst ebenfalls der Künstlerboheme an – er teilte zeitweise mit Murger die gemeinsame Wohnung –, sagte sich aber bereits 1849 von dieser Gruppe los, um sie dann im *Messager des théâtres* vom 12. April 1849 offen zu attackieren:

> »La bohème, je vais vous dire ce que c'est. Elle se compose d'une bande d'individus, étranges littérateurs, vantards et menteurs, qu'on voit partout, qu'on rencontre partout, mais qui n'écrivent pas cent lignes par an. Ceux-là affichent hautement leurs titres de *bohèmes*; roulant sur le pavé de Paris depuis douze ans, ils forcent les relations d'hommes et de journaux et ne sont pas incapables de faire insérer des bouts d'articles et de réclames quelque part. Mais leur vie est pénible (...). Vous comprendrez (...) pourquoi je n'accepte pas la *royauté* ou la *présidence* d'un tel groupe; tout homme qui vit entièrement de sa plume n'est pas un bohème (...). Ce mot de bohème, accepté et reçu dans la nouvelle langue, est forgé de paresse, d'ignorance et de mœurs douteuses« (vgl. auch Champfleury, 1859, S. 298f.).

Die radikale Absage Champfleurys an die Boheme geht einher mit seiner Überzeugung, daß die Kunst nur unbelastet von einem bestimmten gesellschaftlichen oder politischen ›parti pris‹ befördert werden könne. Nach seinem Engagement für die von ihm zusammen mit Baudelaire gegründete, kurzlebige Zeitschrift *Le Salut Public* (es erschienen nur zwei Nummern am 27.2. und 1.3 1848) und nach intensiver journalistischer Tätigkeit bei Zeitschriften diverser politischer Orientierung entdeckt Champfleury sein Herz für die neue Malergeneration, die sich der künstlerischen Darstellung des Volkes, ihrer Armut sowie ihres harten Arbeits- und Lebensalltages zugewandt hatte.

Neben Courbet erregt François Bonvin (1817-1887), ein Freund Courbets, sein besonderes Interesse:

»Les deux peintres ont gravité dans le cercle mouvant de la bohème, où l'écrivain les a rencontrés: comme lui, ils sont autodidactes; comme lui, ils ont connu des débuts difficiles, en butte à l'incompréhension du jury qui ne leur a permis d'exposer au Salon que de loin en loin. Au Salon libre de 1848, ils ont pu enfin présenter leur travail, mais c'est celui de 1849 qui les révèle au public. Leurs oeuvres vont aider Champfleury à élaborer sa théorie du réalisme« (Abélès, 1990, S. 18).

So zeigt sich Champfleury von der Einfachheit und dem rustikalen Ambiente des Gemäldes von Bonvin, *La Cuisinière*, beeindruckt, das dieser auf dem Salon ausstellt. Desgleichen bewundert er in Courbets *Une après-dînée à Ornans* (1849) die Natürlichkeit und Authentizität einer Alltagsszene: vier Freunde sind nach dem Abendessen um einen Tisch versammelt; einer zündet sich seine Pfeife an, zwei andere lauschen versunken ihrem Kameraden, der ihnen auf der Geige vorspielt. »[Ce tableau] est juste à ce point élevé de l'art qui n'est ni de la *poésie*, ni de la *trivialité*. Il représente la *vérité de l'art* qu'il est si difficile de combiner avec la *vérité de la nature*« (Champfleury, *La Silhouette*, 22.7.1849). Man sieht, wie Champfleury hier noch mit den überkommenen Kriterien der Kunstkritik argumentiert: Der klassischen Forderung nach der »Wahrheit des Kunstwerkes« setzt er die »Wahrheit der Natur« entgegen, die er mit der banalen, von pittoreskem Beiwerk befreiten Alltäglichkeit identifiziert.

In der Folge kristallisieren sich aus den kunstkritischen Texten Champfleurys immer deutlicher die wesentlichen Aspekte heraus, die in seinen Augen die Modernität der neuen Kunstrichtung, wie sie von Courbet oder Bonvin repräsentiert wird, begründen. Die Kunst muß »sincère«, aufrichtig sein, dazu einfach, präzise und von eingängiger Nüchternheit. Sie bezieht ihre Motive aus der Gegenwart und richtet ihr Augenmerk besonders auf das einfache Volk und dessen alltägliche Verrichtungen. Historische Episoden und idealisierende Emphase sind für ihn die überholten Ingredenzien der Kunst von gestern. Das Begräbnis-Bild Courbets (Salon von 1850) weist nach seiner Überzeugung endgültig den Weg in eine neue Ära der Kunst: »Les critiques peuvent dès aujourd'hui se préparer à combattre pour ou contre *le réalisme dans l'art*« (Champfleury, *L'Ordre*, 21.9.1850). *L'Enterrement* fasziniert den Kunstkritiker Champfleury in gleichem Maße, wie das Gemälde die Gralshüter des klassischen Regel- und Normensystems in Aufruhr versetzt. Es leitet eine kleine Kulturrevolution ein, die vor allem von der Kunst- und Literaturszene in den einschlägigen Zeitschriften positiv gewürdigt oder, vorwiegend, bekämpft wird (vgl. dazu auch den Überblick bei Robert, 1953).

In den folgenden fünf Jahren entbrennt ein reger theoretischer Disput um die neue Bewegung, die unter dem Sammelbegriff *réalisme* firmiert, ohne daß eine präzise Bedeutungszuweisung erkennbar würde. Dennoch gewinnt das Konzept *l'art réaliste* im Verlauf der fünfziger Jahre insofern an Kontur, als mit ihm solche Vorstelllungen verbunden werden wie:

– die Realisten kopieren naturgetreu die Wirklichkeit; sie verfahren in gleicher Weise wie der Maler und Photograph Louis Jacques Daguerre (1787-1851), der Erfinder der Daguerreotypie;
– die Realisten gefallen sich in der Wiedergabe alltäglicher Banalität und weiden sich geradezu an der Reproduktion vulgärer Szenen.

Champfleury wird bald als das literarische Pendant zu Courbet angesehen. Er gilt als der Hauptverteidiger der Courbetschen Malerei, der aus der engagierten Kampagne für seinen Freund die theoretischen Prämissen zur Konstituierung einer realistischen Literatur bezieht. Ohne diese Symbiose von Malerei und Literatur und ohne die herausragende Rolle des heute nahezu vergessenen Kunstkritikers und Literaten Champfleury hätte sich der literarische Realismus des 19. Jahrhunderts in Frankreich ohne Zweifel nicht zu der literarischen Bewegung von epochaler Bedeutung entwickelt.

4.3.1 Champfleurys ›Theorie‹ des literarischen Realismus

Ab 1850 benutzt Champfleury in seinen diversen Artikeln das Etikett *Realismus* im Zusammenhang mit der Malerei Courbets, ohne daß er allerdings eine kohärente realistische Ästhetik präsentierte. Diese mangelnde literarästhetische Fundierung bei Champfleury ist sicherlich auch ursächlich für eines der Paradoxa der französischen Literaturgeschichte des 19. Jahrhunderts: einerseits galt der Kunsthistoriker und Romancier Champfleury bei seinen Freunden und in der zeitgenössischen Öffentlichkeit als treibende Kraft der neuen Bewegung, als ein herausragender Repräsentant des Kunst- und Literaturbetriebes, der ebenso bekannt war wie zum Beispiel Baudelaire oder Gautier. Andererseits wurde er bereits ab 1860 kaum noch beachtet, und auch seinem umfangreichen Werk war kein literarischer Nachruhm beschieden.

Trotz des Fehlens einer vertieften literarästhetischen Reflexion hat Champfleury, im Verein mit seinem Bewunderer Duranty, der

Realismusbewegung richtungsweisende Impulse gegeben. Vor allem hat er den Realismus als eine notwendige literarische Alternative zur Romantik in das Bewußtsein einer größeren Öffentlichkiet gerückt. So publiziert er regelmäßig in der *Revue de Paris* (die 1856 Flauberts *Madame Bovary* abdrucken wird) und verteidigt 1853 und 1854 in einer Reihe polemischer Artikel den Realismus als zeitgemäße literarische Erneuerung. Von nicht geringer literarhistorischer Bedeutung ist sein offener Brief, den er aus Anlaß von Courbets Sonderausstellung am Rande der Weltausstellung (1855) George Sand (1804-1876) schrieb (*L'Artiste*, 2.9.1855). Champfleury nahm den Brief in den bei Michel Lévy 1857 veröffentlichten Sammelband seiner einschlägigen Artikel (*Le Réalisme*) auf. In diesem Brief wiederholt er nochmals seine Argumente für Courbets »Begräbnis in Ornans« – Einfachheit, Mißachtung der tradierten künstlerischen Normen, freie Entfaltung der künstlerischen Individualität, ein unmittelbarer, da naiver Blick auf die abzubildende Wirklichkeit (vgl. Champfleurys Artikel über Courbets *Enterrement* im *Messager de l'Assemblée* vom 26.2.1851). Neben einem wertenden Überblick über die seit 1848 von Courbet der Öffentlichkeit zugänglich gemachten Werke läßt der in seiner Originalversion mit »Du réalisme« betitelte Brief an G. Sand, wie schon seine früheren Beiträge, eine präzise Darlegung der Ziele, Inhalte und ästhetischen Prinzipien des Realismus vermissen. Dennoch werden einige Konturen des literarischen Selbstverständnisses Champfleurys als Realist sichtbar.

Zunächst bezeugt der Kritiker, wie schon Courbet, seine Abneigung gegen die Bezeichnung *réalisme*: »Le nom me fait horreur par sa terminaison pédantesque: je crains les écoles comme le choléra ...« (Abélès, 1991, S. 68). Er beklagt sich, daß alle und jeder, Homer, Nerval, Béranger, mit diesem Namen versehen würden, und dies, weil eine annähernde Begriffsbestimmung gar nicht möglich sei: »Je ne vous définirai pas, madame [Sand], le *réalisme*; je ne sais d'où il vient, où il va, ce qu'il est« (ebd., S. 69). Der Terminus sei mit den Darstellungen Courbets assoziiert worden, mit dessen Kleinbürgern, Bauern, Dorffrauen und Steineklopfern, den »gens de bas étage« also, (ebd., S. 70), die nicht weniger wert seien als Prinzen, denn: »*Toute figure belle ou laide peut remplir le but de l'art*« (ebd., S. 73). Und Champfleury verwahrt sich gegen die seinerzeit bereits auf Victor Hugo gemünzte »plaisanterie«, welche die Gegner der neuen Kunstrichtung jetzt auch Courbet in den Mund legen würden: »Vive le laid! le laid seul est aimable!« (ebd., S. 76). In der Tat knüpft Champfleurys Courbet-Apologie an Hugos Dichotomien vom Schönen/Häßlichen bzw. vom *sublime/grotesque* an und unterstreicht die Kunst- und Literaturfähigkeit der *basses classes*.

In seiner Artikelsammlung *Le Réalisme* von 1857 sieht Champfleury zwar die Notwendigkeit, ein klärendes Vorwort zu verfassen; doch kommt er mit seinen »quelques notes pour servir de préface« über eine unzureichend strukturierte Aphorismensammlung zu Kernaspekten des Realismuskonzeptes nicht hinaus. Allerdings erhalten dort einige seiner Überlegungen zum Realismus eine schärfere Kontur als in der George Sand zugesandten Courbet-Rezension. Zum ersten Mal in dieser Deutlichkeit identifiziert sich der Autor mit dem Prinzip der *sincérité dans l'art*, der Aufrichtigkeit der Kunst, die einige Jahre später auch in der einschlägigen Diskussion in England eine wichtige Rolle spielt (s.o., S. 46):

> »Je n'aime pas les écoles, je n'aime pas les drapeaux, je n'aime pas les systèmes, je n'aime pas les dogmes; il m'est impossible de me parquer dans la petite église du *réalisme*, dussé-je en être le dieu. Je ne reconnais que *la sincérité dans l'art* ...« (Champfleury, 1857, S. 3).

Gleichwohl wolle er sich nicht verleugnen lassen, wenn man ihn einen Realisten schimpfe, denn »le réalisme [est] une insurrection« (ebd., S. 4). Im folgenden benennt er dann auch noch einige Kriterien, von denen die neue Generation der Literaten geleitet werde, ohne diese für die Konstituierung einer spezifischen Literaturbewegung des Realismus als zureichend anzusehen:

> »Que veut la génération actuelle? le sait-elle? Peut-elle le savoir au milieu des tourmentes sociales à travers desquelles elle a fait une rude éducation? Qu'il naisse tout à coup quelques esprits qui, fatigués des mensonges versifiés, des entêtements de la queue romantique, se retranchent dans l'étude de la nature, descendent jusqu'aux classes les plus basses, s'affranchissent du *beau* langage qui ne saurait être en harmonie avec les sujets qu'ils traitent, y a-t-il là dedans les bases d'une école? Je ne l'ai jamais cru« (ebd., S. 5f.).

Die Romanciers seiner Zeit seien von dem Prinzip der »Beobachtung« geleitet, die Epoche, in der sie lebten, »wolle dies so« (ebd., S. 6).

> »Logiquement (...), il valait mieux peindre d'abord les basses classes, où la sincérité des sentiments, des actions et des paroles est plus en évidence que dans la haute société. Aussi, pour avoir représenté des gens de petite condition, les nouveaux venus ont-ils reçu force injures« (ebd., S. 10).

Es ist vor allem das Bekenntnis der Realisten zu den *basses classes* und die Darstellung der Alltäglichkeit im Roman, welche die Kritiker aufs heftigste reagieren ließen. Charakteristisch für den Grundtenor der Realismusschelte der Zeit ist hier folgendes Urteil von Armand de Pontmartin, der am 30. Juni 1855 in der *Revue contemporaine* seine Entrüstung wie folgt kundtat:

»Qu'entend-on par réalisme? Est-ce le sentiment vrai dans les personnes et dans les choses, dans la peinture des caractères et du monde extérieur? (...) Alors, nous ne pouvons qu'applaudir. Est-ce cet art qui prend l'humanité et la nature par les bas côtés (...), qui, dans l'éternelle lutte entre l'âme et la matière, se déclare pour celle-ci, qui ouvre sa porte aux passions viles, fangeuses, qui la ferme aux clartés du ciel, à l'air pur, aux brises alpestres? Est-ce, en un mot, le contraire du spiritualisme, de l'idéal, de l'infini? Alors, nous lui déclarons une guerre acharnée!«

In der Situation des massiven Widerstandes gegen Champfleury und seine Freunde ist es verständlich, daß der ›chef de file‹ des Realismus für Verständnis wirbt und sich um Bundesgenossen bei den etablierten Literaten bemüht. Vor diesem Hintergrund ist auch seine ab 1853 eingeleitete Korrespondenz mit George Sand zu sehen. In seinen Briefen an George Sand verwahrt sich Champfleury einmal mehr energisch gegen die ihm unterstellte Führungsrolle in der realistischen Bewegung; diese sei ihm von der Kritik wegen seiner Freundschaft zu Courbet einfach angedichtet worden (Abélès, 1991, S. 30). In den übrigen Briefen erfahren wir aus der Feder Champfleurys insgesamt kaum etwas Programmatisches über den Realismus. Lediglich in seinem Brief vom 23. April 1856 wird er etwas deutlicher:

»Le réalisme est une sorte d'aspiration qui règne depuis vingt-cinq ans en Europe; Dickens, Thackeray en Angleterre, Gogol en Russie, Gotthelf en Suisse, Auerbach, Weill en Allemagne et bien d'autres ne sont-ils pas les représentants d'un art qu'il me semble dangereux de transformer en école; seulement cette école aura l'avantage de montrer la *médiocrité* dans toute sa nudité. Ici point de phrases, mais des faits et des observations ...«

Und einige Zeilen weiter weist er noch auf ein weiteres Merkmal der realistischen Bewegung hin: »Le mépris absolu pour la poésie« (ebd., S. 50).

In der Aufzählung der europäischen Realisten werden Balzac und Stendhal nicht genannt. Wollte Champfleury sich exklusiv die Rolle des französischen Repräsentanten der europäischen Realismusbewegung zuerkennen? Wie ein pikantes Detail mag in diesem Kontext Champfleurys Rolle als literarischer Nachlaßverwalter des 1850 verstorbenen Balzac anmuten, zumal er auch dessen Nachfolge in der Gunst von Madame Hanska angetreten hatte (vgl. ebd., S. 95; Lucot, 1990, S. 49-51).

Zierte sich also Champfleury zeit seines Lebens, sich offen zu einer »école réaliste« zu bekennen und sie als neue Kunstrichtung zu definieren, gebärdeten sich seine Anhänger entschieden programmatischer. Neben Max Buchon (1818-1869), dem Schulfreund Courbets, der aus seinem nach der Machtübernahme Louis-Napoléons erzwungenem Schweizer Exil die deutsche volkstümliche Dichtung (besonders Johann Peter Hebel, 1760-1826) in französischer Übersetzung bekannt machte, ist hier vor allem der Literat aus dem Kreise der Pariser Boheme, Fernand Desnoyers (1828-1869), zu nennen. Im Zusammenhang mit der Polemik gegen Courbet veröffentlichte Desnoyers am 9. Dezember 1855 in der Revue *L'Artiste* einen Artikel mit dem Titel »Du réalisme«, in dem er die Prinzipien des realistischen Schreibens in einer um einiges präziseren Form als Champfleury darlegte:

»Le réalisme est la peinture vraie des objets (...). L'écrivain qui ne sait dépeindre les hommes et les choses qu'à l'aide de traits convenus et connus, n'est pas un écrivain réaliste; il n'est pas écrivain du tout. Le mot *réaliste* n'a été employé que pour distinguer l'artiste qui est sincère et clairvoyant, d'avec l'être qui s'obstine, de bonne ou de mauvaise foi, à regarder les choses à travers des verres de couleur. Comme le mot vérité met tout le monde d'accord et que tout le monde aime ce mot, même les menteurs, il faut bien admettre que le réalisme, sans être l'apologie du laid et du mal, a le droit de représenter ce qui existe et ce qu'on voit (...). Je réclame le droit qu'ont les miroirs, pour la peinture comme pour la littérature (...). Enfin, le Réalisme *vient*! (...) N'écrivons, ne peignons que ce qui est, ou du moins, ce que nous voyons, ce que nous savons, ce que nous avons vécu. N'ayons ni maîtres ni élèves!« (vgl. auch Engler, 1970, S. 42-44).

Zusammenfassend stellt sich Champfleurys ›Theorie‹ des Realismus wie folgt dar:

1. Der Realismus wird nicht als eine neue Schule definiert, auch nicht als eine in sich geschlossene ästhetische Doktrin. Der Begriff werde lediglich von den literarischen Gegnern als despektierlicher Terminus verwandt, im Sinne der Denunzierung einer angeblichen »insurrection« gegen das etablierte ästhetische Normensystem.

2. Realismus in Kunst und Literatur sei gebunden an die Grundmaxime der künstlerischen Aufrichtigkeit und Wahrhaftigkeit. Diese dokumentierten sich in der Neuartigkeit der Romanstoffe, zumal in der Privilegierung der unteren Gesellschaftsschichten im Roman, die dem sincérité-Postulat mit ihren eigenen Gefühlen, ihrem Handeln und Sprechen viel eher entsprechen könnten als die gehobene Gesellschaft.

3. Oberstes Gesetz der literarischen Umsetzung der Realität in Fiktion sei die genaue Beobachtung derselben durch den Künstler. Dies impliziere zwangsläufig, daß das Alltägliche, Niedere, Häßliche, Schlechte ebenfalls zum Gegenstand künstlerischer Gestal-

tung zu machen sei, ohne daß jedoch der von den Gegnern des Realismus kontinuierlich geäußerte Vorwurf, der Realimus betreibe photographische Abbildung, zuträfe.

4.3.2 Duranty und die Zeitschrift ›Réalisme‹

Vom 15. November 1856 bis 15. Mai 1857 erscheinen sechs Nummern der Zeitschrift *Réalisme*, die verantwortlich von Louis-Edmond Duranty (1833-1880), dem Journalisten, Romancier, Literatur- und Kunstkritiker, herausgegeben wird. In der französischen Literaturgeschichtsschreibung wird dieses kurzlebige Organ des programmatischen Realismus zwar regelmäßig erwähnt, aber kaum in seiner Bedeutung für die Ausbildung einer spezifischen Theorie des französischen Realismus um die Jahrhundertmitte gewürdigt – eine beachtenswerte Ausnahme bildet hier die Studie von Wolfgang Klein (1989). Dabei präsentieren die sechs Folgen der Zeitschrift eine vertiefte Reflexion zum Realismus, die den französischen Naturalismus vorbereitet.

Bereits Max Buchon hatte in seiner 1856 in geringer Auflage erschienenen Bestandsaufnahme der zeitgenössischen Realimusdebatte den Modernitätsanspruch der neuen Doktrin untermauert und deren Grundprinzipien zusammengefaßt: Vereinfachung der formalen Gestaltung im Kunstwerk; die Kunst im Dienste der Darstellung des Alltäglichen und des wirklichen Lebens; Forderung nach Unabhängigkeit von überkommenen literarischen Traditionen und Primat des individuellen Schöpfungswillens des Autors; und vor allem auch eine neue Funktionalität der Kunst, die dem Volke einen Spiegel seiner selbst, in seinen positiven wie auch leidvollen Aspekten, vorhalten solle (vgl. dazu die fundierte Analyse bei Klein, 1989, S. 67-71).

In der Revue *Réalisme* wird in Ansätzen eine moderne Vorstellung von realistischer »als sinnaufdeckender Kunstproduktion« (ebd., S. 73), das heißt im Sinne von Kunst als Gesellschaftserkenntnis sichtbar. Im wesentlichen sind es Duranty und seine Mitherausgeber Jules Assézat (1832-1876), dessen Name mit der monumentalen Diderot-Ausgabe des 19. Jahrhunderts verbunden ist, und Henri Thulié (1832-1916), der spätere Arzt und Präsident des Pariser Stadtrates, von denen die Zeitschrift redigiert wird. Champfleury dagegen spielt nur eine marginale, beratende Rolle bei der Redaktion von *Réalisme*. Insgesamt zeichnen sich die Einzelbeiträge durch eine größere Schärfe in der Polemik wie auch im Grad der Durchdachtheit des theoretischen Programms aus. In einer ersten, unveröffentlichten ›Null-Nummer‹ im Zeitungsformat von *Réalisme* (10. Juli 1856) läuten Duranty und Assézat das Ende der romantischen Ära ein: vor allem die Manie der Romantiker, das »Außerordentliche-Monstruöse« zu privilegieren, habe »die Romantik getötet«, verkündet Assézat (S. 3). Auch satirische Töne werden angeschlagen. Duranty will zum Beispiel das Genre der Dichtung ›gesetzlich‹ verbieten lassen (»Toute poésie est interdite sous peine de mort«, S. 4). Die vorläufige Einstellung seiner Zeitschrift begründet Duranty in einer im April 1877 auf einem Exemplar der Juli-Ausgabe handschriftlich vermerkten Notiz mit einer zwischenzeitlichen Veränderung seines Realismusverständnisses:

»Ce numéro ne fut pas mis en vente. Nous convînmes Assézat et moi de la supprimer parce que je voulais faire l'autre Réalisme, mes idées s'étant modifiées sur la question« (vgl. Deckblatt der Faksimilé-Ausgabe von *Réalisme*, 1970).

Worin besteht also diese konzeptionelle Weiterentwicklung bei Duranty und seinen Mitstreitern? Eine Bestandsaufnahme der Kernpositionen von *Réalisme* ergibt folgendes Bild (die Seitenangaben beziehen sich auf die Reprint-Ausgabe von 1970):

Premier numéro (15.11.1856): Der Realismus ist nicht als eine Schule zu betrachten. Auch ist eine »définition esthétique«, so Duranty, nur schwerlich zu leisten. Dennoch: »Le Réalisme conclut à la reproduction *exacte, complète, sincère* du milieu social, de l'époque où l'on vit (...). Cette reproduction doit donc être aussi simple que possible pour être compréhensible à tout le monde« (S. 2). In einem Artikel mit dem Titel »Du roman« unterstreicht Thulié mehrfach die Rolle der Beobachtung. »Le romancier doit faire l'histoire des moeurs de son époque«, das heißt er studiert die Bedürfnisse, die Leidenschaften, Aufgaben und Vorurteile innerhalb der verschiedenen »Gesellschaftskasten« und überläßt dem Leser die Beurteilung des Dargestellten (S. 6). Dies impliziert, fährt Duranty fort, daß dem Romancier eine eminent erzieherische Funktion zukommt: »Il *montre* le spectacle social, et plus il est proche de la vérité, de *la vie pratique* telle qu'elle nous enveloppe, plus il est utile à ceux qui le lisent« (S. 6/7). So sei es eine der notorischen »Eseleien der Anti-Realisten« zu behaupten, der Realismus bestehe nur aus »saletés, obscénités, fumier« (S. 11/12), nur weil er sich der romantischen Idealisierung von Liebe, Freiheit und Menschen und der künstlerischen Überhöhung der Dichtersprache verweigere (S. 12).

Die zweite Nummer (15.12.1856) gibt im wesentlichen eine Zusammenfassung des in der ersten Nummer dargelegten Programms des Realismus. Darüber hinaus werden folgende weitergehende Prinzipien entwickelt: Der Realismus hat die Demokratisierung der

Kunst und Literatur auf seine Fahnen geschrieben. »C'est une grande conquête«, sagt Duranty, »que d'avoir enfin admis le peuple à être *peint* comme l'aristocratie (...). Le réalisme, c'est faire de la littérature pour le peuple« (S. 20). Und Thulié, der eine recht positive Meinung von Stendhal und Balzac hat, insistiert in seinem Artikel »Le Roman« auf den Wandel vom klassischen, archetypischen Helden, zum »type social«: »Il ne faut donc pas seulement étudier l'homme, mais son milieu et son état social. Dans toute classe, il est un certain nombre d'individus qui résument, qui rendent complètement l'esprit de toute classe« (S. 23).

In der dritten Nummer (15.1.1857) ist eine gewisse Erschöpfung der Ideen bei den Redakteuren nicht zu übersehen, was sich nicht zuletzt in der litaneihaften Wiederholung der Grundmaxime der »sincérité dans l'art« spiegelt. Die Nummer vier von *Réalisme* (15.2. 1857) wird im wesentlichen von einer Besprechung des Lebenswerkes Champfleurys ausgefüllt. Thulié verwahrt sich in seiner Laudatio des großen Initiators unter anderem auch gegen die vorgefaßte Meinung seiner Zeitgenossen, Champfleury sei ein Nachahmer Balzacs: dafür sei ersterer zu wenig visionär und Philosoph und würde sich ausschließlich der Darstellung von »scènes domestiques« widmen. Am Schluß der vierten Nummer gibt Duranty eine enthusiastische Ehrenerklärung für sein großes Vorbild Champfleury ab, dem er mittels seiner Zeitschrift gegen alle Anwürfe und Anfeindungen zur Seite stehen wolle. Im übrigen erfährt man in einer weiteren handschriftlichen Notiz von März 1878 (S. 90), daß Duranty, angeregt durch seine Unterhaltungen mit Champfleury, den Plan zur Gründung von *Réalisme* faßte, weil er sich mit dem »Problem, endlich eine präzise Doktrin zu bestimmen, herumplagte«.

In den letzten beiden Nummern vom 15. März und vom April/ Mai 1857 scheint die Inspiration des jungen Redaktionstrios vollends zu versiegen. Abgesehen von der programmatischen Einlassung Thuliés, daß der »schönste Stil der einfache Stil sei« (S. 87), ist in der fünften Nummer von literarhistorischem Interesse nur Durantys Kurzbesprechung von Flauberts Roman *Madame Bovary*, der von Oktober bis Dezember 1856 in der *Revue de Paris* abgedruckt wurde und im April 1857 in Buchform erschien.

Duranty erkennt in dem Meisterwerk des französischen Realismus alles andere als eine Anwendung der realistischen Doktrin, wie er sie in seiner Zeitschrift dargelegt hat. Für *Madame Bovary* sei eine unerträgliche »description obstinée« charakteristisch, die zudem »trocken und gefühllos« sei. Der Roman entbehre jeglicher Emotion, jeden Gefühls und Lebens. Ausschließlich aus »description matérielle« bestehend, ohne persönliche Stellungnahmen und bar jeglicher Spontaneität, sei das Werk schlichtweg uninteressant (S. 79).

Duranty und seine Freunde präzisieren die realistische Ästhetik Champfleurys im Sinne einer von der modernen Literaturkritik später weiterentwickelten Konzeption. Mit *réalisme* assoziiert Duranty eine Literatur, die keiner Stoffbeschränkung unterliegt und die sich einer möglichst umfassenden, genauen, aufrichtigen Wiedergabe von zeitgenössischen, sozialen Milieus befleißigt. Des weiteren gesteht Duranty der realistischen Schreibweise keinen elitären ästhetischen Anspruch zu, denn der bevorzugte Adressat des realistischen Romans sei das Volk. Das Konzept einer Kunst für jedermann verbietet folglich jede Form stilistischer Perfektion oder Überhöhung, da diese die Rezeption des Werkes erschwerten, was zu Lasten der erwünschten didaktischen Wirkung gehe. Schließlich findet sich in *Réalisme* mehrfach die Forderung, der Realismus habe sich auf die Wiedergabe des Typischen, insbesondere von epochentypischen historischen Tendenzen zu konzentrieren. Nicht zuletzt die Verpflichtung des Realisten Duranty zu stilistischer Reduktion erklärt denn auch seine scharfe Kritik an die Adresse von Gustave Flaubert. Sein Verriß von *Madame Bovary* macht deutlich, daß für Champfleury, Duranty und ihre Anhänger das Kriterium formal-stilistischer Perfektion in der *écriture réaliste* noch keine Rolle spielt. Die theoretischen Prämissen des programmatischen Realismus in Frankreich zwischen 1850 und 1860 sind in einem Maße inhalts- und stofforientiert, daß der Stilist Flaubert sich seinerseits vehement dagegen wehrt, mit der »Schule« des Realismus identifiziert zu werden.

Die nationale Ausprägung der französischen Realismusdebatte der fünfziger Jahre offenbart sich gegenüber der englischen – trotz einiger argumentativer Parallelen in bezug auf die Forderung nach Darstellung der zeitgenössischen Gesellschaft und auf das Prinzip der Aufrichtigkeit in der Kunst – im militanten Selbstverständnis ihrer Akteure, die gegen die französische Spätromantik zu Felde ziehen wollen. Im Gegensatz zur idealistischen, werteorientierten Konzeption der deutschen Apologeten eines bürgerlich-verklärenden Realismus verstehen sich die französischen Vertreter der sogenannten »école réaliste« als Anwälte einer Basisdemokratisierung der Literatur, insofern sie diese in den Dienst einer Art Kulturproduktion für das Volk stellen. Die Indienstnahme des Grundsatzes der »Aufrichtigkeit in der Kunst« für das Ziel der Abbildung der zeitgenössischen Alltagswirklichkeit in den niederen Gesellschaftsschichten, – was besonders von Champfleury in seinen Romanen dann auch literarisch praktiziert wird –, läuft in der programmatischen Realismusdebatte in Frankreich auf die Forderung hinaus, daß das niedere Volk Eingang in den Roman finden müsse und daß deren Handeln, Gefühlswelt und deren konkretes soziales Umfeld vor dem Hintergrund der dominanten historischen Tendenzen in der zeitgenössischen Gesellschaft Gegenstand genauer Beobachtung, aber nicht Bewertung, durch den Autor zu sein hätten. Darin werden – zumindest in der programmatischen Diskussion – Forderungen vorweggenommen, die sich später der Hauptvertreter des französischen Naturalismus, Emile Zola (1840-1902), zu eigen machen wird und die von der Literaturkritik als ein spezifisches Kriterium des naturalistischen Romans angesehen werden. Doch bereits die Akteure der Realismuskampagne der fünfziger Jahre haben den etablierten Literaturbetrieb mit dem Konzept des realistischen Romans und mit der Forderung nach volksgemäßer und -naher Literatur provoziert, dies zehn Jahre, bevor die Gebrüder Goncourt in ihrem berühmten Vorwort zu *Germinie Lacerteux* (1865) den *basses classes* das Recht auf Mitwirkung im Roman zusprechen:

»Vivant au dix-neuvième siècle, dans un temps de suffrage universel, de démocratie, de libéralisme, nous nous sommes demandé si ce qu'on appelle ›les basses classes‹ n'avait pas droit au roman« (Goncourt, *Germinie Lacerteux*, S. 23f.).

5. Gustave Flaubert oder die Ästhetik des »livre sur rien«

Während die Wogen der Realismuskampagne in Frankreich hoch gehen und die Gefolgsleute Champfleurys und Courbets die Literatur- und Kunstszene beherrschen, vollzieht sich in einem an der Seine unweit von Rouen gelegenen Bürgerhaus in aller Stille ein individueller Bewußtseinsprozeß, der eine markante literarästhetische Wende in der europäischen Romanprosa einleiten sollte. Als sich Gustave Flaubert (1821-1880) im September 1851 in Croisset an die Redaktion seines Romans *Madame Bovary* macht, tut er dies in keinster Weise aus einem Selbstverständnis als programmatischer Realist heraus. Offensichtlich wird Champfleury von Flaubert weder als Literat noch als Vorkämpfer der realistischen Kunst ernst genommen. Als er 1854 nochmals Balzacs *Eugénie Grandet* liest, bemerkt Flaubert sarkastisch: »Quelle différence avec le gars Champfleury« – gemeint ist dessen Roman *Les Bourgeois de Molinchart*, dessen Stil Flaubert als »schwach« bezeichnet (Flaubert, *Corr.* II, S. 562 f.).

Deutlicher konnte das Verdikt über Champfleury, der sich als Schüler Balzacs begriff, kaum ausfallen, wenn man bedenkt, daß Flaubert von Balzacs Prosa auch nicht gerade überzeugt ist. So liest man in einem Brief an Louise Colet: »Quel homme eût été Balzac, s'il eût su écrire!« (ebd., S. 209). Es ist ein Spezifikum der realistischen Bewegung im Frankreich der Jahrhundertmitte, daß einerseits Durantys Verriß von *Madame Bovary* und die Abneigung Flauberts gegen die Realismusbewegung deren Zuordnung zur gleichen Literaturströmung auszuschließen scheinen, daß sich andererseits jedoch aus literarhistorischer Perspektive in den fünfziger Jahren zwei komplementäre Realismustheorien parallel ausbilden: die programmatische Variante à la Champfleury und Duranty und die ästhetisch-formale Variante eines Gustave Flaubert, der im übrigen *allein* eine europaweite Wirkung beschieden sein wird. Mit Flaubert erhält die realistische Schreibweise nach Stendhal, Balzac und den Programmatikern des Realismus eine neue Qualität, die in dem Willen des Romanciers zur konsequent künstlerischen Gestaltung des Romanstoffes manifest wird.

Nun ist die Aversion Flauberts gegen den Realismus notorisch, wie folgendes Zeugnis stellvertretend für andere belegt: »Et notez [die Adressatin ist George Sand] que j'exècre ce qu'on est convenu d'appeler le *réalisme*, bien qu'on m'en fasse un des pontifes« (Flaubert, *Extraits*, 1963, S. 269). Andererseits knüpft Flauberts Prosa an die Themen seiner Vorgänger an; er vervollkommnet darüber hinaus die Formen der Stoffpräsentation, die einer rigorosen Ästhetik des *unpersönlichen* Erzählens verpflichtet sind. So greift er die von Balzac bereits praktizierte wissenschaftliche Methode der genauen Beobachtung und Analyse der Menschen und der Gesellschaft auf, wendet sich nach Art des programmatischen Realismus trivialen, in der Alltagswirklichkeit angesiedelten Stoffen zu und unterwirft den »réel écrit« seinem geradezu übersteigerten künstlerischen Gestaltungswillen. Hatte Balzac den Prozeß der Kombination von Fiktion und Wissenschaft bereits eingeleitet, so stellt Flaubert die erzählende Prosa unter das doppelte Postulat von Wissenschaftlichkeit und Autonomie der Kunst. So wertet er vor allem die Rolle der Erzählverfahren auf, mit denen der zu relativer Bedeutungslosigkeit banalisierte Romangegenstand vermittelt werden muß. Zur Verdeutlichung dieser Sonderstellung Flauberts in der Entwicklung des literarischen Realismus in Frankreich sei hier stellvertretend auf die nützliche Einführung Alfonso de Toros verwiesen, der die Ablösung des Balzacschen Systems durch Flaubert in überzeugender Weise darlegt (1987, S. 9-29).

5.1 Die ästhetische Erschließung der Welt im Roman mittels des »art pur«

Flaubert hat seine ästhetischen Prinzipien nicht in theoretischen Abhandlungen, sondern in seiner Korrespondenz dargelegt. Bereits die erste Studie über die Bedeutung der Flaubertschen Korrespondenz von Hélène Frejlich hat zu Recht darauf verwiesen, daß Flaubert, vor allem in seinem Briefwechsel mit der Dichterin Louise Colet (mit der er bis in die Mitte der fünfziger Jahre liiert war), in spontaner Form seine ihn leitenden ästhetischen Grundsätze entwickelt (1933, bes. S. 347-432). Vor Frejlich hatte bereits E.-L. Ferrère eine erste systematische Untersuchung der Ästhetik Flaubers vorgelegt (1913). Kaum überzeugend, zudem wegen einer auffallend preziösen Formulierung, ist die Studie von Paul Binswanger (1934). Marianne Bonwits sehr präzise Untersuchung ist auf die Rolle und die Ausdrucksformen der *impassibilité* beschränkt (1950). Die informativste Abhandlung ist die Arbeit von Gerhard Walter Frey (1972), die auch heute noch die beste einführende Darstellung der ästhetischen Begriffswelt Flauberts ist (ergänzend wäre hier noch die Artikelsammlung von Debray Genette, Neefs, 1993, anzuführen).

Schon 1839 als Achtzehnjähriger erklärt sich Flaubert bedingungslos der ungeschönten Wahrheit verpflichtet: »Je ne ferai que dire la vérité, mais elle sera horrible, cruelle et nue« (Flaubert, *Corr.*, I, S. 37). Und seinen besten Freund Alfred le Poittevin läßt er einige Jahre später wissen, unter welchen Voraussetzungen er die Wahrheit zu Papier zu bringen gedenkt: »J'éprouve presque des sensations voluptueuses rien qu'à voir, mais quand je vois bien« (ebd., S. 234). Damit sind die beiden Grundvoraussetzungen der Umsetzung von Wirklichkeit in Fiktion gegeben: die »nackte« Wahrheit als Gegenstand der Fiktion und die »lustvolle«, genaue Beobachtung als Voraussetzung zur Gestaltung einer ungeschminkten Wahrheit. Also eine Art ›sincérité dans l'art‹ – Programm, daß den Programmatikern des Realismus Champfleury und Duranty durchaus hätte genehm sein können, gäbe es da nicht bereits im Jahre 1846 das enthusiastische Bekenntnis des jungen Flaubert zur herausragenden Rolle einer rigoros künstlerisch ansprechenden Gestaltung: »Encore maintenant, ce que j'aime par dessus tout, c'est la forme, pourvu qu'elle soit belle, et rien au delà« (ebd., S. 278). Damit stellt sich bereits der junge Flaubert entschieden, wenn auch zunächst unbewußt, gegen die Tendenz der Programmatiker des Realismus zu stilistischer, formaler Reduktion. Zudem gebietet die Forderung nach genauer Beobachtung gemäß Flaubert, es bei dieser bewenden zu lassen, das heißt sich jeglicher Schlußfolgerungen, mögen sich diese auch geradezu aufdrängen, zu enthalten: »L'ineptie consiste à vouloir conclure«; »Oui, la bêtise consiste à vouloir conclure«, wiederholt der fast dreißigjährige Flaubert denn auch fast beschwörend in seinem Brief vom 4. September 1850 an seinen Dichterfreund Louis Bouilhet (ebd., S. 680). Damit sind die zugleich schlichten und bahnbrechenden Grundsätze der Flaubertschen Ästhetik grundgelegt: die ungeschönte Wahrheit darstellen, in einem ansprechenden formalen Kleid, unbeurteilt und uninterpretiert durch den Erzähler/ Autor; will heißen, die Wahrheit wird nur als solche erfahrbar, wenn sie aufgrund stilistischer Perfektion für sich selbst zu sprechen vermag.

Um seiner Befürchtung, er könnte mit seinem neuen Roman *Madame Bovary* in eine Art »Balzac chateaubrianisé« (Flaubert, *Corr.* II, S. 5) verfallen, die Grundlage zu entziehen, erarbeitet sich Flaubert vor allem im Jahre 1852 – seine Korrespondenz mit Louise Colet legt hiervon ein beredtes Zeugnis ab – für den Bereich der Prosa eine Ästhetik, aus der die Rolle des Romanstoffes weitgehend ausgeklammert wird. Sein Ideal ist ein Buch »über nichts«:

»Ce qui me semble beau, ce que je voudrais faire, c'est un livre sur rien, un livre sans attache extérieure, qui se tiendrait de lui-même par la force interne de son style (...), un livre qui n'aurait presque pas de sujet ou du moins où le sujet serait presque invisible, si cela se peut. Les oeuvres les plus belles sont celles où il y a le moins de matière; plus l'expression se rapproche de la pensée, plus le mot colle dessus et disparaît, plus c'est beau« (ebd., S. 31).

Die künstlerische Darbietung eines nachrangig gewordenen Romangegenstandes erfährt damit eine bis dahin im Bereich der Romanprosa ungekannte Aufwertung, die sich gemäß der Vorstellung Flauberts idealiter in der Verschmelzung von Inhalt und Form manifestieren würde: »C'est pour cela qu'il n'y a ni beaux ni vilains sujets et qu'on pourrait presque établir comme axiome en se posant au point de vue de l'Art pur, qu'il n'en a aucun, le style étant à lui tout seul une manière absolue de voir les choses« (ebd.). Folglich wird die Wirklichkeit, aus der die Romanfiktion ihren Gegenstand bezieht, zum Vorwand, oder in der Formulierung Flauberts, zu einem »Sprungbrett« (»La Réalité, selon moi, ne doit être qu'un *tremplin*«; Flaubert, *Corr.* Supplément IV, S. 52). Erst durch die spezifische formale Gestaltung kann die evozierte Wirklichkeit beim Leser die Wirklichkeitsillusion bewirken. »Où la Forme, en effet, manque, l'Idée n'est plus. Chercher l'un, c'est chercher l'autre. Ils sont aussi inséparables que la substance l'est de la couleur et c'est pour cela que l'art est la Vérité même« (Flaubert, *Corr.* II, S. 91). Voraussetzung zu Flauberts Credo der Identifizierung von Wahrheit und

künstlerischer Form ist allerdings eine hervorragende Beobachtungsgabe des Künstlers, die Fähigkeit zum ›wissenschaftlichen Blick‹, »ce
coup d'oeil médical de la vie, cette vue du vrai« (ebd., S. 78). Für
Flaubert gibt es, gemäß dem Trend seiner Zeit und inspiriert von
seiner spezifischen Herkunft als Sohn eines berühmten Arztes, keinen Zweifel darüber, daß Kunst und Wissenschaft in einem wechsel-
seitigen Verhältnis zueinander stehen: »Plus [le temps] ira, plus l'Art
sera scientifique; de même que la science deviendra artistique« (ebd.,
S. 76). Dies bedeutet für den Stil, daß er präzise zu sein hat (»C'est
la précision qui fait la force«, ebd., S. 137). Das Ziel einer solcherart
konzipierten Parallelsetzung von Wahrheit und formaler Perfektion
ist allerdings nicht ein möglichst neutrales, wissenschaftliches Regi-
strieren eines beliebigen, trivialen Wirklichkeitsausschnittes, sondern
es geht Flaubert durchaus auch darum, die traurig-grotesken Aspekte des Lebens zu verdeutlichen, das heißt »le comique arrivé à
l'extrême, le comique qui ne fait pas rire« (ebd., S. 85).

Nun erliegt Flaubert nicht der gewagten Vorstellung, wie später
Zola in seinem Traktat *Le Roman expérimental* (1880), daß erst die
absolute Verwissenschaftlichung der Literatur, insbesondere des Romans, eine perfekte Umsetzung einer »tranche de vie« in Fiktion ga-
rantiere. Eindeutig bezieht er Stellung gegen die Annäherung von
Roman und wissenschaftlichem Traktat: »Mais si un roman est aussi
embêtant qu'un bouquin scientifique, bonsoir, il n'y a plus d'art«
(Flaubert, *Corr.* III, S. 166). Lediglich der Stil solle so präzise wie
»le langage des sciences« (Flaubert, *Corr.* II, S. 70) sein. Zu Recht
hebt Frey (1972, S. 87) hervor, daß sich Flaubert mit seiner Forderung nach Wissenschaftlichkeit zunächst einmal gegen eine Tendenz
der Literatur zur »Poetisierung der Dinge« wendet:

»So ist [Flauberts] Forderung nach science im Roman nicht der Versuch,
nach objektiv gültigen Erkenntnissen zu gelangen, sondern sich der Dinge
um ihrer selbst willen anzunehmen« (ebd., S. 88).

Anders gewendet: die Dinge sollen von ihren »affections personnelles« befreit werden; die Kunst habe sich einer »unerbittlichen Methode« zu unterwerfen, so präzise zu sein wie die »sciences phy-
siques« (Flaubert, *Corr.* II, S. 691), was Sainte-Beuve zu dem zum
geflügelten Wort avancierten Ausspruch inspiriert hat, »Gustave
Flaubert führe die Feder wie andere das Seziermesser« (Sainte-Beuve,
1927, S. 183).

Das der Wirklichkeit durch genaues Beobachten abgeschaute
Wahre und dessen Umsetzung in Fiktion über das Medium künstle-
rischer Vollendung stehen im Zentrum der Flaubertschen Ästhetik.
Die strikte Einhaltung beider Prinzipien ermöglicht bei der Rezepti-

on des literarischen Dokumentes die Illusion von Realität. Wissenschaftliche Genauigkeit impliziert für Flaubert Entpoetisierung des in der Fiktion dargestellten »Lebensausschnittes«. Entpoetisierung heißt zugleich auch Entideologisierung in dem Sinne, daß der Erzähler sich jeglicher persönlicher Beurteilung oder Deutung des dargestellten Realitätsausschnittes zu enthalten habe. Bereits 1845, in der *Première éducation sentimentale*, entwickelt er seine Konzeption der Unparteilichkeit des Dichters, welche die höchste Stufe kritischen Geistes darstelle:

»Arrivé à cette haute impartialité critique, qui lui semblait le vrai sens de la vie critique et qui doit au moins en être la base, il renonça aux parallèles ...« (Flaubert, *Première Ed. Sent.*, S. 308).

Es geht Flaubert also um eine neue Erzählhaltung, die sich von der romantischen Konfessionsliteratur und deren Prinzip subjektiver Welterfahrung und -bewertung abgrenzt. Also bereits Jahre, bevor er mit der Abfassung von *Madame Bovary* beginnt, hat Flaubert sein Impersonalitätsdogma konzipiert, welches ohne Zweifel das bedeutendste künstlerische Prinzip seiner realistischen Schreibweise darstellt.

5.2 Unpersönlichkeit, Leidenschaftslosigkeit und Unparteilichkeit als Prinzipien realistischen Erzählens

»L'illusion (...) vient (...) de l'impersonnalité de l'oeuvre. C'est un de mes principes, qu'il ne faut pas s'écrire« (Flaubert, *Corr.*, II, S. 691); »l'auteur, dans son oeuvre, doit être comme Dieu dans l'univers, présent partout, et visible nulle part« (ebd., S. 204). Diese wohl spektakulärsten Glaubenssätze Flauberts begründen eine neue Erzähltechnik, die ihn zum »précurseur« des modernen Romans gemacht haben (vgl. Sarraute, 1965) und die zugleich die Grundlage moderner Romantypologien wie der von Franz K. Stanzel (1964; 1979) oder von Gérard Genette (1972, S. 65-282) bilden. Das Impersonalitätsdogma fordert ihm eine besondere Innovationsfähigkeit in der Romantechnik ab, weil er die direkte Erzählerpräsenz einschränken und demzufolge indirekte Formen der Personen- und Ereignisdarstellung kreieren muß.

Trotz der von Peter Michael Wetherill geäußerten Zweifel an der Authentizität von Flauberts Gedanken zur Romanästhetik – er geht davon aus, daß Flauberts in der Korrespondenz entwickelte Ästhetik eine »critique d'humeur« (Wetherill, 1964, S. 245) ist – läßt sich eine klare Kontinuität in der Formulierung seiner ästhetischen Leitideen feststellen. Flaubert vertieft seine bahnbrechende Theorie der Unpersönlichkeit des literarischen Kunstwerkes im Laufe der Abfassung von *Madame Bovary* (1851-1856). Es widerstrebt ihm, der sich nach 1850 endgültig vom romantischen Egozentrismus lösen möchte, sein Autoren-Ich, seine Persönlichkeit und sein individuelles Weltbild im Kunstwerk über das Medium eines Mittlers/Erzählers explizit aufzudecken. »Les prostitutions personnelles en art me révoltent. Et Apollon est juste: il rend presque toujours ce genre d'inspiration languissante« (Flaubert, *Corr.* II, S. 145). In ähnlicher Weise äußert er sich gegenüber George Sand: »Je me suis mal exprimé en vous disant ›qu'il ne fallait pas écrire avec son coeur.‹ J'ai voulu dire: ne pas mettre sa personnalité en scène. Je crois que le grand art est scientifique et impersonnel« (Flaubert, *Corr.* III, S. 578f.).

Impersonalität heißt für Flaubert zunächst einmal Verzicht auf die Ich-Darstellung. Sie impliziert jedoch keineswegs, daß der Autor sich einer kalten innerlichen Distanz zu der dargestellten Welt und seinen Figuren zu befleißigen habe: »Rappelons-nous toujours que l'impersonnalité est le signe de la force. Absorbons l'objectif et qu'il circule en nous, qu'il se reproduise au-dehors, sans qu'on puisse rien comprendre à cette chimie merveilleuse. Notre coeur ne doit être bon qu'à sentir celui des autres« (Flaubert, *Corr.* II, S. 463). Daraus erhellt, daß sich das Prinzip der Unpersönlichkeit lediglich »gegen das Reden über das Ich, aber nicht gegen das Erleben des anderen im Ich« richtet (Frey, 1972, S. 170). Aus diesem Verständnis der »impersonnalité« heraus stellt sich dem Romancier die Aufgabe, in seinem Werk unsichtbar und zugleich »allmächtig« zu sein, »wie Gott in der Schöpfung« (Flaubert, *Corr.* II, S. 691). Anstatt der in zahlreichen inhaltlichen Details und stilistischen Ausdrucksmitteln greifbaren *Allwissenheit* des Erzählers sollen nur noch implizite Reflexe seiner *Allgegenwärtigkeit* akzeptabel sein (vgl. auch Frey, 1972, S. 164).

Die zwei wesentlichen Erscheinungsformen unpersönlichen Erzählens sind für Flaubert die »impartialité« und die »impassibilité«. ›Unparteilichkeit‹ gebietet dem Künstler eine sich objektiv gebende Darstellung der gesellschaftlichen Wirklichkeit im fiktionalen Text. ›Leidenschaftslosigkeit‹, insbesondere bezogen auf die Figurendarstellung, bedeutet für Flaubert, daß der Autor und auch der von ihm eingesetzte Erzähler ihre persönliche Meinung und ihr Empfinden den Romangestalten gegenüber wenn irgend möglich nicht in Form einer spezifischen Wertung oder als konkretes Urteil zum Ausdruck bringen sollten. Dies heißt also nicht, daß der Autor bar jeglichen Mitgefühls oder ausgeprägter Antipathien den von ihm kreierten Personen gegenüber zu sein habe. Um dies klarzustellen: *impassibilité* ist nicht mit fehlender Anteilnahme des Autors an dem Schicksal seiner Gestalten gleichzusetzen. Er ist ganz im Gegenteil in aller Regel alles andere als *neutral*, nur hat er sich im Hinblick auf die von ihm verwandten Erzählverfahren soweit zurückzunehmen, daß seine innere Beteiligung oder sein ideologisches (Vor-)Urteil keine formal-ästhetische Entsprechung im Roman erhalten:

»Quant à laisser voir mon opinion personnelle sur les gens que je mets en scène, non, non, mille fois non! Je ne m'en reconnais pas le droit. Si le lecteur ne tire pas d'un livre la moralité qui doit s'y trouver, c'est que le lecteur est un imbécile ou que le livre est *faux* au point de vue de l'exactitude« (Flauberts, *Exraits*, 1963, S. 269).

Auf den Vorwurf George Sands, er schreibe herzlos und sei in unvertretbarer Weise kalt, reagiert Flaubert mit folgender nuancierter Klarstellung: »Je n'ai pas dit qu'il fallait se supprimer le coeur, mais *le contenir*, hélas!« (Flaubert, *Corr.* III, S. 719). Damit bestätigt sich – dies gilt es ausdrücklich zu betonen –, daß die Leitprinzipien »impassibilité« und »impartialité« sich auf die verwandte Romantechnik und nicht auf die ideologische oder emotionale Einstellung des Autors/Erzählers zu seinen Gestalten oder zur dargestellten Welt beziehen. Hier gebührt vor allem Marianne Bonwit (1950) und Richard J. Sherrington Aufmerksamkeit, die zu Recht auf die erzähltechnische Relevanz des Flaubertschen Impersonalitätsdogmas insistiert haben: »Impersonality is a method of presentation, a technique as a result of which it is impossible to tell, without recourse to external documents, whether or not a given statement or situation reflects the author's personal views or experience« (Sherrington, 1970, S. 41; vgl. hierzu auch Dethloff, 1976, S. 22 u. Frey, 1972, S. 200).

Verfügt Flaubert also für die erzählende Prosa um die Mitte des 19. Jahrhunderts das künstlerische Gebot der Unpersönlichkeit, so hat er zugleich sich selbst das auferlegt, was er »die Schrecken der Kunst« (»Ah! je les aurai connues, les *affres* de l'Art«, Flaubert, *Corr.* II, S. 234) nannte. Hatte doch eine auf Unpersönlichkeit verpflichtete Erzählweise zur Konsequenz, daß fast alle traditionellen erzähltechnischen Subformen von Flaubert zu modifizieren waren, ohne daß er auf Vorbilder hätte zurückgreifen können, auch nicht bei den Realisten Stendhal, Balzac oder Champfleury. Somit erleidet Flaubert fast täglich den mühevollen Findungsprozeß, im Verlauf dessen er die konkreten Formen unpersönlichen Erzählens neu schaffen muß wie: Fokalisationsformen, situative Personeneinführung und -darstellung, Beschreibungstechniken, Verhaltenspsychologie, szenische Darstellung, Kontrapunkttechnik, erlebte Rede bezogen auf den Innenbereich und die Personenäußerung usw. (siehe auch Kap. VII).

Die Ästhetik des Realismus hat sich bei Flaubert gegenüber Stendhal, Balzac und den Programmatikern weiterentwickelt. Der literarische Realismus eines Balzac oder Stendhal ist vor allem dadurch gekennzeichnet, daß sie neue Stoffbereiche literaturfähig machen wie z.B. die Darstellung der zeitgenössischen Gesellschaft (*Le Rouge et le Noir, Le Père Goriot, Illusions Perdues* usw.) und der Mensch als Repräsentant sozialer, ökonomischer und politischer Gesamtzusammenhänge im Zeitalter des aufsteigenden, kapitalorientierten Bürgertums. Die Programmatiker Champfleury und Duranty erkunden das alltägliche Leben, insbesondere der *basses classes*, unter dem Banner der ›sincérité de l'art‹ und unter bewußter Vernachlässigung der künstlerischen Form. Für beide Ausprägungen realistischer Prosa ist folglich die Fokussierung des Romanstoffes charakteristisch, das heißt das *was* wird bei der Darstellung prioritär gesetzt (vgl. dazu auch den reichhaltig dokumentierten Aufsatz von Guy Robert, 1953).

Nun kommt es auch Flaubert darauf an, die historische (soziale) Wirklichkeit und die »genaue Seite der Dinge« zu erfassen, aber gemäß seiner Konzeption des »livre sur rien« und der Wirklichkeit als »Sprungbrett« ist ihm die Realität »zweitrangig« (Degering, 1983, S. 97). Natürlich haben Romane wie *Madame Bovary* oder *Education Sentimentale* (1869) das wirkliche Leben thematisiert. Ihre Besonderheit als Romane des Realismus beziehen sie jedoch aus dem Faktum, daß in ihnen die Realität zu einer »Kunstwirklichkeit« (Degering, 1983, S. 97) sublimiert erscheint und somit reales Leben und dessen künstlerische Wiedergabe in einen gewissen Gegensatz geraten. Flauberts Konzept des »réel écrit« wird nicht primär von einer inhaltlichen Bestimmung her definiert. Gemäß seinem künstlerischen Credo verbindet sich mit dem Flaubertschen Realismus der Anspruch auf eine künstlerisch perfekte, zur »reinen Kunst« strebenden Wirklichkeitsdarstellung in der Fiktion: die häßliche, gemeine, triviale Realität wird zu einer *künstlerisch geschönten* transfiguriert, nicht mehr das *was*, sondern das *wie* der Darstellung steht im Vordergrund.

In diesem Zusammenhang ist auf den erst später mit Theodor Fontane (1819-1898) zur Vollendung gelangenden deutschen Realismus zu verweisen. Auch Fontanes Realismus, so z.B. in *Effi Briest* (1895), ist gekennzeichnet durch das Verfahren der Beschönigung, insofern als bei dem deutschen Realisten das Häßliche ausgeblendet, die wahre, krude Realität ausgespart erscheint. Fontane wie Flaubert legen Wert auf eine ›Verklärung‹ des Trivialen im Roman; allerdings ist die Veredelungstendenz bei Fontane in viel stärkerem Maße auf den *Gegenstand* der Fiktion bezogen, während die Romankunst Flauberts in bezug auf die *künstlerische Darstellungsform* als verklärend zu bezeichnen ist (vgl. dazu auch Degering, 1983, S. 98f. und Preisendanz, 1963, passim).

Am Schluß des Überblickes über die Entwicklung der theoretischen Grundpositionen des französischen Realismus läßt sich zusammenfassend festhalten, daß sich die französischen Realisten zwischen 1830 und 1860 in *drei* unterschiedliche Gruppierungen und Etappen gliedern lassen. Anstatt von zwei Realismen auszugehen, wie dies Karlheinrich Biermann in der von Jürgen Grimm herausgegebenen *Französischen Literaturgeschichte* vorschlägt (1989, S. 268), geht aus der in Kapitel III untersuchten Realismusdebatte hervor, daß in Frankreich im 19. Jahrhundert *drei* verschiedene Phasen und literarästhetische Programme in der Realismusbewegung zu unterscheiden sind. Die von Guy Larroux vorgenommene Periodisierung in drei Realismen ist nach unserem Verständnis in der von ihm vorgeschlagenen Form allerdings anfechtbar, wenn nicht unseriös, da Larroux ein Dreiphasenschema postuliert, indem er Emile Zola und die naturalistische Bewegung zu einer realistischen umfunktioniert, wie dies noch im 19. Jahrhundert üblich war (1995, S. 37). Aus der Darlegung der unterschiedlichen Phasen und Ausprägungen der theoretischen Prämissen realistischen Schreibens geht ein eindeutig anders zu strukturierendes Drei-Phasen-Modell hervor. Demnach ist eine erste Etappe durch die Ästhetik und Werkproduktion von Stendhal und Balzac gekennzeichnet. Um die Jahrhundertmitte geht die Bewegung in ihre programmatische Phase über, die von einer betont kämpferischen Kampagne zur Durchsetzung der antiromantischen, ›basisdemokratischen‹ Doktrin bestimmt ist. Und schließlich verläuft parallel zu dieser zweiten Phase des Realismus die von Flaubert individuell erarbeitete realistische Doktrin der Unpersönlichkeit und Wissenschaftlichkeit der Kunst, welche die naturalistische Ästhetik entscheidend beeinflussen wird.

Aus der literarhistorisch begründeten Interpendenz von Realismus und Naturalismus erklärt sich auch die unklare Zuordnung der Gebrüder Goncourt (Edmond de Goncourt 1822-1896; Jules de Goncourt 1830-1870) oder Maupassants (1850-1893) zum Realismus bzw. Naturalismus. Wenn die genannten Autoren aufgrund spezifischer Aspekte ihrer Romankunst auch durchaus ihren Platz in der Realismusbewegung beanspruchen könnten, präsentiert ihr Werk, zumal aufgrund ihrer eindeutigen Tendenz zur ungeschminkten Ausgestaltung einer pathologisch deformierten Psyche der Romangestalten, eindeutig naturalistische Züge, so daß der französische Realismus mit dem Werk Gustave Flauberts seinen Höhe- und zugleich Endpunkt erreicht. Nach dem Überblick über die Entwicklung des französischen Realismus wird nun im folgenden ein globaler Einblick in das literarische Schaffen der Hauptvertreter des französischen Realismus gegeben.

IV. Stendhal (1783-1842)

1. Der Roman als »Spiegel« der zeitgenössischen Gesellschaft

Wenn man Stendhal als einen Hauptvertreter des französischen Realismus anzusehen hat, dann wird dies nicht primär durch das Selbstverständnis des Autors nahegelegt. Stendhal, wie im übrigen auch Balzac, haben das Schlagwort vom *réalisme* noch nicht auf sich bezogen (vgl. Klein, 1989, S. 63), was aus literarhistorischer Perspektive auch nicht zu erwarten ist, da sich in der ersten Hälfte des 19. Jahrhunderts der Realismus als eine literarästhetisch determinierte literarische Bewegung noch im Prozeß seiner Konstituierung befand (vgl. dazu auch Kap. III.3.1 dieses Bandes). Andererseits ist Stendhal der erste Romancier in Frankreich, der gemäß seiner Konzeption vom Roman als »Spiegel« einen Stoff zur Darstellung bringt, der bis dahin im Rahmen einer Romanfiktion neu ist. Die veränderte Orientierung seines literarästhetischen Engagements wird von ihm auch unmißverständlich zum Ausdruck gebracht: so heißt das Motto von *Le Rouge et le Noir*: »La vérité, l'âpre vérité« (Stendhal, Ausg. Pléiade, Bd. I, S. 216) und stellt sich rigoros gegen die klassizistische *vraisemblance*-Ästhetik. Desgleichen erklärt sich Stendhal in seiner autobiographischen *Vie de Henry Brulard* dem Prinzip der Wahrheit verbunden, wenn er in Kap. I erklärt: »Quel encouragement à être *vrai*, et simplement vrai, il n'y a que cela qui tienne« (Stendhal, Ausg. Coll. 10/18, S. 41). Sein Meisterwerk *Rot und Schwarz* trägt den bezeichnenden Untertitel »Chronique de 1830«, wie auch der vollständige Titel seines Erstlingsromans *Armance ou quelques scènes d'un salon de Paris en 1827* auf die strikte Zeitgebundenheit verweist. Noch nie in der französischen Literaturgeschichte sind Romangegenstand und Romangestaltung zeitlich so stark angenähert. Erzählter Stoff und Erzählzeitpunkt scheinen bei Stendhal zur Deckung zu gelangen. »Le romancier inscrit ses oeuvres dans une réalité très proche, voire contemporaine du moment où il les compose« (Becker, 1992, S. 36).

In einem Roman wie *Le Rouge et le Noir* wird der Aktualitätsbezug allein schon darin deutlich, daß Stendhal – wie später auch Flaubert – von den »kleinen, wahren Begebenheiten« ausgeht. So läßt er sich von den »faits divers« seiner Zeit inspirieren wie z.B. vom Prozeß des Antoine Berthet, der im Dezember 1827 in

Grenoble stattfand und in der *Gazette des Tribunaux* dokumentiert wird (vgl. Stendhal, Ausg. Pléiade, Bd. I, S. 715-730). Berthet, Sohn eines armen Handwerkers, hatte am 22. Juli 1827 im Dorf Brangues, das im Roman Verrières sein wird, auf die Mutter seiner ehemaligen Schüler, Madame Michoud, deren Liebhaber er gewesen sein soll, aus Enttäuschung über seinen gescheiterten gesellschaftlichen Aufstieg einen Schuß aus einer Pistole abgegeben, wurde deswegen zum Tode auf dem Schafott verurteilt und am 23. Februar 1828 hingerichtet (vgl. Stendhals Vorwort zu *Le Rouge et le Noir*, Ausg. Pléiade, Bd. I, S. 199f.). Darüber hinaus dient eine zweite authentische Begebenheit als Folie für die »Chronik des Jahres 1830«:

»Ouvrier ébéniste à Bagnères-de-Bigorre, Adrien Lafargue était tombé amoureux d'une femme mariée, Thérèse Loucan, qui, non seulement n'avait pas repoussé ses avances, mais les avait même provoquées. Thérèse était légère, elle était aussi inconstante. Bientôt lassée, elle voulut rompre. Dépité et jaloux, Lafargue décida de se venger: il tua l'infidèle de deux coups de pistolet et lui trancha la tête. Le 21 mars 1829, la cour d'Assises des Hautes-Pyrénées, lui accordant les circonstances atténuantes, le condamna à cinq ans de prison« (Del Litto, *Commentaire* zu *Le Rouge et le Noir*, 1983, S. 546f.).

Abgesehen von diesen konkreten Inspirationsquellen aus der Zeitgeschichte sind die Romane Stendhals als authentische Sittenbilder der Gegenwart konzipiert. Mit seinem kompromißlosen Eintauchen in seine Zeit geht also Stendhal über die Moderomane eines Walter Scott hinaus und ist sich dessen auch voll bewußt. In seiner Selbstrezension zu *Le Rouge et le Noir*, die er dem florentiner Grafen Salvagnoli zum Zwecke einer Gesamtwürdigung des Romans in der Zeitschrift *Antologia* im Jahre 1832 schickt, bezeugt er klar sein literarisches Selbstverständnis, das seinem ersten großen Roman zugrunde liegt:

»M. De S[tendhal], ennuyé de tout ce moyen âge, de l'*ogive* et de l'habillement du XVe siècle, osa raconter une aventure qui eut lieu en 1830 et laisser le lecteur dans une ignorance complète sur la forme de la robe que portent Mme de Rênal et Melle de La Mole, ses deux héroïnes, car ce roman en a deux, contre toutes les règles suivies jusqu'ici« (Stendhal, Ausg. Pléiade, Bd. I, S. 703).

Der Wahrheits-Topos erhält hier seine spezifische Prägung; wahrheitsgemäß erzählen heißt also, sich kompromißlos der Darstellung der eigenen Zeit zuzuwenden, oder, gemäß dem Untertitel von *Le Rouge et le Noir*, den Roman als ein Zeitdokument zu begreifen (vgl. dazu auch Felten, 1979, S. 57). Damit stellt das Romanwerk Stendhals einen ersten Höhepunkt in der Entwicklung des französischen realistischen Romans dar, insofern der Romanstoff weder in einer weit zurückliegenden, idealisierten noch in einer relativ modernen geschichtlichen Zeit, sondern bewußt in der *historischen und sozialen Gegenwart* des Schreibaktes, das heißt in der Restaurationszeit und der Julimonarchie, angesiedelt ist.

Diese Fixierung auf die Gegenwart erklärt denn auch die Kontinuität der Spiegelmetapher bei Stendhal, die über *Le Rouge et le Noir* hinaus (vgl. Kap. III.3.2) auch an anderen Stellen vom Autor beschworen wird. Im zweiten Vorwort von *Lucien Leuwen* heißt es: »Pour peu qu'un roman s'avise de peindre les habitudes de la société actuelle ...« (Stendhal, Ausg. Pléiade, Bd. I, S. 761). Und im *Avant-Propos* von *Armance* kommentiert der Autor die Komödie *Trois Quartiers* von Picard und Mazères, die am 31. Mai 1827 in der Comédie-Française aufgeführt wurde, mit folgenden Worten: » Ils ont présenté un miroir au public; est-ce leur faute si des gens laids ont passé devant ce miroir? » (Stendhal, Ausg. Pléiade, Bd. I, S. 26).

Die Klage, die vor allem seinen ersten drei Romanen *Armance* (1827), *Le Rouge et le Noir* (1830) und *Lucien Leuwen* (erste Gesamtveröffentlichung 1894) als Motto voranstehen könnte, kehrt bei Stendhal mehrfach wieder: »Le siècle est triste, il a de l'humeur«, lautet seine Diagnose im Vorwort zu *Armance* (ebd.). In *Le Rouge et le Noir* fasziniert der in seinem Land zum Tode verurteilte spanische Graf Altamira anläßlich eines Balles Julien Sorel mit seiner pessimistischen Sicht der französischen Gesellschaft: »Il n'y a plus de passions véritables au XIXe siècle: c'est pour cela que l'on s'ennuie tant en France. On fait les plus grandes cruautés, mais sans cruauté« (ebd., S. 496). Und als Julien, befreit von der Last seines Ehrgeizes, mit innerer Heiterkeit seiner Exekution entgegensieht, bemerkt er erstaunt, daß er sich des negativen Einflusses seines Jahrhunderts selbst angesichts des Todes nicht entziehen kann: »Parlant seul avec moi-même, à deux pas de la mort, je suis encore hypocrite ... O dixneuvième siècle!« (ebd., S. 692).

Die pessimistische Grundüberzeugung Stendhals, daß das 19. Jahrhundert ein »trauriges« sei, beherrscht seine literarische Gestaltung der französischen Restaurationsgesellschaft und hat ihren Ursprung in seiner Sozialisation. Henri Beyle, der sich den Künstlernamen Stendhal zulegt, ist der Abkömmling einer royalistischen Familie aus Grenoble, wo er 1783 geboren wurde. Zeitlebens war Stendhal von tiefem Haß auf seine provinzielle, bürgerliche Herkunft bewegt. Hugo Friedrich findet die passende Beschreibung des Klimas, in dem der junge Henri aufwuchs:

»Seinen Vater liebt er nicht, die schwärmerische Neigung zur Mutter ist früh mit deren Tod zu Ende gegangen. Vater und Tante stehen im Bunde mit einem Priester, der die moralische Erziehung des Jungen leitet. Das Mißtrauen in die jesuitische Verstellung des Priesters erwacht. Die Erziehungsmethode seines Vaters verbietet ihm alle kindliche Fröhlichkeit. Es entsteht die Stimmung des Julien Sorel: die Gereiztheit eines schon von Natur aus verschlossenen, nun zudem unterdrückten Gemüts, dem die Selbstsicherheit gestört ist, die dann um so heftiger, beim unangemessensten Anlaß, zu finsterer Aufsässigkeit hochschnellt« (Friedrich, 1966, S. 49f.).

Die biographischen Fakten im Leben des Henri Beyle interessieren hier nur, insoweit sie für die Ausbildung seines ausgeprägten Gesellschaftspessimismus relevant werden. Der Priesterhaß des jungen Beyle, genährt durch seine persönliche Abneigung gegen seinen Erzieher und Freund der Familie, den Abbé Rey, und der ausgeprägte Vaterhaß sowie die vorbehaltlose Bewunderung für seinen Onkel, den Arzt Henri Gagnon, der nach dem frühen Tod seiner Mutter im Jahre 1790 die intellektuelle Unterweisung des jungen Beyle übernimmt, stellen die psychologische Ausgangskonstellation dar, aus der heraus die Abneigung Stendhals gegen die vom Vater repräsentierte bürgerlichkonservative Grundhaltung erklärbar wird. Stendhals *Vie de Henry Brulard* liegt letztlich dieser Haß auf den Vater und seine Suche nach einem würdigen, vertrauensspendenden Vaterersatz als Leitthema zugrunde. Die Auffassungen seines »excellent grandpère« und die prägende Lektüre von Rousseaus *Julie ou la Nouvelle Héloïse* haben ihn, wie er in der *Vie de Henry Brulard* wiederholt hervorhebt, entscheidend geformt (vgl. z.B. Stendhal, Ausg. Coll. 10/18, S. 196; S. 214). Stendhals langjähriges ›Exil‹ in Italien, seine mit diesem Land verbundenen Essays wie die *Histoire de la peinture en Italie* (1817) und die Gesellschaftsskizze *Rome, Naples et Florence en 1817* (1817), wie auch später die *Vie de Rossini* (1824) und die *Promenades dans Rome* (1829) und die Novellensammlung *Chroniques italiennes* (1839), und nicht zuletzt sein in Italien angesiedelter großer Roman *La Chartreuse de Parme* (1839) legen Zeugnis ab von dem gesellschaftlich-kulturellen Alternativ-Ambiente, mit dem sich Stendhal zeit seines Lebens identifizierte, vor allem auch aus Abneigung gegen die politischen und gesellschaftlichen Verhältnisse im zeitgenössischen Frankreich. Jean Mourot (1987) ist einer der Stendhalforscher, der hier stellvertretend für die zahlreichen Studien zur »formation du romancier« hervorgehoben werden soll, zumal seine Stendhalstudie als eine Zusammenstellung von Vorlesungsskripten gerade auch für LiteraturstudentInnen, die sich einen ersten Überblick über das Verhältnis des Autors zu seinem Werk verschaffen wollen, besonders geeignet ist.

Stendhals politisch-gesellschaftlicher Standort, wie auch sein Selbstverständnis als Romancier, sind ein komplexes Problem («Stendhal ist ein schwer zugänglicher Schriftsteller«, Friedrich, 1966, S. 37), das hier nicht im einzelnen entfaltet werden kann. Folgende Fakten, gestützt auf Selbsteinschätzungen des Autors, sind von zentraler Bedeutung. Zunächst ist hervorzuheben das Paradoxon vom »aristokratischen Jakobiner« (vgl. Heitmann, 1979, S. 28) in bezug auf Stendhals Standortbestimmung in der Gesellschaft der Restauration: Republikanische Gesinnung und aristokratische Lebenshaltung gehen für ihn Hand in Hand, ohne von ihm als widersprüchlich empfunden zu werden. So bekennt er in der *Vie de Henry Brulard*:

»Car il faut l'avouer, malgré mes opinions alors parfaitement et foncièrement républicaines, mes parents m'avaient parfaitement communiqué leurs goûts aristocratiques et réservés. Ce défaut m'est resté et par exemple m'a empêché il n'y a pas dix jours, de cueillir une bonne fortune. J'abhorre la canaille (pour avoir des communications avec), en même temps que sous le nom de *peuple* je désire passionnément son bonheur« (Stendhal, Ausg. Coll. 10/18, S. 175).

Dieser Gedanke wird zu Beginn des 27. Kapitels seiner Autobiographie wiederholt und weiter präzisiert:

»J'avais et j'ai encore les goûts les plus aristocratiques, je ferais tout pour le bonheur du peuple mais j'aimerais mieux, je crois, passer quinze jours de chaque mois en prison que de vivre avec les habitants des boutiques [d.h. mit den typischen Kleinbürgern]« (ebd., S. 275).

Er empfindet also Sympathie mit dem Stand der Habenichtse, mit dem Volk als für sein *bonheur* und seine Freiheit kämpfende Unterschicht, hat aber einen erklärten Widerwillen gegen den Pöbel als kulturlose Masse, der ein gepflegter Lebensstil fremd ist. Bei Stendhal erscheinen »politische Theorie und Lebenspraxis« also dissoziiert, eine Ungleichheit, die auch für seine Haltung gegenüber dem Bürgertum typisch ist (vgl. dazu auch Bürger, 1975, S. 275). Es kann somit auch kaum verwundern, daß Stendhals politischer Standort ebenfalls widersprüchlich ist. Einerseits erklärt er sich im zweiten Vorwort von *Lucien Leuwen* vom 28. September 1836 zum »partisan modéré de la Charte de 1830«, das heißt zum Anhänger der Politik des Bürgerkönigs, zum anderen will er sich politisch nicht festlegen, wenn er in seinem Vorwort weiter ausführt:

»Entre deux hommes d'esprit, l'un extrêmement républicain, l'autre extrêmement légitimiste, le penchant secret de l'auteur sera pour le plus aimable. En général, le légitimiste aura des manières plus élégantes et saura un plus grand nombre d'anecdotes amusantes; le républicain aura plus de feu dans l'âme et des façons plus simples et plus jeunes« (Stendhal, Ausg. Pléiade, Bd. I, S. 762).

Wie ein Echo auf diese Einlassung des Autors wirkt hier die resignierende Bemerkung des Helden in Kap. XI von *Lucien Leuwen,* der wie folgt lamentiert:

»Mon sort est-il donc de passer ma vie entre des légitimistes fous, égoïstes et polis, adorant le passé, et des républicains fous, généreux et ennuyeux, adorant l'avenir? Maintenant, je comprends mon père, quand il s'écrie: ›Que ne suis-je né en 1710, avec cinquante mille livres de rente!‹« (ebd., S. 884).

Eine Konstante in Stendhals politischer Grundhaltung ist seine Abneigung gegen eine Basisdemokratie, wie er sie in Amerika verwirklicht sieht (drittes Vorwort von *Lucien Leuwen*):

»A vrai dire, puisqu'on est forcé de faire un aveu si sérieux (...), l'auteur serait au désespoir de vivre sous le gouvernement de New York. Il aime mieux faire la cour à M. Guizot que faire la cour à son bottier. Au dix-neuvième siècle, la démocratie amène nécessairement dans la littérature le règne des gens médiocres, raisonnables, bornés et plats, littérairement parlant« (ebd., S. 763).

Stendhal hat also zwischen seiner Neigung zu republikanischem Gedankengut und aristokratischer Lebenshaltung letztlich zu keiner eindeutigen politischen Position gefunden. Rational republikanischen Werten zuneigend bleibt er dennoch dem Existenzmodus eines elitären Aristokratismus verbunden, weil er sich von der bürgerlichen Kulturlosigkeit abgestoßen fühlt und sich im Grunde vor der Verwirklichung des Glücksanspruchs aller *citoyens* fürchtet, hieße dies doch für ihn, »seinem Schuster den Hof« machen zu müssen. Stendhal kann sich also »keine Gesellschaftsform vorstellen, in der zugleich die [überkommenen] Kulturwerte aufbewahrt und der Glücksanspruch aller verwirklicht wäre« (Bürger, 1975, S. 275). Stendhal deswegen als »politischen Atheisten« zu bezeichnen (Girard, 1961, S. 139) ist jedoch nicht gerechtfertigt; seine Attitüde der Nichtfestlegung auf eine klare politische Linie hängt mit seinem Naturell eines *révolté*, mit seiner tiefen Abneigung gegen gesellschaftliche Bevormundung und Gängelung zusammen, die er aus seiner intensiven Lektüre Rousseaus geschöpft hat (vgl. dazu die sehr detaillierte Untersuchung von Crouzet, 1985).

Man muß die Gesellschaftsdarstellung und insbesondere die ›Restaurationsschelte‹ im Romanwerk Stendhals vor dem Hintergrund seines sozialisationsbedingten Strebens nach freiheitlicher, elitärer Lebensgestaltung und nach individuellem Glück sehen. In diesem Lebensentwurf vereinen sich der jakobinische und der aristokratische Stendhal zu einer Symbiose, aus der der Oppositionsgeist des Romancier erklärbar und zugleich auch die zwiespältige Situation im nachrevolutionären, postnapoleonischen Frankreich sinnfällig wird. Einerseits begründet die Freiheit *vom* Feudalismus und *zur* individuellen Selbstverwirklichung aller das republikanische Bewußtsein im Frankreich des 19. Jahrhunderts, zum anderen bedroht diese im Prinzip allen zustehende Freiheit eine festgefügte Ordnung kultureller und geistiger Werte, wenn sie zu einem unerträglichen Mittelmaß utilitaristischen, typisch bourgeoisen Gewinnstrebens verkommt.

Der Haß auf den Vater und die Opposition gegen die bigotte Tante Séraphie («Cette tante Séraphie a été mon mauvais génie pendant toute mon enfance«, Stendhal, *Vie de H. Brulard*, Ausg. Coll. 10/18, S. 58f.) haben Stendhal zum Atheisten und Jakobiner gemacht und letztlich seine kritische Einstellung zur Restauration verstärkt. Daß diese Epoche zugleich seinem beruflichen Werdegang ein Ende gesetzt hat, ist ein weiterer Grund für seine innere Distanz zur postnapoleonischen Gesellschaft und Politik nach 1814. Stendhal hat gerade unter der Napoleonischen Administration – mit gewissen Unterbrechungen, denn er hat ja als Leutnant zwischenzeitlich den Dienst in der Armee quittiert – Karriere gemacht und es mit Hilfe seines Vetters Pierre Daru zum Intendanten und zum *Inspecteur du mobilier et des bâtiments de la Couronne* gebracht, an den großen Feldzügen Napoleons teilgenommen und einen aufwendigen Lebensstil gepflegt. Mit dem Fall Napoleons ist Stendhal dann nicht nur arbeitslos, sondern auch hochverschuldet. Es bleibt ihm nur die Alternative literarischer Betätigung und die regelmäßige Präsenz in den einschlägigen Salons, wo sein »esprit paradoxal« (Del Litto, *Commentaire*, 1983, S. 572) sehr geschätzt wird.

Armance

Stendhals erster Roman *Armance* (erschienen 1827) gestaltet einen für die Zeit pikanten Stoff, den der Leser nur mit Hilfe einer Vorinformation recht erfassen kann. Das zentrale Thema ist eine Liebesverbindung, die aufgrund der Impotenz des Helden zum Scheitern verurteilt ist. Stendhal nimmt sich also, noch ganz in der klassischen Tradition archetypischer Menschengestaltung, eines allgemeinmenschlichen Problems an, das allerdings die heldischen ›Höhen‹ der Pflicht-Neigung-Konflikte der Klassik wegen der physiologischen Abnormität des Helden bereits verläßt. Im Rahmen einer anrührenden Liebesgeschichte zwischen dem *babilan* (d.h. an Impotenz leidenden) Octave de Malivert und seiner verarmten Kusine Armance de Zohiloff zeichnet Stendhal ein äußerst kritisches Sittenbild des sich dem Luxus und der Untätigkeit hingebenden Restaurationsadels. Der Handlungsfaden des Erstlingsromans Stendhals muß als bizarr gelten. Octave, der impotente adelige »polytechnicien«, ist paradoxerweise leidenschaftlich in Armance verliebt und beschließt an der Schwelle des Todes – er wurde bei einem Duell verletzt –, ihr sein peinliches »Geheimnis« anzuvertrauen. Sein Gebrechen, das im Roman nur höchst indirekt angedeutet wird, bleibt aber Armance letztlich verborgen, nachdem Octave nach unverhoffter Heilung von seinen Duellblessuren von seinem »aveu« Abstand nimmt. Dennoch wird Armance durch eine hinterhältige Intrige kompromittiert, was Octave darin bestärkt, Armance ›pro forma‹ zu heiraten, um ihr eine gesellschaftliche Absicherung zu verschaffen. Einige Tage nach der Hochzeit nimmt Octave sich dann das Leben.

Dieser Roman ist insofern bemwerkenswert, als Stendhal in Octave einen schwierigen Heldentyp zeichnet und *zugleich* ein Sittenbild seiner Zeit vermittelt. Der Autor hat im Jahre 1828 auf der Vorlage, die der Ausgabe Champion (1925) zugrunde gelegt wurde, handschriftlich eine interessante Eigenanalyse seines Romans vorgelegt (vgl. Stendhal, Ausg. Pléiade, Bd. I, S. 17f.), aus der hervorgeht, daß er seinen Roman ausschließlich in der Tradition der Charakterstudien à la *Princesse de Clèves* von Madame de Lafayette sieht und das ungewöhnliche Verhalten seines Protagonisten mit seiner Impotenz begründet (ebd., S. 17). Die Charakterstudien in *Armance* werden jedoch, darin zeigt sich bereits in diesem frühen Roman Stendhals realistischer Tenor, von einer kritischen Analyse der Restaurationsaristokratie überlagert. Denn letztlich wird die »impuissance« Octaves zum Sinnbild für die Sterilität und Dekadenz der prätentiösen Adelsschicht der Restauration, die sich, ohne jegliche Lehren aus der Revolution gezogen zu haben, ganz der unproduktiven, kastenbewußten Zelebrierung ihrer alltäglichen Salonrituale hingibt. Deren Reichtumsfixiertheit («[Octave] se voyait mieux accueilli *à cause de l'espérance de deux millions* dans la société de Paris«, ebd., S. 39), ihre »ambition sans bornes« in bezug auf ihren gesellschaftlichen Rang (ebd., S. 85), ihre Unduldsamkeit gegenüber einem privaten Glück zweier Liebender, welche die Instanz der Gesellschaft nicht prioritär setzen, und schließlich die fast kriminellen Machenschaften einiger ihrer Repräsentanten, die ihren Salonalltag mit bösartigen Intrigen und verleumderischen Briefen aufheitern, um das beargwöhnte Liebesglück zweier Individuen zu zerstören, fügen sich in *Armance* insgesamt zu einer zutiefst pessimistischen Gesellschaftsstudie. Dementsprechend könnte der folgende Kommentar des Erzählers als Motto für diese »Szenen eines Pariser Salons im Jahre 1827« dienen:

»Mais [Octave et Armance] vivaient dans le grand monde, ils n'avaient que vingt ans, ils passaient leur vie ensemble et pour comble d'imprudence on pouvait deviner qu'ils étaient heureux, et ils avaient l'air de fort peu songer à la société. Elle devait se venger« (ebd., S. 151).

Als Stendhal 1815 mit zweiunddreißig Jahren seinen Beruf quittieren muß, nachdem die Bourbonen die Monarchie ›restauriert‹ hatten und die Kirche wieder zu Macht und Einfluß gelangt war, bezog er seine zweite Heimat in Mailand, das er jedoch 1821 auf Druck der österreichischen Behörden, denen er zu liberal war, wieder verlassen muß. Sein Essay *De l'amour*, den er noch 1820 in Mailand verfaßt hat, *Racine et Shakespeare* (1823; 1825), *Armance* (1827) und insbesondere *Le Rouge et le Noir* (1830) sind die herausragenden Werke dieser Schaffensperiode.

Le Rouge et le Noir

Rot und Schwarz, wohl 1829 begonnen und nicht 1827, wie im *Avertissement* zu lesen, und Ende 1830 bei Levavasseur veröffentlicht (zu den Abfassungsdaten vgl. Ausg. Del Litto, 1983, S. 545f.) hat Stendhal berühmt gemacht. Nicht wenige Themen und Motive des Romans lassen sich auf biographische Fakten zurückführen, so vor allem die von vielen Intellektuellen der Zeit geteilte Napoleonverehrung, die den jüngeren Henri Beyle ebenso beflügelte wie seinen außergewöhnlichen Helden Julien Sorel, stand doch Napoleon für die von der Revolution erkämpfte Überwindung der Standesgrenzen, er, der es als *rôturier* bis zum Empereur Frankreichs gebracht hatte.

Die Restauration, diese Stendhal zutiefst unsympathische Epoche der Rückkehr zu den alten politischen Werten und der Rehierarchisierung der Gesellschaft gemäß der vorrevolutionären Ständestruktur, wird von ihm in seinem vor der Julirevolution begonnenen und nach dem Machtwechsel zu Louis Philippe veröffentlichten Roman vehement angeprangert. In seinem Porträt der französischen Gesellschaft der zwanziger Jahre polemisiert Stendhal gegen die Wiedererstarkung einer dekadenten Aristokratie und gegen die ultraroyalistischen Tendenzen im Goßbürgertum und in der katholischen Kirche. *Le Rouge et le Noir* wird zu einem regelrechten *réquisitoire* gegen das in der *Congrégation* zutage tretende ultraroyalistische Kastendenken (vgl. Kapitel II. dieses Bandes) und ist zugleich der erste große Desillusionsroman in Frankreich. Die am Ende des 18. Jahrhunderts gegen den *Ancien Régime* revoltierende Bourgeoisie hat nach 1815 die Befreiung von den Zwängen der Adelsprivilegien und die Ideale von 1789 zu einer übersteigerten Aufstiegsmentalität ›umfunktioniert‹ und folglich ein stilles Bündnis mit dem Adel und der

Kirche in Kauf genommen. Somit zeichnet Stendhal, wie Klaus Heitmann in seiner prägnanten Analyse des französischen Realismus unterstreicht (Heitmann, 1979, S. 24), ein ausgesprochen »düsteres« Bild von dem französischen Bürgertum, dem er ja selber angehört. Das Verfahren, das er dabei verwendet, ist das der engen Verknüpfung vom individuellen Schicksalsweg eines besonderen Helden mit dem für die Restauration charakteristischen Gesellschaftsmilieus des Provinzbürgertums, des Pariser Hochadels und der katholischen Geistlichkeit. Erich Auerbach hat in seinem berühmten Kapitel zu *Le Rouge et le Noir* in *Mimesis* dieses »absolut neue poetische Verfahren« (Felten, 1979, S. 82) wie folgt beschrieben:

»Die Charaktere, Haltungen und Verhältnisse der handelnden Personen sind aufs engste mit den zeitgeschichtlichen Umständen verknüpft; zeitgeschichtliche, politische und soziale Bedingungen sind auf eine so genaue und reale Weise in die Handlung verwoben, wie das in keinem früheren Roman, ja in keinem literarischen Kunstwerk überhaupt der Fall war, es sei in solchen, die als ausgesprochen politisch-satirische Schriften auftraten; daß man die tragisch gefaßte Existenz eines Menschen niederen sozialen Ranges, wie hier die Julien Sorels, so konsequent und grundsätzlich in die konkreteste Zeitgeschichte einbaut und aus derselben entwickelt, das ist ein ganz neues (...) Phänomen« (Auerbach, 1967, S. 425).

Der Roman wird somit zum Spiegel, den der Zimmermannssohn Julien Sorel durch die verschiedenen Milieus bewegt und in dem der Leser die markanten (negativen) Erscheinungsformen der restaurativen Gesellschaft ablesen kann. Der Untertitel »Chronique de 1830« hebt sich deshalb von dem allzu »romanesque« (im Sinne des Erdichteten, Fabelhaften) anmutenden Begriff ›Roman‹ ab, um den Wirklichkeitsbezug zu unterstreichen. Die beschriebenen Gesellschaftskreise haben in der französischen Restaurationsgesellschaft ihre konkrete Vorlage; ihre Authentizität erscheint durch das Verfahren des Gestaltens fiktiver Personen, die als soziale Medien fungieren, dem Leser um so plausibler. *Le Rouge et le Noir* vermittelt so ein lebendiges Bild vom Provinzbürgertum, von der inneren Struktur des Klerus und vor allem von der Arroganz und zugleich Schwäche des nachrevolutionären Hochadels am Vorabend der Julirevolution.

Alle drei sozialen Schichten erscheinen dabei in einem ausgesprochen schlechten Licht: Das Provinzbürgertum, repräsentiert durch den ›verbürgerlichten‹ Nagelfabrikanten, M. de Rênal, dessen Imperativ des Profitmachens mit der späteren Devise des »enrichissez-vous« von Louis-Philippes Minister Guizot im Einklang steht (vgl. Stendhal, Ausg. Pléiade, Bd. I, S. 224); Monsieur Valenod aus Verrières, der die Aufstiegsbesessenheit der Restaurationsbourgeoisie

verkörpert; der korrupte, machtbesessene Klerus, dargestellt durch
den Abbé Maslon und M. de Frilair und insbesondere repräsentiert
durch die im Roman allgegenwärtige *Congrégation*, die Andersden-
kende verfolgt und sozial ächtet; und schließlich die dekadente,
ebenfalls von schnödem Gewinnstreben erfaßte Hocharistokratie,
verkörpert durch den Marquis de La Mole und die Salongesellschaft, sie alle inkarnieren den für die Zeit charakteristischen Trend
zur Kapitalakkumulation, Vorteilnahme, opportunistischen Anpas-
sung an die Machtverhältnisse und vor allem zur elitären Kastenbil-
dung.

Gemäß der Aussage Stendhals bedeutet »le rouge« des Titels, daß
sein Held Julien unter einem Napoleon sich der Armee angeschlossen hätte, aber daß er, da in der Restaurationszeit lebend, gezwungen war »de prendre la soutane, de là le noir« (vgl. Ausg. Del Litto,
1983, S. 549f.; Bokobza, 1986). Wie pessimistisch Stendhals Bild
von der zeitgenössischen französischen Gesellschaft ist, erhellt aus
einer Reihe von signifikanten Romanpassagen. So sagt der Erzähler
von den Bewohnern der (fiktiven) Provinzstadt Verrières, daß sie
nur von dem Gedanken an das »Geld scheffeln« beherrscht werden:

»*Rapporter du revenu* est la raison qui décide de tout dans cette petite ville
qui nous semblait si jolie. L'étranger qui arrive (...) s'imagine d'abord que
ses habitants sont sensibles au *beau*; ils ne parlent que trop souvent de la
beauté de leur pays (...); mais c'est parce qu'elle attire quelques étrangers
dont l'argent enrichit les aubergistes, ce qui, par le mécanisme de l'octroi,
rapporte du revenu à la ville« (Stendhal, Ausg. Pléiade, Bd. I, S. 224).

Das Priesterseminar in Besançon ist bevölkert von dümmlichen
Bauernsöhnen, den zukünftigen Priestern und Prälaten, für die »das
Glück« letztlich darin besteht, in der Seminarkantine »gut zu spei-
sen«. Dies nur ein Beispiel unter vielen für den Sarkasmus, mit dem
Stendhal den Kontrast zwischen geheucheltem Berufsethos und
konkreter Motivation des Klerus – d.h. sein physiologisches Wohl-
befinden oder, auf einer höheren Ebene, seine Gier nach Einfluß
und Macht – offenlegt. Die Gesellschaftskritik Stendhals in *Le
Rouge et le Noir* erreicht ihren Höhepunkt mit der Beschreibung der
aristokratischen Salongesellschaft im Hause des Marquis de La
Mole, die mit ihrem erzkonservativen Anpassungsethos, wegen ihrer
intellektuellen Tabus und geistigen Sterilität zu einer faden Juste-mi-
lieu-Kaste verkommen scheint:

»Tel est encore, même dans ce siècle ennuyé, l'empire de la nécessité de
s'amuser, que même les jours de dîners, à peine le marquis avait-il quitté le
salon, tout le monde prenait la fuite. Pourvu qu'on ne plaisantât ni de
Dieu, ni des prêtres, ni du roi, ni des gens en place, ni des artistes protégés

par la Cour, ni de tout ce qui est établi; pourvu qu'on ne dît du bien ni de Béranger, ni des journaux de l'opposition, ni de Voltaire, ni de Rousseau, ni de tout ce qui se permet un peu de francparler; pourvu surtout qu'on ne parlât jamais politique, on pouvait librement raisonner de tout« (ebd., S. 457).

Hier wird das politisch-gesellschaftliche Klima in der Restaurationsaristokratie meisterlich suggeriert. Die Kritik an den etablierten Machtträgern der Monarchie und die Tabuisierung des Revolutionspoeten Béranger wie auch des Philosophen, der die französische Revolution geistig vorbereitet hat, Rousseau, zeugen von der durch die Kontrollmechanismen der Congrégation geschaffenen repressiven Atmosphäre in den zwanziger Jahren, während der jedes liberale Gedankengut stigmatisiert wird.

Ein von der Kritik wenig beachtetes Beispiel für Stendhals kritisches Engagement gegen die Epoche, in der er lebt, ist das Gespräch zwischen Falcoz und seinem Freund Saint-Giraud in Kapitel 1 des zweiten Teiles. Julien wird in der Postkutsche auf dem Weg nach Paris Zeuge ihres politischen Gedankenaustauschs, der eine Art Vorbereitung auf die Pariser Gesellschaftsszene darstellt. Saint-Giraud hatte in der Provinz, so erfahren wir mit Julien, in Montfleury an der Rhône ein schönes Schloß erworben, ein Akt der Zivilisationsflucht, wie Saint-Giraud betont:

»A Paris, j'étais las de cette comédie perpétuelle, à laquelle oblige ce que vous appelez la civilisation du dix-neuvième siècle. J'avais soif de bonhomie et de simplicité. J'achète une terre dans les montagnes près du Rhône, rien d'aussi beau sous le ciel« (ebd., S. 436).

Aber bald fallen alle Instanzen und Repräsentanten der restaurativen Provinzgesellschaft über ihn her, jeder will ihn für seine Sache vereinnahmen, jeder sucht Streit mit ihm. Der Friedensrichter benachteiligt ihn ständig, der Dorfvikar, Ortschef der Congrégation, zeigt ihm die kalte Schulter: »Une fois que l'on m'a vu abandonné par le vicaire (...), et non soutenu par le capitaine en retraite, chef des libéraux, tous me sont tombés dessus ...« (ebd., S. 437). Sogar sein Überwechseln in das Lager der liberalen Opposition bringt ihm nur Feinde, selbst in der liberalen Partei! Die Flucht in das zivilisationsgeschädigte Paris bleibt ihm als einzige, paradoxe Alternative:

»Je quitte cet enfer d'hypocrisie et de tracasseries. Je vais chercher la solitude et la paix champêtre au seul lieu où elles existent en France, dans un quatrième étage donnant sur les Champs-Elysées« (ebd.).

Man sieht, wie der Rousseaukenner Stendhal hier das Motiv der in harmonischer Solidarität lebenden utopischen Bergkommune des

Haut-Valais, die Saint-Preux in Brief 23 an Julie schildert (Rousseau, Ausg. Launay, S. 46ff.), in sein Gegenteil verkehrt. Wenn der Liebhaber von Julie in der *Nouvelle Héloïse* in den Schweizer Alpen eine intakte, ›gesunde‹ Alternativgesellschaft zu der verderbten, dem Klassendenken unterworfenen französischen Gesellschaft vorfindet, so übernimmt Stendhal dieses Motiv vom Stadt-Provinzgefälle, um gerade die moralische Verderbtheit der Provinzgesellschaft zur Zeit der Restauration gegen die Provinzidylle Rousseaus zu setzen. Provinz und Hauptstadt treffen sich in seinen Augen auf der gleichen Ebene einer von ihm mißbilligten gesamtgesellschaftlichen Entwicklung nach Napoleons Fall und fügen sich zu dem negativen Bild des von ihm beklagten, »traurigen« 19. Jahrhunderts. In einem solchen von Eitelkeit und Macht-/Geldgier beherrschten sozialen Ambiente kann man letztlich, wie Julien Sorel es vorlebt, nur mit einer List der Ohnmacht, der Hypokrisie, dem Ritual des sozialen Aufstiegs frönen.

Lucien Leuwen

Auch in Stendhals unvollendet gebliebenem Roman *Lucien Leuwen* (entstanden zwischen 1836 und 1839, und erst 1894 in einer zumal unzuverlässigen Ausgabe das erste Mal veröffentlicht) ist die kritische Darstellung, diesmal der Gesellschaft der Julimonarchie, zentral. Das erste Kapitel führt in das Milieu ein, aus dem Lucien stammt. Er wurde von der *Ecole Polytechnique* gejagt, weil er angeblich Republikaner sei. Im Gegensatz zu Julien gehört er aber einer reichen Bankiersfamilie an. Sein Vater verkörpert die Pariser Bourgeoisie des *juste milieu*. So läßt sich Lucien gleich zu Beginn des Romans in typisch Stendhalscher Manier über seine Zeitgenossen aus:

»Et, d'ailleurs, si les Français ont du plaisir à être menés monarchiquement et tambour battant pourquoi les déranger? La majorité aime apparemment cet ensemble doucereux d'hypocrisie et de mensonge qu'on appelle *gouvernement représentatif*« (Stendhal, Ausg. Pléiade, Bd. I, S. 768f.).

Wie schon *Le Rouge et le Noir* durchzieht den Roman die spezifische Atmosphäre der politischen Fraktionierung der französischen Gesellschaft mit ihren aristokratischen und großbürgerlichen Vertretern und mit dem für die Julimonarchie charakteristischen Meinungs- und Wertespektrum zwischen Ultra-Royalismus, Legitimismus und Liberalismus (vgl. dazu Kap. II. dieses Bandes). Das provinzielle Klima in Nancy mit seinem legitimistischen Bürgertum und seinem »*ignoble juste-milieu*« (ebd., S. 840) sind Lucien zutiefst zuwider. Letztlich ist der Titelheld von allen im Roman geschilderten Gesellschaftskreisen abgestoßen, vom Adel und Bürgertum, von den Republikanern, von der »canaille« (ebd., S. 838). Und auch für die Republik kann er sich im Grunde nicht begeistern: »Ceci me montre que je ne suis pas fait pour vivre sous une république; ce serait pour moi la tyrannie de toutes les médiocrités ...« (ebd., S. 854). Wenn sich Lucien am Ende nach der unerquicklichen Episode mit der affektierten Pariser Salondame Madame Grandet nach Italien begibt, nachdem diese ihm eine Pension von 12000 Franken angeboten hatte, damit er sie, die sterblich in Lucien Verliebte, viermal in der Woche besuche (ebd., S. 1381), dann wirkt dies wie eine Flucht vor der Hohlheit und Mediokrität der Juste-Milieu-Gesellschaft, in der sich der Romanheld nur als Outsider empfinden kann.

La Chartreuse de Parme

Die 1839 erschienene *Chartreuse de Parme* kann im Gegensatz zu den vorausgehenden Romanen nur sehr bedingt als ein Roman gelten, der die Hauptfiguren vor dem Bedingungshintergrund der zeitgenössischen italienischen Gesellschaft darstellt. Stendhal greift die in den italienischen Novellen behandelten Themen und Motive (*Chroniques italiennes*), die zwischen 1837 und 1839 erschienen, auf und verarbeitet diese zu einem handlungsreichen Tableau des politisch-gesellschaftlichen Lebens im Italien der postnapoleonischen Ära. Dieses erscheint allerdings unauthentisch, da Stendhal in seinem Roman Charaktere und Handlungsmuster aus der italienischen Renaissancezeit in die Gegenwart versetzt. Wie in *Le Rouge et le Noir* wird in der *Chartreuse* zwar wiederum das zeitkritische Oppositionsschema von konservativen und liberalen Kräften und Strömungen verwandt; man findet auch den Antagonismus von der Napoleonverklärung (besonders in Kap. 1 »Milan en 1796«) und von postnapoleonischer politischer Dekadenz wieder. Andererseits agieren die Romangestalten, die höchste politische Ämter bekleiden, nicht gemäß dem Italien des Risorgimento des 19. Jahrhunderts, sondern wie die heldischen und tragikomischen Figuren einer monumentalen *opéra bouffe* und eines *drame sérieux* in einem. Hugo Friedrich hat zu Recht darauf hingewiesen, daß es »völlig irrig wäre, die *Chartreuse* zu deuten als eine Schilderung italienischer Gesellschaftsverhältnisse des beginnenden 19. Jahrhunderts, so wie die voraufgegangenen Romane in der Tat Analysen der französischen Gesellschaftsverhältnisse sind« (Friedrich, 1966, S. 78). Allenfalls ist der Roman »eine spielerische Komödie mit Anklängen an die eigene Zeit« (Felten, 1979, S. 57). Abgesehen vom ersten Kapitel und mit Einschränkungen von Kap. 2, in dem der Machtverfall Napoleons und die Reaktion des Marquis del Dongo, des konservativen, österreichtreuen Vaters von Fabrice, analysiert werden, erscheint die *Kartause von Parma* geradezu ›romanesque‹ im Sinne von ›extraordinaire, fabuleux‹. Dieser Eindruck verstärkt sich noch durch den pikaresken Rhythmus, in dem Handlung und Episoden aufeinander folgen (vgl. auch Brombert, 1968, S. 151). Judd D. Hubert spricht in diesem Zusammenhang von einer »devaluation of reality« in der *Chartreuse* (Hubert, 1962, S. 95). Stendhals Charaktere sind hier derart intrigante, von Machtgier und Aufstiegsbesessenheit, von Liebespein und heroischer Spontaneität, von Kriechertum und Angstneurosen befallene und geplagte italienische Prinzen, Grafen, Minister, Herzoginnen, Generäle usw., daß sie allenfalls ein »fantasy Italy« (Brombert, 1968, S. 153) konstituieren.

Die meistkommentierte Episode des Romans wird in Kap. III und IV geschildert, die in der Literaturgeschichte als ein Meisterstück realistischer Darstellung gilt. Hier ist jedoch Vorsicht in der Bewertung geboten. Im Gegensatz zur monumentalen, aus der Panoramaperspektive des allwissenden Erzählers geschilderten Waterlooschlacht in Victor Hugos *Misérables* (Buch 1, 2. Teil) setzt Stendhal in seiner Darstellung der Schlacht seine Spiegelästhetik konsequent in die Schreibpraxis um, indem er Fabrice del Dongo die Schlacht aus seinem begrenzten Gesichtsfeld und seiner subjektiven Erlebensperspektive schildern läßt. Hier muß man aber die Technik der »focalisation externe« oder, in der Terminologie von Georges Blin (1954), der »restriction du champ«, von der Konzeption und Rolle des Romanhelden Fabrice in der Schlacht unterscheiden. Wenn einerseits die Perspektiventechnik Stendhals eine Fraktionierung und eine verzerrte, subjektive Evaluierung des Schlachtgeschehens durch den Augenzeugen Fabrice bewirkt (was für den Leser als eine Wirklichkeitsillusion hervorrufend, das heißt als ›realistisch‹ empfunden werden mag), so ist die Konzeption des jugendlichen Helden Fabrice mit dem Konzept der realistischen Einbettung der Romanfigur in ein spezifisches Milieu nicht vereinbar. Wie ein Candide des 19. Jahrhunderts durchlebt Fabrice die schrecklichen Details der Schlacht, an der er als ›tumber Tor‹ wie zufällig teilnimmt. Dabei hat er das unwahrscheinlich scheinende Glück des ignoranten Tölpels auf seiner Seite, da er im dichten Kanonen- und Kugelhagel gerade mal leicht verwundet wird. Die Waterloo-Beschreibung wird somit zu der perspektivischen Beschreibung eines Initiationsrituals, in dem die didaktische Intention der Entmythisierung des militärischen Großereignisses mit der unverhüllten Ridikülisierung des Junghelden Fabrice durch den Erzähler einhergeht. Von dessen litaneiartig vorgetragenem Wunsch ›je veux me battre‹ bleibt für den

Leser als Resultat der Schlachterfahrung nur der ironische Befund des Erzählers, daß Fabrice eine sehr unheldische Figur abgegeben hat: »J'ai vu le feu! Se répétait-il avec satisfaction. Me voici un vrai militaire«; »Il n'y comprenait rien du tout« (Stendhal, Ausg. Pléiade, Bd.II, S. 64).

Insgesamt gesehen ist die Personenkonzeption in der *Chartreuse* im Vergleich zu den voraufgehenden Romanen Stendhals insofern verändert, als hier die Repräsentanten von Politik und Gesellschaft in das Zentrum der Intrige gerückt sind und zugleich das Sozialtypische zugunsten des Allgemeinmenschlichen in den Hintergrund tritt. Mosca, Ranuci-Ernesto, Rassi, die Sanseverina handeln und fühlen nicht souverän ›staatsmännisch‹, sondern als von Leidenschaft, Machtgier oder Minderwertigkeitsgefühl getriebene Menschen, deren Hauptbeschäftigung das Ränke- und Intrigenspiel zur Durchsetzung individueller Obsessionen ist. Damit ist ein grundsätzliches Charakteristikum der Stendhalschen Romane angesprochen, das intensive Streben des Individuums nach Verwirklichung seiner Glücksvorstellungen.

2. Charakterzeichnung und Formenpluralismus

Die typische Ausprägung des Stendhalschen Realismus liegt in der Verschränkung der außergewöhnlichen Psyche seiner Gestalten mit den zeitgenössischen Gesellschaftsmilieus. Emile Zola geht in *Les Romanciers Naturalistes* (1881) so weit zu behaupten, Stendhal sei fast ausschließlich Psychologe und würde seine Figuren als vorherrschend rational, also nicht sozial geprägte Menschen gestalten. »Stendhal est avant tout un psychologue« (Zola, *Les Romanciers naturalistes*, S. 72). Andererseits bewirkt die von Stendhal durchgängig verwandte Perspektiventechnik im Roman die enge Verzahnung von sozialer Welt und deren subjektiver Wahrnehmung durch das Individuum (vgl. auch Becker, 1992, S. 38).

Nach Aussagen seines Freundes Prosper Mérimée hat Stendhal auf die Frage nach seinem Beruf die Antwort gegeben, er sei ein »observateur du coeur humain« (Mérimée, 1894, S. 180). Nicht von ungefähr hat man in dem, was man Beylismus und was Stendhal selbst Egotismus genannt hat, grundlegende Charakterausprägungen seiner literarischen Gestalten ausgemacht und somit die These von deren vorherrschend psychischen Determinierung erhärtet. Auch der erklärte Wille Stendhals, sich an die »happy few« zu wenden (vgl. den Schlußsatz von *La Chartreuse de Parme* und die Widmung von

Lucien Leuwen), scheint die Außergewöhnlichkeit der Ideale und der Handlungsmuster seiner Romanpersonen zu unterstreichen und auf die Einmaligkeit, wenn nicht Exzentrizität seiner Charaktere zu verweisen. Dies in dem Sinne, daß sie einen Sonderfall menschlichen Verhaltens darstellen, so daß sie in ihrer Außergewöhnlichkeit, also Nichtrepräsentativität nur von einer exklusiven Leserschaft der *happy few* gewürdigt werden könnten. Der am Ende des 19. Jahrhunderts so bezeichnete Beylismus verweist ja auf den sich in einem bemerkenswerten Individualismus äußernden Sonderstatus der Stendhalschen Romanfiguren, die sich durch Naivität, unkonventionelles Denken, spontanes Handeln und durch die kühne, das persönliche Glück absolut setzende Tat als *hommes et femmes supérieurs* von dem repräsentativen Sozialtypischen abheben. Stendhals Figuren kennzeichnet ein hohes Maß an Übereinstimmung mit dem exklusiven Stendhal der *Souvenirs d'égotisme* (entstanden 1832 und erschienen 1892), insofern seine eigene »chasse au bonheur« (vgl. Stendhal, *Corr.*, Bd. III, S. 394) und seine Manie, von sich selber zu sprechen und seinem Geltungsbedürfnis Ausdruck zu verleihen (dies sind ja auch die Bedeutungen des englischen Wortes *egotism*, mit dem Stendhal die Tendenz zur Analyse seines Selbst bezeichnet), auch auf seine Figuren in hohem Maße zutrifft.

Es wäre an dieser Stelle also geboten, die tragenden Gestalten im Romanwerk Stendhals, ihre Entwicklung, ihr Naturell und ihre Handlungsmuster einmal mehr Revue passieren zu lassen. In unserer Synthese zum französischen Realismus soll jedoch insbesondere der Kernfrage nachgegangen werden, in welcher Weise die Personenkonzeption und die Darstellungstechniken über die besonderen Erscheinungsformen des Beylismus und Egotismus hinaus Stendhal als den ersten großen Vertreter des literarischen Realismus in Frankreich ausweisen.

Vordergründig betrachtet erscheinen die Romanfiguren Stendhals als einer ›statistisch signifikanten‹ Verhaltensnorm völlig entgegengesetzt; ihre gesellschaftliche Repräsentativität ist auf den ersten Blick von sekundärer Bedeutung. Octave Malivert in *Armance* ist wegen seiner juvenilen Impotenz psychisch gestört; Julien Sorel leidet an einem pathologisch auffälligen sozialen Minderwertigkeitskomplex, der sich in übersteigerter Hypokrisie und exzentrischen Handlungsmustern äußert; Mathilde de La Mole fällt als Mitglied der Pariser Hocharistokratie mit ihrem familialen Heldenkult und vor allem mit ihrer von einem Unterschichtler ›verursachten‹ Schwangerschaft völlig aus dem Rahmen restaurativer Wohlanständigkeit; Lucien Leuwen plaziert sich außerhalb aller gesellschaftlichen Klassen, fühlt sich vom Adel, vom Bürgertum, von den Republikanern abgestoßen und findet erst im selbstgewählten ›Exil‹ jenseits der französischen Grenzen zu sich selber. Und Fabrice del Dongo schließlich – wie auch die Sanseverina und Mosca – verkörpern die »happy few« außergewöhnlicher, leidenschaftsgetriebener Charaktere, die einer fernen Epoche der italienischen Geschichte entlehnt erscheinen. Worin sind diese einmaligen Personen also als realistische Romanfiguren zu bewerten? Sind die Stendhalschen Gestalten nicht vielmehr durch einen extremen Individualismus gekennzeichnet, der sie zu Archetypen allgemeinmenschlichen Verhaltens und Fühlens erhebt, im Sinne der Aristotelischen, für das Menschsein grundsätzlich repräsentativen Charakterzeichnung? Ist deren »recherche du bonheur« nicht Ausdruck der existentiellen Sinnsuche schlechthin? Oder anders gefragt: wird in den Romanen Stendhals das Problem der Selbsterkenntnis des Individuums durch eine ideale, uneigennützige Liebe und durch die Verdrängung sozialer Vorurteile zur Erlangung persönlicher Freiheit nicht zum Leitthema erhoben? Dies sind Fragen, die man sich in bezug auf das Verhältnis von Gesellschaft und Individuum in den Romanen Stendhals stellen muß. Es scheint fast so, als ob Stendhal den freien, klassenunabhängigen Willensakt des Individuums als Quintessenz seiner Romanfiktion anbietet. Um so mehr könnte man folglich seine Zuordnung zum literarischen Realismus in Zweifel ziehen oder lediglich auf die literarische Verarbeitung der zeitgenössischen Gesellschaftsverhältnisse begrenzt sehen. Demzufolge wäre Julien nicht primär ein »type social«, sondern die Inkarnation des »homme supérieur«, der mit seiner Exekution der Leserschaft signalisiert, daß das sensible Individuum in der klassenorientierten Gesellschaft von 1830 im Akt seiner physischen ›Eliminierung‹ endgültig zu sich selbst findet.

Ein solcher Erklärungsansatz macht deutlich, daß Stendhal durchaus noch in der Tradition des klassischen, analytischen Romans à *La Princesse de Clèves* gesehen werden kann. Seine Gestalten sind ohne Zweifel von archetypischen Motivationen wie Ehrgeiz, Eitelkeit, Machtstreben, Heuchelei, Minderwertigkeitsgefühl und natürlich auch von authentischer Liebe getrieben. Octave leidet, wie wir sahen, unter seiner physiologischen Unnormalität, Julien unter seinem krankhaften Minderwertigkeitsgefühl, Mathilde unter dem Syndrom elitärer Gelangweiltheit und Lucien Leuwen unter der Aversion gegen die gesellschaftliche Mediokrität.

Diese allgemeinmenschliche Problematik von der Unvereinbarkeit zwischen individuellem Streben und sozialem Sein wird bei Stendhal jedoch in einer Weise abgehandelt, die in der französischen Literatur einen neuen Romantyp und eine differenzierte Erzählweise begründet. Wenn Stendhal den Leser mit einer Fülle von disparaten

Informationen geradezu »bombardiert« (Hamm, 1986, S. 100), so fügen sich diese auf einer übergeordneten Ebene zu einem lebendigen Zeitzeugnis und Porträt der französischen Gesellschaft. Es wäre verfehlt zu behaupten (vgl. Crouzet, 1985, S. 83), daß Stendhals Tendenz zur Detaillierung und zur Partikularisierung der Helden zu einem »falschen« Gesamtbild führte. Aus dem Befund, die Wirklichkeit bei Stendhal werde nur durch eine unkontrollierte Fülle von Details wiedergegeben, abzuleiten, daß »le général est faux« (ebd.), ist wenig überzeugend. Es ist unstrittig, daß die Protagonisten Stendhals durch ihre zum Teil widersprüchlichen und äußerst differenzierten Charakterzüge, durch ihre Äußerungen und Handlungsweisen stark individualisiert werden. Nur sind die Introspektionen (vgl. dazu Blin, 1958, S. 425-541), Handlungen und Schicksale entschieden von dem historischen Ambiente geprägt, in dem sich das Einzelwesen bewegt. Die Fixierung der Romangestalten auf ein subjektives Glückskonzept und ihr Status als außerordentliche Helden werden in Stendhals Gegenwartsroman, wenn auch in unterschiedlicher Intensität, für den Leser stets vor dem Hintergrund einer besonderen geschichtlichen ›Kolorierung‹ erfahrbar gemacht. Juliens Ehrgeiz, Empfindlichkeit und Hypokrisie sind nicht exzessive Charakterzüge, sondern durch die Restaurationsgesellschaft induzierte Verhaltensstrategien. Auch wenn Julien sich nicht normenkonform verhält und den ›code social‹ am Ende seines Lebens, auf dem Höhepunkt seiner Ich-Findung, verwirft, so begreift er sich doch immer, und wir als Leser mit ihm, als ein Produkt seiner Welt und des geschichtlichen Moments, in dem er lebt und leidet. In *Le Rouge et le Noir* ermöglicht die individuelle Alterität des Julien die Kritik an dem sozialen Kollektiv. Subjektiver Sonderstatus und gesellschaftliche Wirklichkeit, in diesem komplementären Oppositionssystem leben und handeln die Stendhalschen Romanfiguren. Julien Sorel wäre nur ein exzentrischer, also beliebiger Romanheld, erhielten seine Gefühle und häufig überzogenen Reaktionen nicht aus der Restaurationsepoche ihre Motivierung und Erklärung. Erst aus der Atmosphäre aufstiegsfeindlichen Kastendenkens vor der Julirevolution wird die Figurenkonzeption eines Julien Sorel begreifbar. Desgleichen ist das Verhältnis von Julien und Mathilde in hohem Maße durch die restaurative Wertewelt determiniert. Juliens Schicksal, seine Eroberungsstrategien bei Madame de Rênal und Mathilde de La Mole, seine resignative Läuterung und Selbstfindung im Gefängnis gewinnen erst vor dem Hintergrund restaurativer Standes- und Machtpolitik an Transparenz.

Ebenso wird Octave de Malivert einerseits zum psychischen Sonderfall, andererseits wird seine Neurose von den konservativen

Adelszirkeln des Jahres 1827 konditioniert. Eine Ausnahme bildet hier zweifellos Fabrice del Dongo und die übrigen Figuren von *La Chartreuse de Parme*, deren Naturell eher eine exemplarische Universalität auszeichnet als eine genuin zeittypische Prägung. Selbst eine Mathilde de La Mole, die wohl außergewöhnlichste Gestalt im Romanwerk Stendhals, bezieht ihre Identität und charakterliche Komplexität aus dem vom Erzähler evozierten historischen »Moment«, wie Hippolyte Taine später sagen wird. Der freie, klassenunabhängige Willensakt Mathildes ist ja erst aus ihrer Opposition gegen die Wertewelt der Gesellschaftskaste zu verstehen, der sie selber angehört. Ihre Protesthaltung und ihre für die Zeitgenossen kaum nachvollziehbare Normenverletzung sind auf dem Boden der selektiven und elitären Abgrenzungsmechanismen des dünkelhaften Hochadels der Zeit entstanden.

Somit erfüllen die Romane Stendhals die von Georg Lukács prioritär gesetzte Grundvoraussetzung des realistischen Romans, gemäß der die Romanpersonen zum Typus werden, wenn »alle menschlichen und gesellschaftlich wesentlichen, bestimmenden Momente eines geschichtlichen Abschnittes [in ihm] zusammenlaufen« (Lukács, 1952, S. 8). In der Gestaltung der Psyche der Stendhalschen Romangestalt ist also stets das Allgemein-Menschliche mit dem Sozial-Typischen einer gegebenen geschichtlichen Periode kombiniert. Die Psyche gewinnt erst an Kontur durch ihre Harmonie oder ihre Disharmonie mit einem allmächtigen gesellschaftlichen Kontext.

Am Sonderfall des Erzählerkommentars zur Person Mathildes in *Le Rouge et le Noir* läßt sich die Entsprechung bzw. Antinomie zu dem gesellschaftlichen und literarischen Erwartungshorizont aufzeigen: Mathilde erscheint auch dem Erzähler/Autor derart antikonformistisch und extrem, daß er seine weibliche Heldin in folgender Weise kommentiert:

»Ce personnage est tout à fait d'imagination, et même imaginé bien en dehors des habitudes sociales qui parmi tous les siècles assureront un rang si distingué à la civilisation du XIXe siècle« (Stendhal, Ausg. Pléiade, Bd.I, S. 556).

Die schöpferische Leistung des Autors («personnage d'imagination«) impliziert jedoch nicht, daß Mathilde de La Mole eine schlechthin ›romaneske‹ Figur verkörpert; ihre rigorose Anti-Haltung ist nur Ausdruck ihres Willens zur Selbstbefreiung von den Fesseln und Tabus der aristokratischen Retaurationselite, der sie ihren weiblich-intellektualistischen Selbstbehauptungsdrang entgegenstellt. Mathilde, Julien, Octave wie auch Lucien präsentieren dem Leser ihr besonderes Naturell also stets innerhalb der Szenerie der neugeordneten Gesellschaft im nachnapoleonischen Frankreich.

Eine insgesamt zutreffende und informative Zusammenschau der verschiedenen Bedeutungsstränge in *Le Rouge et le Noir* wird in der Studie von John Mitchell (1973) geboten. Mitchell beleuchtet vor allem auch das Verhältnis von Figurenkonzeption und *liberté/égalité*-Ideal und diskutiert die Frage, ob Stendhal in seinen Romanen das grundsätzliche Problem der Unfähigkeit des Individuums, in der Gesellschaft zu leben, thematisieren wollte (vgl. ebd., Kap. III, S. 50-60).

Stendhals Bedeutung für die Entwicklung des französischen Romans im 19. Jahrhundert läßt sich voll ermessen, wenn man *Le Rouge et le Noir* an der romantischen Romanproduktion mißt, wie z.B. an *Adolphe* (1816) von Benjamin Constant oder an den frühen Werken George Sands *Indiana* (1832), *Lélia* (1833) und *Jacques* (1834). In dieser Perspektive wird man sogenannte Defizite bei Stendhal relativieren müssen. So gibt es in seinen Romanen noch keine Beschreibungskataloge, wie sie für Balzacs realistische Schreibweise typisch sind. Andererseits kultiviert er das *petit fait vrai* im Sinne einer genauen Analyse einer Leidenschaft oder einer besonderen Lebenssituation (»Le public ... veut un plus grand nombre de *petits faits vrais*, sur une passion, sur une situation de la vie etc.«, Stendhal, *Corr.* III, S. 402). Die Romangestalten werden nur selten in ihrem äußeren Erscheinungsbild in Form eines Porträts vorgestellt – so z.B. Julien Sorel in Kap. I.4 von *Le Rouge et le Noir* (Stendhal, Ausg. Pléiade, Bd.I, S. 233). Stendhal hat im übrigen nach einer neuerlichen Lektüre seines Romans im Jahre 1840 in einem handschriftlichen Vermerk dieses Defizit angesprochen: »Il manque la description physique et pittoresque des personnages« (ebd., S. 1459). In seiner Erwiderung auf Balzacs im ganzen sehr positive Besprechung der *Chartreuse de Parme* kokettiert Stendhal mit seinem spontan-naiven Vorgehen bei der Abfassung eines Romans: »Je n'avais jamais songé à l'*art* de faire un roman (...); en écrivant des plans je me glace« (Stendhal, *Corr.* III, S. 393). Die *Chartreuse* hat er in »60 oder 70 Tagen« (ebd., S. 394) diktiert, und zwar in der Überzeugung, daß er auf diese Weise »wahrer, natürlicher« sei, »plus digne de plaire en 1880« (ebd., S. 395). So erklärt sich auch die assoziative, zum Teil sprunghafte Romanstruktur, die anstelle einer strengen Durchkomposition von einer zuweilen willkürlich wirkenden, additiven Episodenreihung bestimmt ist. Die spontane Kreation führt bei Stendhal – kaum eine kritische Würdigung seines Werkes übergeht diesen Aspekt – zu einem wenig ausgefeilten Stil (Heitmann spricht von einer »ungepflegten« Schreibweise, 1979, S. 37), der nach dem Selbstverständnis Stendhals als bewußter ›Gegenstil‹ gegen die deklamatorische Rhetorik eines Chateaubriand zu begreifen ist. »A 17 ans j'ai failli me battre en duel pour *la cime indéterminée des forêts* de M. de Chateaubriand ...« (Stendhal, *Corr.* III, S. 401).

Georges Blin hat in seiner auch heute noch grundsätzlichen Untersuchung (1954) die von Stendhal systematisch verwendete Perspektiventechnik in exemplarischer Weise analysiert und in der modernen Literaturkritik den Grundstein zur Ausbildung der Theorie der »focalisation« (Genette, 1972, S. 203ff.) gelegt. Stendhal ist der erste französische Romancier, der diese Technik vor allem in Form der »focalisation externe« perfektioniert, indem er die Außensicht der Phänomene und der Welt auf den Blickwinkel eines subjektiven Beobachters einengt. Es ist diese Technik der eingeschränkten Perspektive der Romangestalt, die seinen Romanen einen realistischen Tenor verleiht, insofern Wirklichkeit ja immer eine über die Sinne eines Individuums geschaute und über dessen Bewußtsein erfaßte ist. Der Terminus ›realistisch‹ ist hier nicht stofforientiert, bezieht sich also nicht auf ›den Romangegenstand, sondern auf das Verfahren der Annäherung der Romantechnik an die Realität der subjektiven, fraktionierten Perzeption von Wirklichkeit durch das schauende und das Geschaute verarbeitende Individuum. Die Grundprämisse, daß Realität in der Empirie immer nur über den Katalysator des perzipierenden Subjekts erfahrbar ist und folglich in Einzelphänomene parzelliert wird, findet bei Stendhal eine Entsprechung in der diesem Faktum angepaßten Point-of-viewTechnik. Sein Programm des Romans als Spiegel, der das, ›was ist‹, dokumentiert, findet folglich seine Entsprechung in der Spiegelung dessen, was von der ›Realität‹ die Romangestalten konkret visuell oder erlebensmäßig aufnehmen.

Es ist hier nicht der Ort, die diversen Funktionen und Aspekte der Perspektiventechnik Stendhals im einzelnen darzulegen. Georges Blin (1954, S. 113-176) soll hier stellvertretend für andere als die wichtigste einführende Analyse zu diesen Aspekt genannt sein. Einzugehen ist jedoch auf die für das Romanwerk Stendhals charakteristische Unvereinbarkeit von realistischen und ›nicht-realistischen‹ Erzählverfahren. Wenn man auf der Ebene der Stoffwahl und der Kombination von Romangestalt und sozialem Hintergrund Stendhal eine originelle Vorgehensweise bescheinigen kann, so ist dies im Bereich der von ihm verwandten Erzählverfahren *insgesamt* betrachtet nur bedingt der Fall, da er einen disparat wirkenden Formenpluralismus pflegt. Dies gilt insbesondere für eine Reihe von Binnenepisoden von *Le Rouge et le Noir*, die unterschiedlichen Genres zuzuordnen sind. Der Roman beginnt in der Manier einer im Präsenz gehaltenen Touristenführung durch Verrières, das ein fiktiver Reisender in Augenschein nimmt (1. Teil, Kap. 1). Ein Satz wie: »Cette vue [les collines de la Bourgogne] fait oublier au voyageur l'atmosphère empestée des petits intérêts d'argent dont il commence à être asphyxié« (Stendhal, Ausg. Pléiade, Bd.I, S. 220) unterstreicht den auktorialen Charakter der hier vom Autor bevorzugten Erzählweise und wirkt fast noch wie ein Bestandteil einer im literarischen Realismus später völlig unüblichen Rahmenerzählung. Zuweilen gerät dem Erzähler die Darstellung der Liebesbeziehung von Julien und Madame de Rênal zu einer echten Komödienszene, so am Schluß des ersten Teiles, als der gehörnte Ehemann M. de Rênal seine Frau und Julien in flagranti überrascht und letzterer gerade noch Zeit hat, sich unter dem Canapé zu verstecken. Zudem entkleidet sich Madame de Rênal kaltblütig vor den Augen des Ehemannes, um mit ihrem Kleid Juliens kompromittierenden Hut auf dem Stuhl abzudecken. Diese Szene steht Molières *Tartuffe* und Beaumarchais' *Mariage de Figaro* an Situationskomik in nichts nach. Überhaupt wirken die nächtlichen Besuche Juliens bei seinen beiden Mätressen, weil sie in Form des ›Fensterlns‹ vonstatten gehen und mit nicht geringem materiellen Aufwand verbunden sind (man denke nur an das mehrfach wiederkehrende Leitmotiv der sperrigen Leiter), ›unrealistisch‹ und zum Teil komisch übersteigert.

Der Eindruck des Formenpluralismus verstärkt sich vollends durch das für Stendhal typische Ineinander von auktorialen und personalen Erzählverfahren. Einerseits erfährt man als Leser in Kap. 21 und 22 in der Verschwörungsepisode der Ultras nicht, was da eigentlich gespielt wird, weil der Leser die Szene nur aus dem »point de vue« Juliens erfährt, also keine Aufklärung von einem allwissenden Erzähler erhält, zum anderen tritt in *Le Rouge et le Noir*, wie in allen Romanen Stendhals, regelmäßig ein allwissender, persönlicher Erzähler in Erscheinung, der in Form von »interventions du dedans« oder »intrusions du dehors« (Blin, 1954, Teil III) die Wirklichkeitsillusion stört, wenn nicht zerstört. Die karikierende Überzeichnung der Romangestalten, zumal die Tendenz zu totaler Negativzeichnung der exponierten Repräsentanten der Gesellschaft; die ständige Beurteilung der Romanfiguren durch den Erzähler; die Kommentierung seiner eigenen Erzählerintention zur Lenkung der Leseraufmerksamkeit oder aus apologetischen Gründen zur *captatio benevolentiae* des Lesers; Identifizierungs- oder Antipathiebekundungen, die sich in milder Ironie, spöttischem Lakonismus oder unverhülltem Sarkasmus kundtun: kurzum, die Erzählereinmischungen sind ein markantes Markenzeichen des Stendhalschen Romans. Seine Schreibweise entspricht also nicht dem »subjektiven Realismus« eines Gustave Flaubert, dessen Dogma von der Unpersönlichkeit des literarischen Kunstwerks auch konsequent romantechnisch und stilistisch in die Praxis der *écriture* umgesetzt wird.

Bei Stendhal begegnen wir auf der Ebene der Romantechnik dem gleichen Prinzip, das auch insgesamt seine Romane strukruriert: das Oppositionsprinzip. Die erzähltechnische Spannung zwischen der »non-focalisation« und der »focalisation« findet in seinen Romanen ihr Pendant in einem differenzierten Kontrastsystem auf inhaltlicher Ebene. Hier nur eine Auswahl von typischen Oppositionspaaren: die dem Napoleonkult zugeordnete Farbe ›rot‹/ das die Restauration repräsentierende ›schwarz‹ der Priestersoutane; Stadtmilieu/Provinzmilieu; Madame de Rênal/Mathilde de La Mole; der Traum von Freiheit/das Gefängnis; gesellschaftlicher Schein/individuelles Sein; innere Motivation/äußerliches Handeln; ›sincérité‹/›hypocrisie‹. Zumal die Distanz von Glückserwartung und Desillusion äußert sich leitmotivisch im Werk Stendhals in der Formel: »Mon Dieu! Être heureux, être aimé, n'est-ce que ça?« (Stendhal, Ausg. Pléiade, Bd. I, S. 299), wie auch der junge Soldat Beyle nach der von ihm neugierig erwarteten Überschreitung des Saint-Bernard-Passes in der *Vie de Henry Brulard* ausruft: »Quoi! Le passage du Saint-Bernard *n'est-ce que ça?*« (Stendhal, *Vie de H. Brulard*, Coll. 10/18, S. 448).

Am 10. Januar 1831 schreibt Balzac in einem seiner *Lettres sur Paris* über *Le Rouge et le Noir*, Stendhal habe das Menschenherz beleidigt («Stendhal vient de froisser le cœur humain«, Balzac, *Oeuvres complètes*, Bd. 22, S. 459). Im Jahre 1901 bezeichnet ein gewisser Eugène Loudun in seiner Studie *Traditions françaises* Stendhals Romanpersonen als »infectés«, und ein Kritiker namens C. Lecigne spricht in einem Artikel (1908) von Julien Sorel als einem »monstre«. Die Kritik richtet sich zur Zeit Stendhals und zu Beginn des 20. Jahrhunderts noch weitgehend gegen die Personenkonzeption der Stendhalschen Romane, die aus der schwierigen Persönlichkeit des Autors abgeleitet wird. Erst in neuerer Zeit wird Stendhals Originalität in der Verschränkung von Subjekt und Gesellschaft gesehen und ein Julien Sorel nicht als die Inkarnation unmoralischen Heuchlertums rezipiert, sondern als Produkt einer historischen Epoche, in der die Hypokrisie zum unabdingbaren Verhaltenscode eines Individuums gehört, um ›gesellschaftsfähig‹ zu werden (vgl. auch Albert, 1987, S. 400f.). In dem Spannungsverhältnis von Romangestalt und Gesellschaft entfaltet sich bei Stendhal das Romangeschehen; aus der Interdependenz von individueller Motivation bzw. Handlungsweise und den Defiziten des realgesellschaftlichen Zustandes erhält sein Roman seine realistische Kolorierung. Damit eignet seiner Prosa eine ausgeprägte kritische Funktion, die darin zum Ausdruck kommt, daß sich der Leser über die konkreten Erscheinungsformen gesellschaftlicher Veränderung in der nachnapoleonischen Ära in Frankreich bewußt wird. Und in dieser kritischen Funktion sehen wir das Spezifikum realistischen Schreibens bei Stendhal.

V. Honoré de Balzac (1799-1850)

1. Giederung der ›Comédie humaine‹ und Überblick über die bedeutendsten Romane Balzacs

Als Balzac am 2. Oktober 1841 einen Vertrag mit dem Verlegerkonsortium Furne, Hetzel, Dubochet und Paulin über die Herausgabe seiner *OEuvres complètes* zeichnet, gibt er seinem monumentalen Werk den Titel *La Comédie humaine*, in Anspielung auf Dantes *Divina Commedia*. Im auf Drängen Hetzels verfaßten »Avant-propos« zu der 1842 erscheinenden Gesamtausgabe informiert Balzac seine Leserschaft über die politischen, philosophischen, wissenschaftlichen und literarästhetischen Grundprinzipien, die er in seinen Romanen darlegen möchte. Die »menschliche Komödie« soll, so führt er am Schluß seines Vorwortes aus, »die Geschichte und die Kritik der Gesellschaft, die Analyse ihrer Mängel und eine Diskussion ihrer Prinzipien« enthalten (Balzac, *La Comédie humaine*, Bd. I, 1976, S. 20). Der im Titel zum Ausdruck kommende Anspruch auf Universalität von Balzacs Unternehmen spiegelt sich in dem umfänglichen Katalog von 1845, der eine detaillierte Werkgliederung enthält (vgl. ebd., S. CXXIII-CXXV). Von den dort angekündigten 137 Romanen hat Balzac ›nur‹ 91 vollendet. Er gliedert sein Gesamtwerk in drei Teile: *Etudes de moeurs, Etudes philosophiques, Etudes analytiques*; die »Sittenstudien« sind in weitere sechs Unterabteilungen aufgegliedert: *Scènes de la vie privée, Scènes de la vie de province, Scènes de la vie parisienne, Scènes de la vie politique, Scènes de la vie militaire, Scènes de la vie de campagne*. Balzac kommentiert die inhaltliche Ausrichtung der verschiedenen ›Szenen‹ aus den ›Sittenstudien‹ in seinem Vorwort zur *Comédie humaine* wie folgt:

»Les *Scènes de la vie privée* représentent l'enfance, l'adolescence et leurs fautes, comme les *Scènes de la vie de province* représentent l'âge des passions, des calculs, des intérêts et de l'ambition. Puis les *Scènes de la vie parisienne* offrent le tableau des goûts, des vices et de toutes les choses effrénées qu'excitent les moeurs particulières aux capitales ...« (ebd., S. 18).

Mit seinen Szenen aus dem politischen und militärischen Leben beabsichtigt Balzac, »les existences d'exception« zu zeichnen, um sich schließlich in den Szenen aus dem Landleben – die nur aus drei vollendeten Romanen bestehen – den »reinsten Charakteren« und

»den großen politischen und moralischen Prinzipien« zuzuwenden (ebd., S. 19).

Die Gliederung der ›menschlichen Komödie‹ ist themenbedingt unausgewogen: Den 64 vollendeten und 41 geplanten Werken aus dem Zyklus *Etudes de moeurs* stehen 27 *études philosophiques* gegenüber (davon fünf in Planung befindlich), und die *Etudes analytiques* umfassen insgesamt nur fünf Werke, von denen Balzac die *Physiologie du mariage* (1829) und die *Pathologie de la vie sociale* (1838) vollendet hat.

Seit der Veröffentlichung der beiden Bände der *Scènes de la vie privée* im Jahr 1830 hatte Balzac sich vorgenommen, mit seinem Werk ein umfassendes, möglichst vollständiges Bild der zeitgenössischen französischen Gesellschaft zu zeichnen, das zugleich die Gesellschaft der Menschen schlechthin repräsentieren sollte. Sein Unternehmen mit seinen 137 Titeln war so groß dimensioniert, daß selbst die Tatsache, daß er ›nur‹ zwei Drittel des geplanten Werkes vollenden konnte, eine herausragende schöpferische Leistung darstellt. Sein ausgeprägter Wille zur Universalität bei der literarischen Bestandsaufnahme der französischen Gesellschaft der Restauration und Julimonarchie kommt vor allem auch in den Romantiteln zum Ausdruck, die er nicht mehr bearbeitet hat. In den »Szenen des Privatlebens« war je ein Band für *Les enfants*, *Un pensionnat de demoiselles* und *Intérieur de collège* vorgesehen. In den »Pariser Szenen« fehlt u.a. ein Roman über *Le Théâtre comme il est*. In den »Szenen des politischen Lebens« hätte er noch das Thema *Comment on fait un ministère* abhandeln wollen. Vorgenommen hatte er sich in den »Militärszenen« auch eine Romanreihe über die Revolutionskriege und den Vendée-Aufstand, dazu Napoleons Ägypten- und Rußlandfeldzug, seine siegreichen Schlachten über die Österreicher bei Wagram (1809) und Dresden (1813).

Innerhalb des Romanuniversums Balzacs, das hier nur in repräsentativer Auswahl skizziert werden kann, haben die Literarhistoriker einige Werke als besonders bedeutend oder gelungen gewürdigt. Um ein Bild von der Vielfalt der von Balzac behandelten Themen, Milieus und Typen zu vermitteln, lassen wir im folgenden einige herausragende Werke in chronologischer Reihenfolge Revue passieren.

Zunächst *Les Chouans ou la Bretagne en 1799* (1829), einer von den zwei vollendeten Romanen der *Scènes de la vie militaire*, der die antirepublikanischen Aktionen der Bretonen im Jahr 1799 zum Gegenstand hat. Inspiriert von Walter Scotts historischen Romanen beschreibt Balzac vor dem Hintergrund der königstreuen Bewegung der ›Chouannerie‹ die Liebesbeziehung zwischen dem politisch denkenden Anführer der Chouans, dem Marquis de Montauran, und der romantischen Mademoiselle Verneuil, die im Auftrag der Republikaner den Marquis bespitzeln soll. Im Jahr 1830 erscheint *Gobseck*, die Charakterstudie eines reichen Geldverleihers, der seine Geldbesessenheit als Machtinstrument einsetzt, ohne jedoch von Balzac einseitig als Schurke gezeichnet zu werden. Verwandt mit der Thematik von *Gobseck* ist einer der bekanntesten Romane Balzacs, *Eugénie Grandet* (1834), der den berühmtesten Monomanen des Autors, den auf seinem Geld und Gold sitzenden Geizhals Grandet, porträtiert. Fast gleichzeitig erscheint *Le Père Goriot*, ein Roman, der ebenfalls eine Form von Besessenheit, die blinde Liebe eines Vaters zu seinen ihn schamlos ausplündernden Töchtern zum Thema hat. Vater Goriot will sich die Zuneigung seiner Töchter regelrecht erkaufen, erhält als Gegenleistung jedoch nur deren Gleichgültigkeit und Verachtung. In dem 1836 erscheinenden Roman *Le Lys dans la vallée*, wie auch in den *Mémoires de deux jeunes mariées* (1841/42), thematisiert Balzac das Gechlechterverhältnis anhand von besonderen Liebesbeziehungen, die in seinem Werk in die Grundthematik des geldgierigen, ehrgeizigen, von Macht- und Erfolgsstreben entfremdeten Menschen eingebettet sind. Die »Lilie im Tal« ist die zu engelhafter Reinheit stilisierte Adelige Madame de Mortsauf, eine typische ›mal mariée‹, die sich in ihrer unerfüllten Leidenschaft zu dem jungen Félix de Vandenesse verzehrt und an dieser unglücklichen Liebe zerbricht. In dem Briefroman »Memoiren zweier junger Frauen« werden am Beispiel der Louise de Chaulieu und der Renée de Maucombe zwei gegensätzliche Liebeskonzeptionen zur Zeit der Umbruchsperiode von der Restauration zur Julimonarchie gegenübergestellt. Die romantische Liebeskonzeption à la Louise ist zum Scheitern verurteilt, wohingegen Renée für eine im bürgerlichen Sinne erfüllte Vernunftbeziehung optiert. Balzac offenbart hier seine Sympathie für die Reformbestrebungen des bürgerlichen Feminismus zur Zeit der Julimonarchie. Der dreiteilige, zur Zeit der Restauration spielende Roman *Illusions perdues* (1837-1844) ist die fiktive Darstellung der Literatur-, Kunst- und Presseszene in der französischen Provinz und in der Hauptstadt Paris. Der Roman, der in den *Splendeurs et misères des courtisanes* (1838-1847) eine vierteilige Fortsetzung findet, vermittelt ein eindrucksvolles Bild von den Gesetzmäßigkeiten, die den sozialen Aufstieg in der französischen Gesellschaft der Restauration bestimmen.

Von den »Philosophischen Studien« sind insbesondere *La Peau de chagrin* (1831) und *Louis Lambert* (1832/1836) bekannt geworden. »Das Chagrinleder« behandelt im Anschluß an die Weltschmerzthematik von Chateaubriands *René* (1802) die Entwurze-

lung der jungen Intellektuellen- und Künstlergeneration im Julibür-
gertum und präsentiert die wundersame Geschichte des Raphaël de
Valentin, der sich mittels eines ›Sorgenleders‹ seine diversen Wünsche erfüllt; dies um den Preis, daß der Talisman bei jeder Wunsch-
erfüllung schrumpft. Im großen Mittelteil des Romans errichtet Balzac eine Art künstliches Paradies vom unaufhaltsamen Aufstieg und
persönlichen Glück des Helden, allerdings auf Kosten des immer
kleiner werdenden Chagrinleders, das Raphaël den unausweichli-
chen Tod signalisiert. Obwohl er sich angesichts der Gewißheit, daß
seine Lebensuhr abgelaufen ist, vor Lebensgier verzehrt, kann er seinem vorbestimmten Ende nicht entrinnen. Mit der Akzentuierung
der ›sensibilité‹ des Helden und der gleichzeitigen Betonung der
übernatürlichen Komponente und vor allem auch mit der Kontra-
stierung von Glück und Unglück, Lebensgier und Lebensüberdruß
wird *La Peau de chagrin* zu einem der eindrucksvollsten Romane der
Comédie humaine.

Louis Lambert, mit dessen Titelfigur sich Balzac offensichtlich
identifiziert, beschäftigt sich mit der Mystik Swedenborgs und handelt von der Dichotomie zwischen Denken und Leben, Denken und
Wille, zwischen der Innerlichkeit des Menschen und den Gesetzmäßigkeiten der Außenwelt. Die Originalität dieses von dem Philosophen und Denker Balzac konzipierten Romans liegt in seiner Überzeugung, daß der denkende, sich auf seine innere Tätigkeiten kon-
zentrierende Mensch über okkultistische Fähigkeiten verfügt, während der extrovertierte, sich an den Gesetzen der Außenwelt orien-
tierende Mensch einen Denker wie Louis Lambert nicht ernst nehmen kann. So endet der Roman auch damit, daß Lambert nach und
nach in einen Zustand des Wahnsinns gerät.

Balzac konnte sein Romanuniversum letztlich auch deshalb so
ausdifferenzieren, weil er sich aufgrund seines unsteten, ständig vom
Bankrott, von Schulden und Amouren geprägten Lebensstils in
ständigem Kontakt mit den verschiedenen gesellschaftlichen Schichten und Milieus befand. Die Biographie Balzacs gleicht in ihrer Be-
wegtheit der so mancher seiner außergewöhnlichen Romanfiguren
und ist bis heute ein bevorzugtes Feld der Balzacforschung. Sie ist
Bestandteil der zahlreichen Einführungen zu Balzac und zum Realismus und wird hier deshalb nicht nochmals dargelegt (vgl. hierzu
z.B. die Kurzbiographie mit tabellarischer Übersicht bei Aurégan,
1992, S. 5-10). Für eine umfassende Darstellung des Lebens und
künstlerischen Werdegangs Balzacs sei hier auf die Studien von André Billy (1944), Maurice Bardèche (1980), auf die detaillierte Zeit-
tafel zum Leben und Werk Balzacs von Roger Pierrot (*La Comédie
humaine*, Bd. I, 1976, Ausg. Pléiade, S. LXXVII-CXVII) und vor al-

lem auf die große Balzacbiographie von Roger Pierrot (1994) verwiesen.

2. *Das gesellschaftspolitische Selbstverständnis Balzacs*

Balzac gilt als »der größte Soziologe der Restaurationszeit und der
Julimonarchie« (Friedrich, 1966, S. 86), der in seinen Romanen »le
réel humain et social« in Form einer »histoire du présent« dokumen-
tiere (Grange, 1990, S. 32f.). Die Gegenwartsgeschichte wird von
ihm allerdings im Sinne eines Prozesses der Dekadenz, wenn nicht
der Agonie der französischen Gesellschaft begriffen; er verbindet
also seine Motivation zur Dokumentierung sozialer Phänomene und
Gesetzmäßigkeiten mit seiner Intention, in der Fiktion die von ihm
dokumentierte Entwicklung in Frage zu stellen (Wolfzettel benutzt
in diesem Zusammenhang in bezug auf Balzac den Ausdruck »kon-
testatorischer Autor«, 1978, S. 360). So vertritt Pierre Barbéris die
Meinung, Balzac sei von seinen Zeitgenossen der Literat mit der kri-
tischsten Einstellung gegenüber seinem Jahrhundert (1970, Bd.II, S.
1626). Die reich dokumentierte Untersuchung von Bernard Guyon
zur Kritik Balzacs an der Regierung Louis-Philippes (1967, S. 384-
395) hat gezeigt, daß Balzac die Liberalisierungstendenzen in der
französischen Gesellschaft nach 1830 als eine Entwicklung zur Anarchie begreift und somit die vorsichtigen Schritte des Julikönigtums zur Förderung bürgerlich-liberaler Gesellschaftspolitik negativ
einschätzt. Ohne seine Romangestalten zu »Beweisfiguren einer moralischen Belehrung« zu stilisieren, praktiziert er, wie Friedrich treffend formuliert, einen »beobachtenden Immoralismus« (1966, S.
96; S. 97), indem er mittels der epochentypischen Leidenschaften
und Ambitionen seiner Figuren ein differenziertes Bild vom Immoralismus, Arrivismus und Spekulantentum in der französischen Gesellschaft seiner Zeit vermittelt. Es stellt sich hier jedoch die Frage,
ob sich die sozialpolitischen Positionen des Autors mit der in seinen
Romanen zutage tretenden impliziten Kritik an spezifischen gesellschaftlichen Phänomenen oder Entwicklungen in Frankreich nach
1830 decken. Oder gibt es unauflösliche Widersprüche, die die Bewertung des Balzacschen Realismus z.B. im Sinne eines kritischen
Realismus problematisch erscheinen lassen?
   Von zentraler Bedeutung ist hier das politische Glaubensbekenntnis Balzacs aus der Vorrede zur *Comédie humaine.* Balzac
spricht dort von den zwei »ewigen Wahrheiten«, im »Lichte« derer
er schreibe: »la Religion, la Monarchie, deux nécessités que les évé-

nements contemporains proclament, et vers lesquelles tout écrivain de bon sens doit essayer de ramener notre pays« (»Avant-propos«, Ed. de la Pléiade, Bd. I, 1976, S. 13). Er erklärt sich weiterhin gegen das Prinzip demokratischer Wahlen, weil diese zu einem »gouvernement par les masses« und somit zur Tyrannei durch die von der Allgemeinheit bestimmten Gesetze führen würden (ebd.). Für ihn sind also die beiden ewigen Wahrheiten der Katholizismus und die durch die ältere Linie der Bourbonen repräsentierte, rechtmäßige Monarchie vor der Julirevolution. Die katholische Kirche stellt in den Augen Balzacs einen für die französische Gesellschaft unverzichtbaren Ordnungsfaktor dar. Das ›legitime‹ Königshaus der Bourbonen, das 1830 vom Hause Orléans abgelöst worden war, garantiert nach seiner Überzeugung die monarchische Zentralgewalt, wie sie sich über Jahrhunderte im *Ancien Régime* bewährt hatte. »Die Rolle der staatstragenden politischen Klasse fiel in diesem Balzacschen Konzept einer geistig erneuerten Aristokratie zu« (Heitmann, 1979, S. 57). Nach den »drei glorreichen Tagen« (siehe Kap. II) ist Balzac Anhänger des Legitimismus, d.h. er ist kompromißlos royalistisch orientiert und unterstützt das ›legitime‹ Königtum gegen das Julikönigtum Louis-Philippes. Dagegen war der junge Balzac noch ein erklärter Feind der reaktionären Restaurationspolitik und zudem Gegner des Adels, begeisterte sich für die Errungenschaften der französischen Revolution und galt als Bewunderer Napoleons. Dementsprechend steht er am Vorabend der Julirevolution in Opposition zur Regierung Polignac und den Ultras (siehe Kap. II). Guyon charakterisiert Balzac für diese Zeit wie folgt: »L'idéal politique vers lequel tend Balzac est celui d'un libéralisme modéré« (Guyon, 1967, S. 365).

Nach dem Machtwechsel von 1830 ist Balzac von der Regierung Louis-Philippes zutiefst enttäuscht. In einer Art politischen Reportage, den *Lettres sur Paris* (1830-31), läßt er seiner Kritik freien Lauf. Er beklagt die Entscheidungsschwäche der Regierung und die Überalterung der Minister. Ende 1831 übernimmt er endgültig legitimistische Positionen und befürwortet aus Angst vor Anarchie und Krieg eine starke Regierungsmacht, die er für die Aufrechterhaltung der Ordnung nur der erblichen Monarchie zugestehen möchte. Bernard Guyon hat überzeugend nachgewiesen, daß die These von der ›Bekehrung‹ Balzacs zum Legitimismus zumindest der Einschränkung bedarf, daß sich bereits vorher bei ihm eine kontinuierliche Entwicklung zu einem liberalen Konservatismus abzeichnet (Guyon, 1967, S. 496).

Die psychologischen Gründe für Balzacs Entwicklung zum Konservatismus hat man in seiner verstärkten Hinwendung zu Mitgliedern und dem Lebensstil der Aristokratie gesehen; zumal der Einfluß der Gräfin Hanska wurde von der Balzacforschung betont. Der Widerspruch, der sich daraus ergibt, daß Balzacs politischer Konservatismus in seinem Werk in eine Entlarvung des royalistisch-feudalen Frankreich umschlägt, ist ein wichtiger Aspekt der *Comédie humaine*. Friedrich Engels hat in einem Brief an Margaret Harkness (April 1888) als erster auf diesen Widerspruch hingewiesen (Marx, Engels, 1950, S. 105f.). Pierre Barbéris hat versucht, diesen Widerspruch dialektisch aufzulösen, indem er im Konservatismus Balzacs die beste Voraussetzung sowohl für eine kritische Bestandsaufnahme von Mißständen im konservativen Lager als auch für eine grundsätzliche Infragestellung des bürgerlichen Liberalismus erkennt:

»Balzac n'a pu, face au phénomène Trône et Autel, prendre une attitude largement critique et compréhensive que parce qu'il avait lui-même choisi les positions *alors* les plus riches en possibilités critiques: les positions de droite, et ce non pour des raisons d'intérêt ou de solidarité, mais pour des raisons de récusation critique du libéralisme et de la bourgeoisie« (Barbéris, 1972, S. 53).

Letztlich muß die These, daß bei Balzac eine gewisse Diskrepanz zwischen dem politischen Denker und dem Dichter bestehe, modifiziert werden: Nicht der Katholizismus und die Monarchie werden im Werk Balzacs kritisch gesehen, sondern nur die Dekadenz und die Schwächen der dem Altar und dem Thron verbundenen Aristokratie, die in den Augen Balzacs seit der Restauration ihre geschichtliche Chance und Aufgabe der Steuerung und Kontrolle eines ungehemmten bürgerlichen Liberalismus wegen einer falschen Strategie der Abschottung ihrer Klasse von den besten Kräften des bürgerlichen Lagers nicht wahrgenommen hat.

»Die Klasse, die er zur staatstragenden bestimmt hat und in der er die Stütze von Königtum und Kirche sieht, erweist sich – dies ergibt die ›Comédie humaine‹ in der Tat – als ihrer hohen Berufung weder gewachsen noch moralisch würdig« (Heitmann, 1979, S. 58).

Die Hoffnung Balzacs, der Adel könne wieder wie in der vorrevolutionären Vergangenheit seine Rolle als Führungsschicht ausüben, hat sich also nicht erfüllt; und seine Romane spiegeln diese Enttäuschung. Am deutlichsten übt Balzac Kritik an der Haltung des Adels in Le *Cabinet des Antiques* (1839). Der Niedergang des Hauses Esgrignon ist eine logische Folge der Unbeweglichkeit des alten Marquis d'Esgrignon, der trotz des Verlustes seiner Besitzungen in der Revolution regelmäßig das Ritual der Wiederbelebung des alten Glanzes seiner einst dominierenden Gesellschaftsklasse zelebriert:

Die von ihm in seinem Haus organisierten Salonempfänge für ›antiquierte‹ Adelige werden von den Einwohnern der nahegelegenen Provinzstadt das ›Antiquitätenkabinett‹ genannt. Die politische und soziale Starrheit des Provinzadels färbt auch auf den Sohn des alten Marquis, Victurnien, ab, insofern er trotz seiner Flucht aus der Atmosphäre des sterilen Festhaltens an dem verblichenen Glanz des ersten Standes sich nicht an die neuen Verhältnisse in Paris anpassen kann. Er widersteht den Versuchungen der Hauptstadt nicht, scheitert und muß als Versager in die Provinz zurückkehren.

In der Erzählung *La Duchesse de Langeais*, die Balzac 1843 als Teil der *Histoire des Treize* veröffentlichte, geht es einmal mehr um das Gefälle zwischen der glanzvollen Vergangenheit des Adels und der unmoralischen, dekadenten Lebensweise der aristokratischen Kreise im Faubourg Saint-Germain. Einerseits spart Balzac nicht mit Kritik an dem postrevolutionären Adel mit seinen dünkelhaften Attitüden, zum anderen artikuliert er auch klar seine Vorbehalte gegenüber einem demokratisch bestimmten Gesellschaftstyp. Letztlich war Balzac noch entschiedener antidemokratisch eingestellt als Stendhal. Dies kommt vor allem in seiner Einstellung zur französischen Landbevölkerung zum Vorschein, die mit der Tradition der Sozialromantik eines Pierre Leroux (1797-1871) oder einer George Sand nichts gemein hat. In *Les Paysans* (1844/1855) geht es Balzac nicht um die Rolle des Bauernstandes im nachrevolutionären Frankreich, sondern um die Zukunft des aristokratischen Feudalismus, den er ernsthaft bedroht sieht. Überhaupt hat das Volk, das später mit den ›basses classes‹ identifiziert wird, ob auf dem Lande oder in der Stadt ansässig, in Balzacs Romanuniversum nur Komparsenfunktion. Als Legitimist und als Dichter steht er der aristokratischen Kultiviertheit und dem ehrwürdigen Glanz der alten Führungsschicht viel zu nah, als daß für ihn der Bourgeois mit seinem ökonomischen Pragmatismus oder der sich um das tägliche Brot sorgende Proletarier als die zukünftigen gesellschaftstragenden Schichten akzeptiert werden könnten.

3. Die gesellschaftliche Repräsentanz der Romanfiguren und Hauptaspekte der Erzählstruktur im Romanwerk Balzacs

In der ersten Hälfte des 19. Jahrhunderts ist die französische Gesellschaft von einer neuen sozialen Konstellation geprägt. Das Bürgertum ist zur wichtigsten Gesellschaftsschicht aufgestiegen und bemüht sich nach Kräften um die Absicherung ihrer in der Revolution erkämpften Grundrechte durch den ökonomischen Erfolg. Der Adel trachtet danach, seine Führungsrolle in der Gesellschaft wiederzuerlangen, ohne sich der veränderten postrevolutionären Situation anzupassen. Und die junge, nachwachsende Generation ist nach den Revolutionswirren auf der Suche nach einer neuen individuellen und gesellschaftlichen Orientierung. In einem Roman wie *Le Père Goriot* werden diese antagonistischen Kräfte in der postnapoleonischen Gesellschaft Frankreichs in anschaulicher Form dargestellt. Die Titelfigur Goriot repräsentiert den Karriereweg des Kleinbürgers zwischen Revolution und Restauration, die Adelskreise um Madame de Beauséant und Anastasie Restaud stehen für den elitären Klassenhabitus der Aristokratie und Rastignac verkörpert den jungen, nach vorne drängenden Typ des Karrieristen in der Hauptstadt Paris.

Die Romanfiguren aus *Le Père Goriot*, wie überhaupt das Personenensemble der *Comédie humaine*, haben also grundsätzlich die Funktion gesellschaftlicher Repräsentanz. Dies trifft insbesondere auch auf Balzacs Frauengestalten zu, die vor dem Hintergrund des in der Restauration und Julimonarchie dominanten weiblichen Rollenparadigmas konzipiert sind. Gemäß der gesellschaftlich zentralen Bedeutung der Familie unter Louis-Philippe gilt Balzacs Aufmerksamkeit der verheirateten oder die Heirat anstrebenden Frau. In ihrer Einbindung in den Ehestatus besteht gemäß Balzac ihre wesentliche gesellschaftliche Rolle. Die Persönlichkeit, Psyche und Handlungsweise seiner weiblichen Gestalten sind dementsprechend von dem Normensystem des *mariage* bestimmt. Innerhalb dieser für Balzac selbstverständlichen Rollenzuweisung übt er jedoch Kritik an der Praxis der Ehe, die mehr auf den Kriterien der Vermögensbildung und der Produktion von Nachkommen fußt als auf dem psychischen Wohl der Ehepartner. Zumal die Frau mit ihrem mangelhaften Bildungsstand und ihren unzureichenden vorehelichen Liebeserfahrungen leidet unter der Institution der Ehe; die Folge davon ist der Ehebruch. Um also die bürgerliche Ehe zu sanieren (vgl. dazu auch Michel, 1978, S. 69), gesteht Balzac in seiner *Physiologie du mariage* (1829) der noch unverheirateten Frau eine gewisse sexuelle Freiheit zu (»N'y a-t-il donc pas incomparablement moins de danger à donner la liberté aux filles qu'à la laisser aux femmes?«, B. XI, Ed. de la Pléiade, 1980, S. 971). Eine auf gegenseitigem Verständnis basierende Partnerschaft ist für Balzac erst dann möglich, wenn auch die Ehefrau eine ausreichende geistige und sexuelle Abgeklärtheit in diese einbringen kann. Dann sei sie auch bereit, die von ihr einzufordernde rigorose Ehemoral strikt zu befolgen.

Die Frauenbilder im Romanwerk Balzacs sind die literarische Illustration der Thesen aus der *Physiologie*. *La Femme de trente ans*

(1832), Julie d'Aiglemont, sucht, von ihrer Ehe enttäuscht, Zuflucht in den Armen diverser Liebhaber und scheitert kläglich im Leben. Félicité des Touches, der Typ der ›femme supérieure‹ aus *Béatrix* (1839), verfehlt gemäß Balzac ihre Bestimmung als Frau. Den Männern in Geist und Intelligenz ebenbürtig, ist sie unfähig, ihre weibliche Natur in der Liebe zu verwirklichen; sie bleibt unfruchtbar und zieht sich in die klösterliche Zelle zurück (vgl. auch Michel, 1978, S. 115). Dagegen verkörpert Modeste Mignon, Titelfigur aus dem gleichnamigen Roman von 1844, Balzacs Ideal der verheirateten Frau: Sie bekennt sich zu den positiven Werten Familie und Ehe, was für sie die bedingungslose Unterwerfung der Ehefrau unter den Mann einschließt. Liebe heißt für sie Hingabe an den Ehemann und Aufopferung für die Familie. Damit wird sie im Sinne der Ehemoral Balzacs zum Typ der ›guten‹ Ehefrau in der Gesellschaft der Julimonarchie (vgl. auch die Archetypen des Frauenbildes in der *Comédie humaine* bei Dethloff, 1988, S. 121-125).

Das Prinzip der sozialen Repräsentanz der Figuren wird verstärkt durch die Technik ihrer Darstellung und die für Balzacs Roman charakteristische auktoriale Erzählweise. Die Menschen seines Romanuniversums sind durchgängig von der Gesellschaft, deren Objektwelt und den Milieus, die sie umgeben, geformt. Die Balzacsche Romanfigur wird grundsätzlich von ihrer Sozialtypik her begriffen und mittels eines das Romangeschehen explizit für den Leser aufbereitenden Erzählers in ein verzweigtes Netz von Detailangaben zur Dingwelt und zu den Milieus eingebunden. Personenporträts und Objektwelt fügen sich somit zu einem authentisch wirkenden Ausschnitt aus der Gesamtgesellschaft, der zugleich auch die gesellschaftlichen Tendenzen im historischen Kontinuum sichtbar macht. Der Erzähltypus des auktorialen Erzählens erweist sich insofern als ›zweckmäßig‹, als der Autor über seinen allwissenden Erzähler die Oberflächenphänomene wie Physiognomie und Verhalten der Romanfiguren, ihre Behausung, ihren Lebensstil und ihren gesellschaftlichen Werdegang mit einem breitgefächerten Arsenal an sprachlichen und romankompositorischen Mitteln dem Leser nahebringen kann. Auf diese Weise gelingt es Balzac, ein differenziertes Bild von der französischen Gesellschaft in der Phase ihrer Entwicklung zum bürgerlichen Kapitalismus zu zeichnen.

3.1 Die Konzeption der Romanfiguren

Im folgenden werden die spezifischen Merkmale der Balzacschen Menschendarstellung am Beispiel eines seiner bekanntesten Romane dargelegt (vgl. auch die Analyse bei Dethloff, 1989, S. 33ff.). Jean-Joachim Goriot, der Nudelfabrikant, hatte in Hungerszeiten während der Revolution einen beträchtlichen Reichtum angehäuft. Nach dem Tod seiner Frau verwöhnt er seine beiden Töchter Anastasie und Delphine mit Geschenken und stattet sie mit einer beträchtlichen Mitgift aus, so daß sie über ihrem Stand in den Erb- bzw. Finanzadel einheiraten können. Die Liebe Goriots zu seinen Töchtern wird pathologisch, da er in seiner intellektuellen Unbedarftheit das plötzliche Vermögen nur eindimensional als materiellen Ausdruck seiner übermäßigen Töchterliebe einzusetzen weiß: »L'argent donne tout, même des filles!« (*Le Père Goriot*, Ed. de la Pléiade, Bd. III, 1976, S. 273). Vater Goriot wird damit zum Prototypen des Balzacschen Monomanen. Ähnlich Félix Grandet (*Eugénie Grandet*) und Balthazar Claës (La *Recherche de l'Absolu*) – Grandet wird von seinem krankhaften Geiz beherrscht, Claës lebt nur für seinen ruinösen Forscherdrang – lebt Goriot nur für seine an Besessenheit grenzende Liebe zu seinen Töchtern. Dabei erscheint die archetypische Gefühlsbindung Vater-Kind in Balzacs Roman entfremdet, da Goriots Vaterliebe in Form von Geld, dem wichtigsten ›Instrument‹ der kapitalorientierten Restaurationsgesellschaft, materialisiert wird.

Jean-Joachim Goriot ist des weiteren ein repräsentativer Vertreter des leidenschaftsgetriebenen Menschen bei Balzac. Der sich seiner Leidenschaft hingebende Balzacsche Held lebt für sein ihn verzehrendes inneres Feuer, das er, sei er nun ein ›guter‹ oder ein ›böser‹ Mensch, bis zur bitteren Neige auskostet. Raphaël de Valentin entscheidet sich im Leben nicht für das bedrückende Mittelmaß, sondern für den schnellebigen Exzeß, das intensive, den Menschen frühzeitig ausbrennende Leben. Der Monomane Goriot erreicht angesichts seines bevorstehenden Todes noch eine gewisse menschliche Größe, wenn er, »der Christus der Vaterliebe« (ebd., S. 231), zu seiner ›Schwäche‹ steht (vgl. auch Wolfzettel, 1979, S. 238).

Goriot ist ein Exemplum der »Espèces Sociales« (Balzac, »Avant-Propos«, S. 8), um deren Katalogisierung es Balzac in der *Comédie humaine* geht. Seine Typisierung erstreckt sich auf den beruflich-politischen wie auch auf den privaten Bereich (vgl. Jung, 1983, S. 127). Er ist der typische Revolutionsgewinnler, der das Geld in der Hungersnot gescheffelt hat, und er verkörpert in seiner ausgeprägten Vaterliebe das Menschlich-Typische. Diese Kombination von allgemein-menschlicher mit gesellschaftlicher Repräsentanz, die Balzac in seinem berühmten Brief an Madame Hanska (*Correspondance*, Bd. I, S. 270) als sein Prinzip der Menschendarstellung formuliert hatte, wurde dann in der marxistischen Ästhetik zu einem zentralen Kriterium des literarischen Realismus. Georg Lukács leitet u.a. aus der systematischen Interdependenz von Individuellem und Typischem bei Balzac die besondere Qualität des Balzacschen Realismus ab und postuliert dessen Überlegenheit über den Naturalismus Zolas. »Die lebendige Gestaltung des ganzen Menschen« bei Balzac (Lukács, 1952, S. 11) zeuge von einer Menschenauffassung, in der das Individuelle zugleich »die jeweils entscheidende Seite des gesellschaftlichen Prozesses (...) in klarem Zusammenhang mit dem Gesamtprozeß« beleuchte (ebd., S.54). Goriot macht mit seinem Handeln und Verhalten die während der Restauration aus ihrer Latenz hervortretende Tendenz zur kapitalistischen Gesellschaftsform bewußt. Er kann seiner übersteigerten Vaterliebe nur in verdinglichter Form, mit Geschenken und Geld, Ausdruck verleihen. Dadurch begibt er sich des einzigen Mittels zur Absicherung seines gesellschaftlichen Status. Die Ausbeutung durch seine Töchter führt schließlich zu seiner Selbstmarginalisierung in der Gesellschaft. Das allgemeinmenschliche Verhaltensmuster »außerordentliche Vaterliebe« bewirkt letztlich nur Goriots Verarmung und impliziert in der geldfixierten Restaurationsgesellschaft die Totaldemontage des Familienvaters (vgl. zu diesem Aspekt die Ausführungen bei Dethloff, 1989, S. 38-42).

Die Personenkonzeption von *Le Père Goriot* ist beispielhaft für Balzacs Verfahren, über eine spezifische Charakterausprägung die Verdorbenheit und Geldhörigkeit eines Gesellschaftssystem anzuprangern, in dem die Unersättlichkeit des Menschen zur dominanten Triebfeder sozialen Handelns geworden ist. Die positiv angelegten Figuren der *Comédie humaine* können nicht darüber hinwegtäuschen, daß die vom ökonomischen Denken beherrschte postnapoleonische Ära essentieller moralischer Grundwerte verlustig gegangen ist.

3.2 Elemente der Erzählstruktur

Für Balzacs Romane ist in der Regel die berichtende Erzählung charakteristisch. Der Erzähler erlangt als ›persönlicher‹ Erzähler eine eigenständige Persönlichkeit und bereitet das fiktive Geschehen für den Leser auf. Der Erzähler ist also, gemäß der Klassifizierung von Franz K. Stanzel (*Theorie des Erzählens*, 1985, S. 70ff.), ein aus der Außenperspektive berichtender, außerhalb der fiktionalen Welt existierender Erzähler. Er greift in seine ›Geschichte‹ als teilwissender oder allwissender Lenker ein und ›outet‹ sich durch seine Einmengungen, Kommentare oder Zwischenreden. Balzacs Romane sind überwiegend stereotyp in einen statischen Expositionsteil und einen dynamischen Handlungsteil gegliedert. In *Le Père Goriot* z.B. ist der Expositionsteil derart umfangreich, daß der Erzähler seine Leserschaft ausdrücklich auf das Ende des Vorbereitungsteils aufmerksam macht: »Ici se termine l'exposition de cette obscure, mais effroyable tragédie parisienne« (Ed. de la Pléiade, Bd. III, 1976, S. 126).

Die Exposition von *Le Père Goriot* kann modellhaft für die Balzacsche Erzähltechnik stehen. Anstatt eines unmittelbaren, z.B. situativen Einstiegs in seine Erzählung (vgl. Gustave Flaubert in *Madame Bovary* oder *L'Education Sentimentale*), stellt der Erzähler den Schauplatz und die Romanfiguren ausführlich vor, wobei Objektwelt und Person in einem Abhängigkeitsverhältnis zueinander stehen. Balzac geht von der Vorstellung aus, daß die Persönlichkeit des Menschen auf das materielle Dekor abstrahlt, wie auch die den Menschen umgebenden Dinge zu einer »préface bibliographique« (Dangelzer, 1980, S. 25) für die Menschen werden, seine Persönlichkeit spiegeln und seine Handlungsweise und Reaktionen vorhersehbar machen.

Zudem setzt Balzac seine von Lavater und Gall inspirierte physiognomische Theorie in die Figurenporträtierung um. Johann Kaspar Lavater (1741-1801), der schweizer Theologe, hatte in den *Physiognomischen Fragmenten* (1775-78) seine Lehre von der Physiognomik, d.h. von der Außenausprägung der Seele in Gesichtsmerkmalen, dargelegt. Einen ähnlichen Ansatz vertrat der deutsche Arzt und Phrenologe Franz Joseph Gall (1758-1828), der durch die Gallsche Schädellehre bekannt geworden war. Nach Gall lassen sich geistig-seelische Anlagen in bestimmten Bezirken des Gehirns lokalisieren, und zugleich lassen bestimmte äußerliche Formeneigentümlichkeiten des menschlichen Schädels auf Begabungen, geistige Leistungen und den Charakter schließen. Gall war im übrigen wegen der fortgesetzten Anfeindung seiner Thesen 1802 ins Pariser Exil gegangen.

In Anlehnung an Lavater und Gall verwendet Balzac in seinen Romanen durchgängig den Typ des literarischen Porträts, in dem er eine kohärente und umfangreiche physiognomische Beschreibung seiner Figuren einschließlich ihrer Stimme, Mimik, Blicke usw. gibt und eine Beziehung zwischen ihrem Äußerem und ihrem Charakter herstellt: blaue Augen eignen guten Charakteren; stahlblaue Augen signalisieren Härte; dunkle Augen sind ein physiognomisches Indiz für Leidenschaftlichkeit. Diese Interdependenz wird dabei eigens durch die Verwendung von Verben wie »exprimer«, »indiquer«, »annoncer« oder »expliquer« unterstrichen (»... enfin toute sa personne

[Mme Vauquer] explique la pension, comme la pension implique sa personne«, *Le Père Goriot*, Ed. Pléiade III, 1976, S. 54). Über physiognomische Merkmale hinaus stehen auch die Kleidung, das Haus, die Möbel in enger Beziehung zur Persönlichkeit und zum Charakter der Figuren. Hans-Ludwig Scheel kommt in seinem auch heute noch grundlegenden Beitrag »Balzac als Physiognomiker« zu folgendem Ergebnis:

»Die Beziehung von Sichtbarem zu dem, was es repräsentiert, ob es nun ein Charakter, ein Schicksal, eine Epoche oder vor allem eine Gesellschaftsschicht ist, hängt für Balzac unlösbar mit seiner Vorstellung von einem Kausalitätsverhältnis ganz besonderer Art zusammen. Es ist nämlich reziprok. So wie Physiologisches einerseits Anzeichen und Spiegel von Charakter und Schicksal (...) ist, uns andererseits die Psyche und das Schicksal äußerlich verwandelnd auf die Physiognomie einwirken, prägt auch das Milieu als wirkende Kraft jeden Menschen und kann es umgekehrt abstrahierend aus Haltung, Kleidung, Gestik und Mimik des Einzelmenschen – physiognomisch – erschlossen werden« (Scheel, 1961/62, S. 242).

Vor diesem theoretischen Hintergrund ist z.B. die ausladende Beschreibung der Pension Vauquer zu Beginn von *Le Père Goriot*, die für Balzacs Erzählweise typisch ist, zu sehen. Man könnte dieses Schwelgen im auch noch so unbedeutenden Detail mit der Inventarisierung von Gegenständen in Ausstellungskatalogen vergleichen. Allerdings sind Balzacs Personen- und Interieurbeschreibungen streng gegliedert, so auch die Beschreibung der Vauquer-Pension, die wie folgt strukturiert ist: Beschreibung des Hauses, Lokalisierung des Stadtviertels, Raumaufteilung im Haus, Einrichtungsgegenstände, Porträts der Pensionsgäste, Porträt der Hauptgestalt Goriot (Ed. Pléiade, Bd. III, 1976, S. 49-65).

Natürlich läuft Balzacs Erzählkunst mit der Gliederung seiner Romane in Exposition und Handlungsteil und mit seiner Porträttechnik Gefahr, stereotyp zu wirken. Die statischen Beschreibungen retardieren zuweilen über Gebühr die Handlung und überstrapazieren die Neugier des Lesers. Andererseits bewirkt der Einleitungsteil mit seinen Informationen, Kommentaren und Personenporträts, daß die von Balzac geschilderten ›Dramen‹ erst auf der Basis dieses für den Leser von einem auktorialen Erzähler ausgebreiteten Vorwissens ihre volle Wirkung entfalten können.

Honoré de Balzac ist einer der großen Denker und Dichter Frankreichs, bei dem sich Erfindungsgeist, Beobachtungsgabe und Fähigkeit zur visionären Deutung der Zeitereignisse paaren. Sein Romanuniversum stellt nicht nur die unterschiedlichsten Bereiche der zeitgenössischen Gesellschaft dar, sondern befaßt sich auch mit Grundfragen der menschlichen Existenz. Balzacs *Etudes philosophiques* unterscheiden sich mit ihrer metaphysischen Orientierung grundsätzlich von den *Etudes de moeurs*, in denen der Mensch vornehmlich von seiner gesellschaftlichen Einbindung her definiert wird. Zumal in seinen Szenen des Privat- oder Provinzlebens ist Balzac ein scharfer Beobachter der gesellschaftlichen Realität, die er möglichst wirklichkeitsnah in die Fiktion transponieren möchte. Das Bild vom Romancier als Sekretär, der die Sittengeschichte seiner Zeit aufzeichnet, verweist auf Balzacs Selbstverständnis als ein der Wahrheit verpflichteter Registrator, der die Tugenden und Laster, die menschlichen Leidenschaften, das Typische gesellschaftlicher Vorgänge in der geschichtlichen Gegenwart inventarisiert. Jeder seiner Romane werde, wie er im Vorwort zu *Illusions perdues* ausführt, »zu einem Kapitel des großen Gesellschaftsromans« (*La Comédie humaine*, Bibl. de la Pléiade, Bd. 5, 1977, S. 110).

Der besonderen Schreibweise Balzacs entspringt ein ambivalentes Wechselverhältnis zwischen realer Gesellschaft und Gesellschaftsdarstellung. Einerseits scheint der auktorial auftretende Lenker der Geschicke seiner Figuren die Wirklichkeitsillusion durch seine massive Erzählerpräsenz zu zerstören; andererseits wirkt jedoch das Bild, das er von den sozialen und ökonomischen Gegebenheiten seiner Zeit erstellt, so authentisch, daß er für die »professionelle Geschichtsschreibung bis in unsere Zeit hinein« (Heitmann, 1979, S. 52) eine ernstzunehmende Konkurrenz darstellt.

Balzac hat das Verdienst, den Aufstieg des kapitalistischen Bürgertums in Frankreich in seinen typischen Erscheinungsformen und an den unterschiedlichsten Wirkungsstätten seinen Zeitgenossen und der Nachwelt plastisch vor Augen geführt zu haben. Insgesamt ist sein Zeitgemälde von der Restauration und Julimonarchie pessimistisch, da er als Legitimist den Aufstieg des Bürgertums und die Führungsschwäche der Aristokratie als Bedrohung für die überkommene, von Thron und Altar garantierte Gesellschaftsordnung ansieht. Die besondere Ausprägung des Balzacschen Realismus liegt in der Kombination zweier grundsätzlicher, letztlich dialektisch zueinander stehender Ziele: Einmal geht es ihm um eine soziologische Bestandsaufnahme der diversen Erscheinungsformen des Gesellschaftlichen in seiner Zeit, zum anderen wird die Bestandsaufnahme Vorraussetzung zur Kritik an der gesamtgesellschaftlichen Entwicklung nach 1815, die sich in den registrierten Phänomenen abzeichnet.

VI. Der realistische Roman der Programmatiker

Betrachtet man die Literaturproduktion der französischen Realisten zwischen 1850 und 1860 (Champfleury, Duranty), dann fällt eine gewisse Diskrepanz zwischen ihrem ästhetischen Programm und seiner Umsetzung ins Auge.

Zunächst sei nochmals betont, daß Henry Murger nur sehr bedingt als Vertreter des literarischen Realismus gelten kann. Wenn auch seine Boheme-Szenen von der zeitgenössischen Kritik mit der Vorliebe der Realisten für die Darstellung von Armen- und Künstlermilieus in Verbindung gebracht wurden, so legt insbesondere sein vielgelesener Roman *Le Roman de toutes les femmes* (1854) nahe, ihm in der Literaturgeschichte des 19. Jahrhunderts in erster Linie einen Platz als Autor von Populärromanen zuzuweisen. Diese überwiegend dialogisch gehaltene Erzählung von der schönen, verwitweten Comtesse Césarine de Rouvres und ihrer gleichzeitigen Zuneigung zu dem Künstler Antony und dem Studenten Antoine ist ein auf die zeitgenössische weibliche Leserschaft zugeschnittenes Rührstück, das mit dem ›happy end‹ der Offenbarung des Adelsstandes Antonys endet. Antony de Sylvers darf so standesgemäß die geliebte Comtesse ehelichen, während sein Rivale, der bürgerliche Antoine, großmütig auf seine Liebe verzichtet. Murger huldigt hier ohne Zweifel dem bewährten Handlungsmuster des Feuilletonromans und stellt sich mit seinem preziösen Stil in einen markanten Gegensatz zur ›Kunst der Aufrichtigkeit‹ des programmatischen Realismus.

Auch der Weggefährte und Mitstreiter Champfleurys, Max Buchon (1818-1869), ist trotz seiner Sympathie für die realistische Doktrin eher ein Heimatdichter und Verfasser von *contes campagnards* (man denke an seine bekanntesten Erzählungen *Le Matachin* und *Le Gouffre gourmand*, die zuerst 1854 in der *Revue des Deux Mondes* erschienen) und ist nur zeitweise als Akteur der Realismuskampagne hervorgetreten (zu Buchons Rolle als Heimatdichter siehe die gut dokumentierte Untersuchung von Zellweger, 1941, S. 195-204).

Selbst die Wortführer der Bewegung, Champfleury und Duranty, veröffentlichen eine Vielzahl von Romanen und Erzählungen, die, gemessen an den theoretischen Vorgaben des programmatischen Realismus, einen zwiespältigen Eindruck hinterlassen. So werden die in Kap. III. 4 dargelegten Grundprinzipien wie genaues Beobachten,

Beschreibung der unteren Gesellschaftsschichten und Einfachheit des Stiles von Champfleury und Duranty in ihren Werken nicht durchgängig respektiert. Zum anderen heben sich die von ihnen verwendete Erzählweise, der Stil und die behandelten Themen vom Realismus eines Stendhal, Balzac oder Flaubert deutlich ab.

1. Champfleury (1821-1889)

Champfleury war um 1850 eine der schillerndsten Persönlichkeiten der Pariser Kulturszene. Sein hoher Bekanntheitsgrad bei seinen Zeitgenossen steht in schroffem Gegensatz zu der relativen Bedeutungslosigkeit, zu der ihn die Literaturgeschichtsschreibung im 20. Jahrhundert verdammt hat. Er war zugleich Kunstkritiker, Kunsthistoriker, Kunstsammler, Romancier, Novellist und zudem ein Spezialist für die Geschichte der Karikatur. Seine Romane und *contes* stellen also nur eine Facette seiner vielfältigen Wirkungsbereiche dar. Der Diversität seiner künstlerischen Aktivitäten entspricht Champfleurys bewegtes Leben, das ihn im Alter nicht gerade verwöhnte. Neben einer Reihe von Kurzbiographien (z.B. Dumesnil, 1936, S. 15ff.; Ausg. Weatherilt, 1985, S. 47-50) liegt jetzt eine detaillierte Darstellung des Lebens und Werks Champfleurys vor (Lucot, 1990).

Im gleichen Jahr wie Gustave Flaubert und Charles Baudelaire geboren (1821) wächst Jules-François-Félix Husson als Sohn eines Angestellten des Bürgermeisteramtes von Laon in bescheidenen Verhältnissen in der Provinz auf. Er haßt sein Collège in Laon und gilt als schwieriger, renitenter Schüler, der 1835 von der Schule genommen werden muß und danach wegen seines aufsässigen Verhaltens als Chef einer Bande von Herumtreibern wiederholt von den Gendarmen nach Hause begleitet wird. In Laon ist er also ein ›enfant terrible‹ und verläßt deshalb 1838 die Stadt seiner Eltern in Richtung Paris, wo er sich mit dem Austragen von Büchern im Auftrage des Buchhändlers Edouard Legrand durchschlägt. In dieser Zeit macht er die Bekanntschaft des Pariser Boheme-Königs Murger, mit dem er zeitweise eine Mansardenwohnung in der rue Vaugirard teilt. Champfleurys Romane *Confessions de Sylvius* (1849) und *Les Aventures de Mademoiselle Mariette* (1853) legen Zeugnis von dieser unsteten Periode seines Lebens ab. Zu seinem Freundeskreis gehören die Maler Courbet und Corot und vor allem auch der Dichter Charles Baudelaire. 1840 kehrt er auf Geheiß seines Vaters nach Laon zurück und verfaßt für die inzwischen von seinem Vater gegründete Wochenzeitung *Le Journal de l'Aisne* satirische Artikel. Nach zwei Jahren des Exils in der Provinz kehrt er nach Paris zurück und wird durch Fürsprache Murgers freier Mitarbeiter bei mehreren Zeitungen. Ab 1844 arbeitet er für den *Artiste* und den *Corsaire-Satan*. Husson ist regelmäßiger Gast im Café *Momus*, wo er mit Baudelaire, Corot und Courbet diskutiert. Auf Anraten des Verlegers des *Artiste*, Arsène Houssaye, legt er sich den Künstlernamen Fleury und später Champfleury zu und bildet sich als Autodidakt in den Pariser Bibliotheken. Im Jahr 1847 veröffentlicht er seine erste Sammlung von Erzählungen (*Chien-Caillou*; *Feu Miette*; *Pauvre Trompette*). Von Februar bis März 1848 geben Baudelaire und Champfleury zwei Nummern der Zeitschrift *Le Salut Public* heraus, in denen sie das Ende des Julikönigtums ankündigen. Zugleich konstituiert sich die Literaten- und Künstlergruppe der ›Realisten‹, deren Treffpunkt die Brasserie Andler ist. Champfleury trifft dort u. a. Baudelaire, Duranty, Corot, den Maler und Karikaturisten Daumier und den Sozialisten Proudhon. Er hat sich inzwischen als Kunsthistoriker, der gegen die Traditionalisten der Kunstakademie Stellung bezieht, einen Namen gemacht, vor allem auch wegen seiner engagierten Verteidigung von Courbets *Enterrement à Ornans*. Er veröffentlicht ab 1853 eine ganze Serie von Romanen: *Les Oies de Noël* (1853), später auch unter dem Titel *L'Usurier Blaizot* erschienen; *Les Souffrances du professeur Delteil* und *Les Aventures de Mademoiselle Mariette* (1853). Er verfaßt Pantomimen für das *Théâtre des Funambules* und sorgt bei den Bürgern von Laon mit seinem Roman *Les Bourgeois de Molinchart* (1854) für einen Skandal, weil sich diese von Champfleury verunglimpft fühlen. Mit der Verteidigung Courbets in *La Presse* und seiner ostentativen Unterstützung der Sonderausstellung des realistischen Malers im Jahre 1855 wird Champfleury endgültig als führende Persönlichkeit in der Kampagne um die neue Kunst- und Literaturrichtung des Realismus angesehen. Ab 1860 widmet sich Champfleury einer Geschichte der Karikatur, die er 1865 bei Dentu veröffentlicht (*Histoire de la caricature antique* und *Histoire de la caricature moderne*). Im letzteren Band befindet sich ein umfangreiches und gut recherchiertes Kapitel über Honoré Daumier (Champfleury, *Histoire de la caricature*, Bd. II, S. 3-188). Seit Mitte der sechziger Jahre hat sich Champfleury mit seinem Freund Courbet überworfen. Aus dem Bohemien zur Zeit der Juli-Monarchie ist ein mit der Ehrenlegion dekorierter, respektierter Kunstkritiker geworden, der zudem seine langjährige Existenz als Frauenheld mit der Ehelichung eines Patenkindes des Malers Eugène Delacroix (1798-1863), Marie Pierret, im Jahre 1867 beendet. Beruflich und privat beginnt für ihn ein neuer Lebensabschnitt.

Champfleury, der seit seiner Jugend ein passionierter Porzellansammler und -kenner ist, wird 1872 zum Konservator des Museums der Porzellanmanufaktur in Sèvres ernannt. Das Glück scheint ihm auch im Kreise seiner Familie hold; bis zum 26. Juni 1874, als in Abwesenheit der Eltern der sechsjährige Sohn Edouard die Kleider seiner zwei Jahre jüngeren Schwester Elisabeth beim Spielen mit Streichhölzern in Brand setzt und sie an ihren Verletzungen stirbt. Danach gleicht Champfleurys Biographie einem naturalistischen Roman über den Abstieg eines Menschen in das psychische Elend. Seine Frau Marie kann den Tod der Tochter nicht verwinden und stirbt 1876. Der Sohn Edouard ist von Demenz geschlagen und muß vom Vater im Haus in Sèvres fortan versorgt werden. Champfleury arbeitet trotz dieser Schicksalsschläge unermüdlich an der Verbesserung seines Museums und stirbt 1889 einsam an den Folgen einer Influenza.

Im Jahr 1861 veröffentlicht Champfleury seine Abhandlung *Grandes figures d'hier et d'aujourd'hui*, die er mit einer Duranty gewidmeten Aphorismensammlung beginnt. Dort zitiert er auch einen Satz aus seinen bereits 1850 aufgezeichneten *Conseils à un jeune écrivain*, der als Motto über dem Gesamtwerk Champfleurys stehen könnte: »Tu es nié, donc tu existes« (Champfleury, *Grandes figures*, S. VII). Zu seiner Zeit ist er wegen seiner unbestrittenen Rolle als Fürsprecher Courbets und wegen der Anfeindungen durch die bürgerliche Presse genauso bekannt wie Balzac oder später Flaubert. Einige seiner Romane werden sogar ein beachtlicher Erfolg: *Les Bourgeois de Molinchart* erreichen eine Auflage von über 100.000 Exemplaren und *Les Souffrances du professeur Delteil* werden ins Englische und Niederländische übersetzt (vgl. auch die Einführung von Weatherilt zu *Le Violon de faïence*, 1985, S. 9f.). Zwischen 1845 und 1875 veröffentlicht Champfleury fast vierzig Novellen, von denen einige von den Zeitgenossen des Autors durchaus positiv aufgenommen werden. So bewundert Victor Hugo die Genauigkeit der Beobachtung in *Chien-Caillou* (1847), und Sainte-Beuve äußert sich ebenfalls anerkennend über *Le Violon de faïence* (1861) (vgl. ebd., S. 10). Gustave Flaubert kommt allerdings zu dem Schluß, daß *Les Bourgeois de Molinchart* trotz der vergleichbaren Thematik beider Romane seiner *Madame Bovary* keinesfalls Konkurrenz machen könnte: »J'ai lu cinq feuilletons du roman de Champfleury. Franchement cela n'est pas effrayant (...). Quant au style, pas fort, pas fort« (Flaubert, *Corr.* II, S. 562f.).

Seit 1860 steht Champfleury nicht mehr im Rampenlicht der Öffentlichkeit; seine Zeitgenossen haben ihn gegen Ende des Zweiten Kaiserreiches fast vergessen. Auch die Literarhistoriker befassen sich bestenfalls mit Champfleury als Vorkämpfer des programmatischen Realismus. Sein literarisches Werk ist demgegenüber heute weitgehend unbekannt oder wird als »sterbenslangweilig« angesehen («littérature à mourir d'ennui«, Pichois, 1979, S. 257). Die tendenzielle Unvereinbarkeit von Theorie und Schreibpraxis gibt den Romanen Champfleurys einen eigentümlichen Anstrich von Disparatheit. Sein Bekenntnis zur Aufrichtigkeit in der Kunst, die sich in der »schrecklichen Genauigkeit« und in der Wiedergabe der Mediokrität in »ihrer ganzen Nacktheit« zu äußern habe, setzt der »imagination« des Romanciers dogmatische Grenzen.

Betrachten wir einen der ersten Romane Champfleurys, der von Proudhon in der *Voix du peuple* zwischen Januar und März 1850 als Feuilleton und 1853 als Buch veröffentlicht wurde: *Les Oies de Noël*. Der Roman wurde im übrigen 1858, zusammen mit acht Novellen Champfleurys unter dem veränderten Titel *L'Usurier Blaizot* neu ediert. Die Geschichte spielt im burgundischen Dijon und seiner ländlichen Umgebung. Der herzlose und geldgierige Wucherer Blaizot aus Dijon beutet die armen Bauern der Umgebung aus, indem er ihnen Geld leiht oder Vieh verpachtet. Die Bauern können jedoch in der Regel den Mietzins nicht entrichten und werden von dem Wucherer unter Druck gesetzt. Der Autor schildert äußerst detailliert und engagiert das bäuerliche Armenmilieu am Vorabend der Julirevolution im Jahr 1829. Die Handlung kreist um den in tiefster Not lebenden Bauern Grelu, seine Frau, la Grelu, und den Böttcher Cancoin mit seinen dreizehn Kindern, dem Blaizot ein kleines Haus vermietet hat. Der Roman insistiert auf die extreme Bedürftigkeit, in der das einfache Volk lebt. Der kleine Sohn der Grelus stirbt in der Bauernkate an einer Infektion, die Mutter, verwirrt vor Schmerz über den Tod ihres Kindes, begräbt dieses mit bloßen Händen auf einem Feld, das Haus brennt nieder, und Grelu wird obendrein der Brandstiftung bezichtigt. Der herzensgute Cancoin nimmt die Grelus bei sich zu Hause auf, während der Wucherer Blaizot, ungerührt vom Schicksalsschlag der Grelus und dem Geldmangel Cancoins, letzteren mit massiven Drohungen zahlungswillig machen will. Im letzten Romanteil wird das bescheidene, aber heitere Weihnachtsfest bei den Cancoins dem üppigen Gänseschmaus bei Blaizot gegenübergestellt. Dem Wucherer bekommt jedoch das reiche Mahl nicht, und er stirbt in der Heiligen Nacht an einem Schlaganfall. Champfleury hält somit zum Schluß mit dem grotesken Tod des Bösewichts und mit einem glücklichen Ausgang für die Armen (Cancoins Tochter Alizon darf den Gerichtsgehilfen François heiraten; Grelu wird von der Anklage der Brandstiftung freigesprochen) eine versöhnliche ›Moral von der Geschicht‹ bereit.

Ohne Zweifel geht es Champfleury in seinem Roman darum, die ästhetischen Grundsätze der Realismusbewegung anzuwenden. Er schildert eingehend das Milieu der »basses classes« und führt mit Hilfe der Aneinanderreihung von Alltagsszenen ihr hartes Dasein plastisch vor Augen. Seine Intention, die Alltäglichkeit literarisch hoffähig zu machen, offenbart sich zudem darin, daß er der Alltagskonversation der literarischen Figuren einen breiten Raum zumißt und diese überwiegend in Form szenischer Darstellung agieren läßt. Die Sprache der Personen ist durchsetzt mit Regionalismen und spiegelt die Schichtenzugehörigkeit der Akteure; die erlebte Rede und Naturbeschreibungen werden nur sporadisch verwendet.

Des weiteren ist eine Tendenz zur Melodramatisierung von Person und Handlung unverkennbar, die zum Teil an die naturalistische Manier eines Zola erinnert. Als die Grelu in Kap. II ihr Kind in der freien Natur verscharrt, verläßt Champfleury die Ebene des Alltäglichen und zieht alle Register des Melodramas:

»Quand le gazon fut enlevé, la mère fouilla la terre avec toute l'ardeur d'une taupe. Elle enfonçait ses mains et ses ongles dans la terre humide et la rejetait de côté. A la tombée du jour, la fosse fut creusée. La Grelu se jeta sur l'enfant froid et l'arrosa de ses larmes; puis elle le prit avec précaution et le coucha dans la fosse (...). Elle eut le courage surhumain de piétiner la terre sur le corps de l'enfant, afin qu'il ne fût pas déterré par les animaux. Alors elle se coucha sur cette tombe, attendant elle-même la mort« (Champfleury, *L'Usurier Blaizot*, S. 39).

Insgesamt hebt sich das zweite Kapitel des Romans (»Ce qui arriva au hameau de la mal-chaussée«) von den anderen durch seine übersteigerte, der Atmosphäre des Alltäglichen völlig entgegengesetzte, dramatische Kumulierung des Unglücks ab. Das hoffnungslose Dasein der Menschen auf dem Land, das ungesund feuchte Haus mit dem hilflos sterbenden Kind, der herzzerreißende Schmerz der Eltern, der Überlebenskampf der vom Feuer eingeschlossenen Hausbewohner, die in Panik ausbrechenden Tiere (und Menschen): Champfleury hat hier offensichtlich die Ebene der *sincérité dans l'art* verlassen, es handelt sich eher um eine der »excentricités«, die man dem Autor vorgeworfen hat (Beuchat, 1949, S. 233). Desgleichen stellt sich der Schlußteil des Romans in einen deutlichen Gegensatz zu den theoretischen Vorgaben, die Champfleury im Geleitbrief an seine Mutter im Romanvorspann anspricht; dort hatte er seine Methode wie folgt umrissen: »Je cherche avant tout à rendre sincèrement dans la langue la plus simple mes impressions. *Ce que je vois* entre dans ma tête, descend dans ma plume, et devient *ce que j'ai vu*. La méthode est simple, à la portée de tout le monde«

(Champfleury, *L'Usurier Blaizot*, S. 2). Tatsächlich jedoch entspricht der Autor im Schlußteil seinem Bekenntnis zu einer Ästhetik der strikten Beobachtung nicht. Anstatt den Tod seiner Hauptfigur Blaizot aus einer unbeteiligten Erzählerperspektive darzustellen, läßt er seinen Roman mit einer farcenhaften Szene ausklingen, die einem Vaudeville gut zu Gesicht stehen würde:

»Blaizot fit sa toilette de nuit et se coucha. Vers les trois heures du matin, le bonhomme poussa un cri terrible. Il avait le cauchemar et parlait tout haut. – Rubeigne! s'écriait-il, chasse-moi tous ces brigands-là! ils me détroussent, ils me détroussent, ils me pillent! ... Au voleur! Ah! la maudite oie! elle m'étouffe, ôte-la de mon estomac! ... (ebd., S. 173). Ah! je meurs! [Ma servante] ne reviendra pas ... vite ... de l'air. Je donne mon argent ... tout, pour ... sans pouvoir achever sa phrase, Blaizot tomba de sa chaise comme un paquet. La Rubeigne ne revint qu'au bout d'un quart d'heure avec le médecin. – Il est bien mort, dit-il, c'est une apoplexie« (ebd., S. 174).

Die eigentümliche Mischung aus realistischer Programmatik und Situationskomik, aus ›aufrichtiger‹ Milieuschilderung und karikierender Überzeichnung seiner Romanfiguren ist insgesamt für die realistische Schreibweise Champfleurys charakteristisch. »Les romans de Champfleury à partir de 1853 sont tous marqués de sa tendance à la caricature et de son penchant à l'humour» (Pichois, 1979, S. 259). Außer *Les Oies de Noël* bzw. *L'Usurier Blaizot* veröffentlicht er im Jahre 1853 noch zwei weitere Romane in Buchform: *Les Aventures de Mademoiselle Mariette* und *Les Souffrances du professeur Delteil* (eine fiktive Verarbeitung seiner Schulerlebnisse im Collège von Laon). Die *Aventures* sind als Schlüsselroman gewertet worden (Martino, 1913, S. 14; Dumesnil, 1936, S. 18), der das Alltagsleben und die Liebesaffären in der Boheme-Szene um Murger und Champfleury widerspiegele. Das Grundthema des Romans sind die diversen Liaisons des leichten Mädchens Mariette, deren wiederholte Treulosigkeiten den Dichter Gérard eine schmerzvolle Lehrzeit des Gefühls erleiden lassen. Der Charakter einer ›éducation sentimentale‹ wird dadurch unterstrichen, daß im Roman regelmäßig Passagen eingestreut werden, die einer ›physiologie de l'amour et de la femme‹ entlehnt sein könnten. Zugleich distanziert sich Champfleury mittels der Porträtierung von typischen Vertretern der Boheme von deren Halbgebildetheit:

»Gérard [d.h. Champfleury] ne pouvait supporter les quarts d'intelligence, les demi-éducations, les gens frottés d'art, les amateurs *éclairés*, les bavards: toutes les fois qu'il se rencontrait avec un de ces êtres, ils devenaient triste, morose et sans paroles« (Champfleury, *Les Aventures*, S. 177).

Der Boheme-Roman Champfleurys artikuliert also auch die allmähliche Abwendung des Autors von einer Lebensform, die er mit Murger und dessen Freunden zuvor mehrere Jahre geteilt hatte. Weiterhin thematisiert *Les Aventures* den trivialen Künstleralltag in der Pariser Szene. Das hervorstechende erzähltechnische Verfahren Champfleurys ist dabei – im Sinne einer Literatur für das Volk –, die Milieu- und Charakteranalyse über seitenlange Passagen von Alltagskommunikation zu vermitteln und die psychologische Analyse fast völlig zu vernachlässigen. Offensichtlich ist der Autor nicht in der Lage, der von ihm so hochgelobten Authentizität der Gefühle in den ›unteren Klassen‹ im Roman in differenzierter Form (wie z.B. bei Gustave Flaubert) Ausdruck zu verleihen.

Der wohl bekannteste Roman Champfleurys zu seiner Zeit ist *Les Bourgeois de Molinchart*, 1855 in der Librairie Nouvelle als Buch erschienen, nachdem er 1854 in *La Presse* vorabgedruckt worden war. Molinchart, eine Gemeinde im Arondissement von Laon, verkörpert das muffige Provinzbürgertum der Heimatstadt Champfleurys, das er in seinem Roman aufs Korn nimmt. Im Mittelpunkt steht die Ehebruchsaffäre der Louise Creton, die sich von dem schmucken Grafen Julien de Vorges verführen läßt. Wie in *Madame Bovary* wird das Motiv der »femme mal mariée« zur Verspottung bürgerlicher Denk- und Verhaltensformen genutzt. Im Gegensatz zu Flaubert erscheint bei Champfleury jedoch die Bourgeoisieschelte wenig nuanciert, insofern deren Repräsentanten undifferenziert von abgrundtiefer Bosheit, von übersteigertem Eigennutz und von extremer Hinterhältigkeit getrieben werden. Zudem ist die männliche Hauptfigur, der Ehemann von Louise, eine bis ins Burleske verzerrte Vaudeville-Figur, die mit Flauberts Konzept des Traurig-Grotesken wenig gemeinsam hat. Also auch in *Les Bourgeois de Molinchart* ist die Karikatur die bevorzugte Methode der Figurenzeichnung.

Der Roman beginnt mit einer wilden Verfolgungsjagd eines Rehes, das im Haus des Advokaten Creton du Coche landet. Einer der Verfolger ist der Graf de Vorges, der bei dieser Gelegenheit die Bekanntschaft der attraktiven Frau Cretons, Louise, macht. Der Advokat ist, ähnlich dem Apotheker Homais in *Madame Bovary*, vom Wissenschaftsgeist seiner Zeit beflügelt und ergeht sich unablässig in lächerlichen Tiraden über die Meteorologie. Außerdem betätigt er sich als Amateurarchäologe. Im Verlauf des Romans gewinnt die boshafte Schwester Ursule Creton, der Louise immer schon ein Dorn im Auge war, Einfluß auf ihren Bruder und denunziert bei ihm mit Hilfe der intriganten Lehrerin des Ortes, Madame Chappe, ihre Schwägerin Louise, als sie deren Beziehung zum Grafen entdeckt hatte. Es gibt einige derb-komische Szenen (ein Prozeß, eine

Sitzung der Racine-Gesellschaft, eine Preisverleihung in der Schule), die Champfleury eher als Farcenschreiber, denn als Realisten ausweisen. Schließlich entführt der Graf Louise nach Paris, und der Leser erfährt, daß seine Zuneigung zur Ehefrau Cretons über ein Jahr gedauert habe. Letzterer bemüht aber das Gesetz und verfolgt den Verführer seiner Frau gerichtlich. Die bevorstehende Verurteilung ist jedoch nicht die vorherrschende Sorge Juliens, sondern vielmehr die Frage, wie das Leben mit seiner nunmehr ungeliebten Mätresse später weitergehen solle: »Plus tard je retrouverai Louise. Mais ensuite!« (Champfleury, *Les Bourgeois de Molinchart*, S. 308). Und mit diesem offenen Schluß bricht der Roman abrupt ab. Der Gegensatz von theoretischem Programm und Fiktion tritt in *Les Bourgeois* deutlicher zutage als in den vorherigen Romanen Champfleurys. Aber letztlich verdankt der Roman dieser Diskrepanz auch gewisse Qualitäten: Gerade, weil der Autor die Karikatur und burleske Elemente gegen sein Credo der strikten Beobachtung und der Aufrichtigkeit der Kunst einsetzt, ist sein Roman stellenweise durchaus interessant, weil amüsant, zu lesen.

Den weiteren Romanen Champfleurys wie *La Succession Le Camus* (1858), *Les Amis de la Nature* (1859) und *Les Amoureux de Sainte-Périne* (1859) war nur ein mäßiger Erfolg beschieden. Sein Stern ging unter, als sich die ›militante‹ Phase der Realismusschlacht ihrem Ende zuneigte. Aus literarhistorischer Perspektive muß Champfleury als ein Autor gelten, der in der Mitte des 19. Jahrhunderts mit der Propagierung einer volksnahen und volksgemäßen Prosa der Aufrichtigkeit seinen spektakulären Auftritt als Neuerer hatte. Seine Romane lassen sich nur vor dem Hintergrund des Protestes gegen die »entêtements de la queue romantique« (Champfleury, 1857, S. 5) in Frankreich verstehen, sind insgesamt aber als mißratene Versuche zu werten, Alltäglichkeit in Durchschnittsmilieus literarisch ansprechend zu gestalten.

Andererseits ist Champfleury dort, wo er eine zum Teil durchaus kunstvolle Prosa anbietet, d.h. in seinen Novellen, völlig unbekannt. *Le violon de faïence* (1862), *Les Enfants du professeur Turck* (1862) und insbesondere *Le Cabaret de ma tante Péronne* (1867) verdienen wegen ihrer stilistischen Präsentierung und originellen, hintergründigen Pointen mehr Beachtung. Exemplarisch sei hier deshalb noch kurz auf *Le Cabaret de ma tante Péronne* eingegangen. Es handelt sich um die amüsante Geschichte von Monsieur Proche, der nach langem Bemühen endlich das ihm zusagende, ausschließlich von Frauen geführte kleine Restaurant ›Ma tante Péronne‹ findet. Zu dem Pariser Restaurant haben nur männliche und unverheiratete Kunden Zutritt, die ausnehmend höflich bedient werden. Eines Tages empfängt Monsieur Proche in Paris seine Kusine Mademoiselle Médaille aus Poitiers, auf deren Erbschaft er spekuliert. Die auffällig gekleidete, ältliche Kusine wird von M. Proche in sein Stammrestaurant ausgeführt; doch welch unliebsame Überraschung, als das weibliche Personal die beiden Gäste nicht bedient, so daß Melle Médaille wütend das Lokal verläßt! Damit ist natürlich die Erbschaft kompromittiert. Als M. Proche einige Zeit später die Wirtin Elisabeth wegen ihres Verhaltens zur Rede stellt, bedeutet diese ihm, daß Frauenbesuch in ihrem Hause unerwünscht sei, zumal wenn es sich um leichte Mädchen wie M. Proches Freundin (also seine Kusine) handelt:

»Vous voyez bien, monsieur, continua Elisabeth, que vous ne trouvez pas un mot de justification. Vous avez compromis un établissement honorable qui ne spécule pas sur la bourse de ceux qui veulent honnêtement s'y conduire ...« (Champfleury, *Ma tante Péronne*, S. 74).

Das Restaurant dient also der Disziplinierung der Junggesellen, und mit dieser Pointe einer Moralpredigt für den ganz und gar harmlosen Adressaten Monsieur Proche erhält die Novelle einen zugleich feinsinnigen und amüsanten Schluß.

2. Edmond Duranty (1833-1880)

Die französische Literaturgeschichtsschreibung hat Duranty nicht mehr Bedeutung zugemessen als Champfleury. Abgesehen von der Würdigung seiner Rolle als Chefideologe der realistisch-programmatischen Bewegung wurde er als Romancier kaum beachtet; allenfalls der Kunstkritiker Duranty, der die neue Schule des Impressionismus kommentiert, hat die Nachwelt auf sich aufmerksam gemacht (vgl. Duranty, *La Nouvelle Peinture*, 1876). Gleichwohl sind sich die Spezialisten des französischen Realismus einig, daß »Duranty sehr zu Unrecht vergessen worden ist« (Dumesnil, 1936, S. 33). Bereits Barbey d'Aurevilly hat eine ausgesprochen positive Meinung von Durantys erstem Roman *Le Malheur d'Henriette Gérard* (Barbey d'Aurevilly, 1968, S. 138) und bringt, wie im übrigen auch Emile Zola, Durantys Erzählweise in Verbindung mit der psychologischen Analyse eines Stendhal (vgl. dazu auch van de Locht, 1995, S. 5).

Trotz der Zurückhaltung, welche die Forschung dem Romanwerk Durantys entgegengebracht hat, haben sich einige Spezialisten intensiv mit dem Realisten Duranty befaßt (Tabary, 1954; Crouzet, 1964) und auch die biographischen Fakten und Daten des Autors recherchiert. Für Crouzet ist Duranty der erste und einzige der realistischen Autoren, der es geschafft habe, in seinen Romanen eine echte »Anatomie« sowohl der Menschen als auch der Dinge zu präsentieren (ebd., S. 538f.). Und Claude Pichois, der Champfleury sehr kritisch beurteilt hat, lobt den ansprechenden Stil der ersten beiden Romane Durantys (Pichois, 1979, S. 268). *Le Malheur d'Henriette Gérard* (1860) und *La Cause du beau Guillaume* (1862) wurden nach dem Tode Durantys mehrfach neu editiert (*Le Malheur* 1942/1981; *La Cause* 1920, 1942, 1985). Auch das Vorbild des Autors, Champfleury, äußert sich z.B. über *Le Malheur* sehr wohlwollend (vgl. Crouzet, 1964, S. 79f.). Insgesamt fällt das Urteil der Kritiker über Duranty unvergleichlich milder aus als das über Champfleury. Sie drücken ihr Unverständnis darüber aus, daß Duranty vom Publikum so kalt aufgenommen wurde, was z.B. Zola wiederholt zutiefst bedauert (vgl. die diversen Belege bei van de Locht, 1995, S. 6).

Zunächst einige Lebensdaten des Vorkämpfers für den Realismus (eine ausführliche Biographie findet sich bei Tabary, 1954, und Crouzet, 1964). Duranty war Journalist, Literatur- und Kunstkritiker, Romancier, Novellist und Leiter eines Marionettentheaters. 1833 in Paris als uneheliches Kind des Versicherungsinspektors Edmond Anthoine und der Emilie Lacoste, einer ehemaligen Freundin Mérimées, geboren (im Taufregister gibt seine Mutter den Namen Emilie Duranty an), verbringt er seine Jugend wahrscheinlich in der Provinz. 1852 kommt er dann nach Paris zurück und trifft dort Champfleury, dessen Persönlichkeit und Theorien er bewundert. Champfleury gibt Durantys Leben eine neue Richtung, denn Duranty wird sein gelehrigster und treuester Gefolgsmann (vgl. Crouzet, 1964, S. 47f.). Nach dem Intermezzo der Monatshefte *Réalisme* (1856/57), in denen Duranty seine Theorie des literarischen Realismus entwickelt (im Verein mit Assézat und Thulié), veröffentlicht er seine ersten Romane und leitet von 1861 bis 1870 das *Théâtre des Marionnettes* in den Tuilerien, nachdem er 1857 von seinem Posten als Angestellter der »domaines et forêts de la Couronne« zurückgetreten war. In den Jahren 1864/65 beginnt seine langjährige Freundschaft mit Emile Zola, den er im Verlagshaus Hachette getroffen hatte. Weitere Freundschaften verbinden ihn mit Degas, Manet und insbesondere mit Henri Fantin-Latour (1836-1904), der seinen Freund Duranty auf dem berühmten Gemälde »Hommage à Delacroix« (1864) u.a. neben Champfleury und Baudelaire im Ehrenkomitee auftreten läßt. 1870 hatte Duranty einen wenig schmeichelhaften Artikel über die Ausstellung Manet im *Cercle de l'Union artistique* verfaßt, was ihm Manet mit einer Ohrfeige heimzahlt. Das unvermeidliche Duell im Wald von Saint-Germain endet glimpflich: Duranty ist nur leicht blessiert, so daß man am gleichen Abend im Künstlercafé Guerbois auf dem Montmartre eine zünftige Versöhnung feiern kann. 1872 veröffentlicht Duranty einen dritten Roman *Les combats de Françoise Duquesnoy*, der ähnlich der *Princesse de Clèves* die außereheliche Liebe einer Frau im Konflikt zwischen Zuneigung und Pflichterfüllung thematisiert. In den folgenden Jahren ist Duranty des weiteren als Novellist in Erscheinung getreten (*Les Séductions du Chavalier Navoni*, 1877, und *Six barons de Sept-Fontaines*, 1878). Bekannt geworden ist das Porträt des Autors von Degas aus dem Jahre 1879, das auf die intensive Aktivität Durantys als Kunstkritiker verweist. Umgeben von seiner Lebensgefährtin Pauline und seinen Freunden Degas und Zola stirbt Duranty 1880 in tiefer Armut. Seine sterblichen Überreste werden fünf Jahre nach seinem Tod auf den Pariser Prominentenfriedhof Père Lachaise übergeführt, wo Duranty in der Nähe von Balzacs Grabstätte ruht.

Duranty hat sich zeitlebens als Versager gesehen, zumal er stark unter dem Desinteresse litt, das die Öffentlichkeit seinen Romanen entgegenbrachte. *Le Malheur* hat er 1856/57 verfaßt, 1858 in *Le Pays* als Fortsetzungsroman und 1860 in Buchform veröffentlicht. Emile Bouvier hält die Struktur des Romans eindeutig für gelungener als die der Romane Champfleurys (Bouvier, 1913, S. 338). Der Roman thematisiert die Auflösung einer bürgerlichen Familie aus der Provinz. Henriette Gérard, die junge, achtzehnjährige Tochter des reichen Landwirtes Pierre Gérard und »Madame Gérard» («un type de distinction parisienne», *Le Malheur*, S. 17), liebt den aus bescheidenen Verhältnissen stammenden Emile Germain und setzt sich in den Kopf, diesen gegen den Willen der Familie, die Schande der Mesalliance mißachtend, zu heiraten. Der Roman schildert ausladend die Bildung einer mächtigen Familienliga gegen diese Verbindung und zeichnet zugleich das Porträt der aufstiegs- und ruhmhörigen, verlogenen Provinzgesellschaft. Henriette soll schließlich den vierzig Jahre älteren, aber vermögenden Dieudonné Mathéus heiraten. Sie widersetzt sich aber gegen alle Regeln töchterlichen Wohlverhaltens der Familienentscheidung und beharrt auf ihrer Liebe zu dem unvermögenden Emile Germain. *Le Malheur* ist also vor allem auch ein Sittenroman, in dem Duranty die Familien- und Ehepolitik seiner Zeit scharf angreift. So kann Henriettes Widerstand gegen das Heiratsdiktat der Eltern als Aufruf zum Widerstand der Frau gegen die Praxis der Vernunftehe im 19. Jahrhundert interpretiert werden. Henriette und ihre intrigante Mutter sind im übrigen im Roman die dominierenden Figuren; die männlichen Gestalten, der Vater Henriettes oder auch ihr Freund Emile, sind demgegenüber schwach, wenn nicht, wie Mathéus, schlicht jämmerlich. Wird auch Henriettes Widerstandswille gegen Ende des Romans gebrochen, so ist der Preis für den erzwungenen Sinneswandel der Tochter hoch. Als Henriette nach der Hochzeitsnacht mit Mathéus vom Selbstmord ihres verschmähten Freundes erfährt, wird sie gegen ihren Mann gewalttätig und schüttelt ihn voller Zorn so lange, bis er einen Schlaganfall erleidet, von dem er sich nicht mehr erholt. Der ridikülisierte Ehemann wird also letztlich von seiner Frau eigenhändig ›ins Jenseits befördert‹. Als Witwe ist Henriette nun zugleich reich und frei, weil Mathéus seiner Frau per Heiratsvertrag sein Vermögen vermacht hatte. Sie kann sich von ihrer verhaßten Familie lossagen: »Die Heiligtümer des Bürgertums, die Familie, die Ehe und der Status des bürgerlichen Patriarchen bleiben auf der Strecke« (Dethloff, 1988, S. 184).

Im Zentrum von Durantys Roman stehen die Charakterzeichnung und die Alltagskommunikation der Repräsentanten der französischen Provinz. Interieur- oder Naturbeschreibungen kommen so gut wie nicht vor. Die radikale Negativzeichnung der Mutter Henriettes erinnert an die Bürgerschelte Champfleurys in *Les Bourgeois de Molinchart*: Madame Gérard ist kalt, berechnend, hat kein Verständnis für ihre Tochter, betrachtet diese im Gegenteil als Konkurrentin in ihrem Umgang mit Männern; sie ist triumphsüchtig und geldgierig. Demgegenüber wird Henriette von Duranty zu einer charakterstarken Protestfigur aufgebaut. Es gibt zwei starke Szenen im Roman, in denen Henriette die Norm bürgerlichen Wohlverhaltens als Frau in spektakulärer Weise durchbricht. Einmal erklärt sie vor der versammelten Salongesellschaft im elterlichen Haus, daß sie mit Emile Germain bereits einen »amant« habe, den sie zudem heiraten wolle, was in den Augen der provinzbürgerlichen Gesellschaft einer unerhörten Selbstentehrung gleichkommt (vgl. *Le Malheur*, S. 210-212). Und zum Schluß bringt sie ihren frisch getrauten, fast greisen Ehemann zu Tode und demoliert das gesamte Inventar:

»Mathéus se laissait secouer comme une masse inerte! Elle le lâcha et tourna un instant autour de l'appartement; ne trouvant pas à donner une issue assez rapide à sa douleur furieuse par des paroles, elle envoya un grand revers de mains sur des porcelaines, des bijoux pressés sur une table, dons du vieillard, et les fit voler en éclats; des morceaux atteignirent la tête de Mathéus. Il joignit les mains et glissa à terre, évanoui! Henriette ne pouvait se calmer; elle s'approcha, le foula aux pieds, et, prise de folie, elle continua à briser tout ce qui était dans l'appartement« (*Le Malheur*, S. 379).

Die Nebenpersonen des Romans wirken, ähnlich den Figuren Champfleurys, überzeichnet und geraten in die Nähe der Karikatur.

Überhaupt hat *Le Malheur* zuweilen einen »satirischen Einschlag« (van de Locht, 1995, S. 179). Duranty verwirklicht in seinem Erstlingsroman sein ästhetisches Programm also nicht konsequent (vgl. auch Pichois, 1979, S. 264). Die Plattheit bürgerlicher Alltagskommunikation und das Thema der Mesalliance im Rahmen der bürgerlichen Familienmoral unterstreichen seine Intention, eine authentische, schichtspezifische Milieudarstellung zu geben. Andererseits wird dieser dem *sincérité*-Postulat entsprechende Aspekt des Romans von dessen satirischen Elementen weitgehend neutralisiert, so daß man den Theoretiker Duranty in *Le Malheur* nur bedingt wiederfindet.

Durantys zweiter Roman *La Cause du beau Guillaume* rückt wiederum die Problematik der Unstandesgemäßheit einer Liebesverbindung in den Mittelpunkt, diesmal mit vertauschten Rollen. Louis Leforgeur, ein melancholischer junger Mann aus gutbürgerlichem Hause, hat sich im Dorf Mangues-le-Vert bei Orléans in ein kleines Haus zurückgezogen. »[Il] était un être assez bizarre, plein de qualités et de défauts, et dont le caractère devait à l'excessive sensibilité de ses nerfs quelque chose de féminin« (*La Cause*, S. 21). Er lernt das schöne Bauernmädchen Lévise Hillegrin kennen; sie wird seine schüchterne und ergebene Mätresse und zugleich sein Dienstmädchen. Das Liebesglück der jungen Leute wäre ungetrübt, wäre da nicht der brutale Wilderer Guillaume, der seit langem Anspruch auf Lévise erhebt. Lévise wird schließlich von Guillaume unter Mithilfe von Lévises Bruder Volusien erschossen und Louis schwer verletzt.

Auch in diesem Roman ist die weibliche Hauptgestalt Lévise mit einer Vielzahl von Qualitäten ausgestattet. Sie ist zärtlich, aufopfernd, loyal und uneigennützig. Louis ist demgegenüber ein inkonsequenter, zum Müßiggang neigender, standesbewußter, aber entscheidungsschwacher Mensch, der letztlich mittelbar die Tat des animalischen Guillaume provoziert. *La Cause du beau Guillaume* stellt in vieler Hinsicht eine Anwendung der theoretischen Grundpositionen Durantys dar. Ein klarer Aufbau, ein eingängiger, unkomplizierter Stil, wenn auch durchwirkt mit etlichen Passagen in erlebter Rede, und die Darstellung der »basses classes« weisen den Roman als adressatenbezogen aus: die Lebenswelt des Volkes, aufgezeichnet für das Volk. Dementsprechend beschreibt der Autor sehr detailliert den Ablauf von zwei Schlägereien, die dem Credo der ›schrecklichen Genauigkeit‹ der Programmatiker entsprechen. Erzählerkommentare sind in *La Cause*, im Gegensatz zum ersten Roman, *Le Malheur*, selten, wiederum dominieren die Passagen mit Alltagskommunikation, Natur- und Interieurbeschreibungen haben gegenüber *Le Malheur* zugenommen.

Am Schluß des Romans hat sich der Leser auf einen psychisch völlig veränderten Louis Leforgeur einzustellen. Er zeigt sich über den Tod seiner Geliebten wenig bekümmert und erweist sich nach der psychischen Verarbeitung seines Liebesabenteuers als normaler Bourgeois, der auf seine Karriere bedacht ist. Aus der Unterschichtromanze mit bitterem Ausgang für die junge Bäuerin geht ein geläuterter und zugleich egomaner, der Gesellschaft angepaßter Louis Leforgeur hervor, der sein Liebesabenteuer verdrängt hat. Psychologischer Realismus und romantischer Klassenausgleich mit tragischem Ausgang, die Schilderung von Unterschichtmilieus und bourgeoises Klassendenken, Einfachheit der Syntax und des Stiles und komplexe Bewußtseinsvorgänge in Form des ›style indirect libre‹, innerhalb dieser Oppositionspaare bewegt sich der Roman durchgängig. Ohne Zweifel ist Duranty von den Akteuren der Realismusschlacht derjenige, der die künstlerisch anspruchsvollsten Romane geschrieben hat. Sie hätten durchaus einen ständigen Platz in der französischen Literaturgeschichte des 19. Jahrhunderts verdient.

VII. Gustave Flaubert (1821-1880)

Mit der Veröffentlichung von *Madame Bovary* in der *Revue de Paris* im Jahre 1856 tritt in die Geschichte des europäischen Romans eine der entscheidendsten Wendungen ein. Wie Jean-Paul Sartre stellvertretend für viele in seinem monumentalen Werk, *l'Idiot de la famille*, unterstreicht, hat Gustave Flaubert als der Schöpfer des modernen Romans zu gelten, auf den sich die Romankritik und -ästhetik der Moderne beruft oder bezieht (Sartre, 1971/72, Bd.I, S. 8). Daß Flaubert mit *Madame Bovary* einen auch für seine Zeitgenossen überraschenden, z.T. provozierenden neuen Romantyp lanciert hat, spiegelt sich in der zeitgenössischen Rezeption. Sainte-Beuve unterstreicht die originellen Merkmale von Flauberts Romankunst wie Wissenschaftlichkeit und Genauigkeit der Beobachtung, zeigt sich jedoch von der Vorliebe des Autors für Detailbeschreibungen nach Art der »anatomistes« wenig begeistert (Sainte-Beuve, *Le Moniteur universel*, 4. Mai 1857). Ähnlich hatte ja auch einer der Hauptvertreter des programmatischen Realismus, Edmond Duranty, geurteilt und behauptet, *Madame Bovary* bestehe nur aus gefühlloser »description matérielle« (*Réalisme*, 15. März 1857). Cuvillier-Fleury entdeckt bei Flaubert das Hauptlaster des programmatischen Realismus wieder: die *écriture* im Sinne der photographischen Reproduktion von Wirklichkeit (*Journal des Débats*, 26. Mai 1857). Die Romanbesprechungen sind insgesamt äußerst kontrovers und reichen vom Verdikt der »Dekadenz« (A. de Pontmartin, *Le Correspondant*, Juni 1857) bis zum mäßigen Lob der formalen Präsentierung des Romans (z.B. N. Roqueplan, *La Presse*, 16. Mai 1857). Zur besten Werbung für den Roman wird der Prozeß, den die Staatsanwaltschaft, vertreten durch den »substitut« Pinard, gegen *Madame Bovary* wegen des Deliktes der Verherrlichung des Ehebruchs anstrengte. Auch die *Revue de Paris*, die den Roman zunächst als Feuilleton veröffentlichte, wird juristisch belangt. Die geschickte Verteidigung des ehemaligen Innenministers der Achtundvierziger Revolution erspart Flaubert ein härteres Urteil, da Maître Antoine Sénard (1800-1855) durch seine Taktik, die »horreurs du vice« im Roman als Ermunterung zur Tugendhaftigkeit zu interpretieren, die Richter überzeugt. Am 7. Februar 1857 erhalten Flaubert, sein Herausgeber und sein Drucker einen »Tadel«, werden im Prinzip jedoch freigesprochen. Der Tadel wird wie folgt begründet: »... la mission de la littérature doit être d'orner et de recréer l'esprit en élevant l'intelligence et en épurant les moeurs plus encore que d'imprimer le dégoût du vice en offrant le tableau des désordres qui peuvent exister dans la société« (Flaubert, 1971, S. 451). Mit einem Schlag war Flaubert also bekannt. Innerhalb von zwei Monaten werden 15000 Exemplare seines Romans verkauft, eine beachtliche Anzahl für diese Zeit. Dennoch verstummen die scharfen Angriffe gegen den Roman nicht. Barbey d'Aurevilly (1808-1889) beklagt die herzlose Beschreibungswut Flauberts in seinem berühmt gewordenen Verdikt:

»Si l'on forgeait à Birmingham ou à Manchester des machines à raconter et à analyser, en bon acier anglais, qui fonctionneraient toutes seules et par des procédés inconnus de dynamique, elles fonctionneraient absolument comme M. Flaubert« (*Le Pays*, 6. Oktober 1857).

Der Artikel Baudelaires im *Artiste* vom 18. Oktober 1857 rückt schließlich die kontroversen Auffassungen mit einer fundierten kritischen Würdigung des Romans zurecht. Zu einem ersten Überblick über die zeitgenössische und moderne Rezeption von *Madame Bovary* sei im übrigen auf Gérard Gengembre (1990, S. (111-117) verwiesen.

Wie schon Champfleury, weist Flaubert die Identifizierung seiner Werke mit der »école réaliste« zurück. »Et notez que j'exècre« – schreibt er an George Sand – »ce qu'on est convenu d'appeler le *réalisme*, bien qu'on m'en fasse un des pontifes« (Flaubert, *Extraits*, 1963, S. 269). Andererseits ist gerade auch seine Biographie und sein literarischer Werdegang typisch für die progressive Überwindung der Romantik und die Herausbildung einer realistischen Romankunst.

Es gibt wohl kaum einen französischen Autor im 19. Jahrhundert, bei dem Leben und Werkproduktion derart parallel verlaufen. Am 21.12.1821 in Rouen als Sohn des Chefchirurgen des Städtischen Krankenhauses geboren, wird er seit frühester Jugend für die Methode der wissenschaftlichen Beobachtung sensibilisiert. Der Vater hat ihn, da der erstgeborene Bruder Achille bereits für die Arztkarriere auserkoren ist, zum Jurastudium bestimmt, das Flaubert höchst widerwillig und mit nur mäßigem Erfolg in Paris betreibt. Insgeheim frönt er bereits seit seiner frühesten Jugend seiner Leidenschaft des Schreibens und fühlt sich von dem Karrierebewußtsein des Vaters abgestoßen. Sartre hat in seiner Trilogie (1971/72) die psychische und familiäre Situation des jungen Flaubert bis in die feinsten Verästelungen durchleuchtet und die neurotische Reaktion des zweitgeborenen Sohns beschrieben. Dieser fühlt sich für die Schriftstellerei prädestiniert und nicht für den typisch bürgerlichen

Beruf des Advokaten; das Schreiben wird für ihn eine »question de vie ou de mort«, wie er seinem Lehrer Gourgaud-Dugazon schreibt (Flaubert, *Corr*, I, S. 94). So beginnt also Flaubert vor dem zehnten Lebensjahr zu schreiben, ein Akt der Zurückweisung der Wertewelt des Vaters und älteren Bruders und zugleich auch Ausdruck seiner sich noch ganz im Bannkreis der großen romantischen Dichter und Themen entwickelnden Gefühlswelt. »Mais moi, qui suis *un vieux romantique* ...«, bekennt er noch 1866 seiner verehrten Dichterfreundin George Sand (*Corr*. III, S. 535; vgl. auch die umfassenden biographischen Studien zu Flaubert bei Shanks, 1927, u. Dumesnil, 1947 u. 1961).

1. Die Überwindung des romantischen Erbes

Das romantische Lebensgefühl des jungen Flaubert äußert sich in seinen ersten literarischen Versuchen zwischen 1835 und 1838 in seinem Hang zur Verinnerlichung, zur pittoresken Verarbeitung von Impressionen, zur morbiden, melodramatischen Verzerrung historischer Episoden (vgl. u.a. *Matteo Falcone, La mort du Duc de Guise, Chronique normande du Xème siècle*). Wie Stilübungen zu Byron, Hugo und Vigny wirken die von Jean Bruneau (1962) eingehend untersuchten literarischen Gehversuche des ›Problemkindes‹ im Hause Flaubert. Bereits in seinen frühen literarischen Arbeiten offenbart sich im Keim das Flaubertsche Dilemma einer bipolaren Persönlichkeit, die das Gesamtwerk des Autors prägt und zugleich strukturiert. Die langen Gespräche mit seinem Freund Alfred Le Poittevin über Leidenschaft, Weltschmerz, Desillusionserlebnisse, über den Reiz der Exotik ferner Länder, über Themen also, die so gar nicht mit der grauen Wirklichkeit der bürgerlichen Denk- und Lebensmuster unter der Julimonarchie harmonieren, schärfen sein Bewußtsein für den Kontrast zwischen erfahrener und erträumter Realität und lassen ihn zwischen innerer Zerrissenheit und zur Schau getragener, zu zotiger Derbheit neigender Fröhlichkeit hin- und herschwanken. Diese Inkonsistenz in seinem Naturell findet ihren literarischen Ausdruck in dem kontrastiven Nebeneinander hochdramatischer und grotesker Elemente in seinen frühen Erzählungen.

Eine Erzählung wie *Un parfum à sentir* (1836) spiegelt die noch ungeordneten Ideen und Gefühle des jungen Flaubert. Die melodramatische Geschichte von der Gauklerin Marguerite, der häßlichen, eifersüchtigen, herumbettelnden Frau des Gauklers Pedrillo, und ihrer schönen Nebenbuhlerin Isabellada, in die sich Pedrillo verguckt, wirkt wie eine Victor Hugo nachempfundene Etude zur romantischen *grotesque-sublime*-Dichotomie. Der melodramatische Grundtenor wird noch durch übersteigerte Gefühlsausbrüche, durch die Darstellung sozialen und physischen Leidens und durch extreme Handlungsmuster verstärkt. So liefert Pedrillo seine eifersüchtige Frau einem Zirkuslöwen aus. Zugleich deutet sich in dieser Erzählung bereits Flauberts Skepsis gegenüber dem fortschrittsgläubigen Bürgertum, wie überhaupt sein Zeitpessimismus an. Das grelle Schlußtableau ist hier besonders eindrucksvoll: Es signalisiert trostlose Fatalität. Marguerite nimmt sich aus Gram über die Untreue ihres Mannes das Leben, und Isabellada präsentiert sich im Glanz ihres Arriviertseins, als sie mit ihrer Kutsche durch die Stadt paradiert. Zur philosophischen Grundstimmung seiner Erzählung vermerkt Flaubert am Schluß, sie sei traurig, bitter, finster und skeptisch (Flaubert, 1991, S. 75), und liefert hier bereits eine Probe von seiner pessimistischen Grundhaltung, die sein gesamtes späteres Romanwerk prägen wird.

Es ist für das Gesamtverständnis Flauberts unverzichtbar, die allmähliche Reifung seiner Wirklichkeitsgestaltung in seinen Jugendschriften zu verfolgen, da sie bereits im Keim die ästhetischen Prinzipien seiner großen realistischen Romane enthalten. In *Novembre* (1842), Flauberts erstem Roman, in dem er seine persönlichen Erfahrungen zu einer komplexen Romanfiktion verarbeitet und den autobiographischen Duktus seiner *Mémoires d'un fou* (1838) überwindet, wird der Ich-Protagonist des ersten Romanteiles noch in der typisch romantischen Manier gestaltet. Themen, Motive, Topoi und die Erzählform sind an romantischen Vorbildern (wie zum Beispiel an Chateaubriands *René*) orientiert: selbstquälerische Gefühlsanalysen, Evokation eines übermächtigen Liebesverlangens, Ekstase- und Ennuierfahrungen, das Motiv der edlen Dirne, eine pantheistische Naturauffassung, die Flucht in Traumwelten, die Abkehr von der Gesellschaft und von aktiver Lebensgestaltung und eine omnipräsente Todesnostalgie (vgl. dazu Dethloff, 1976, S. 27-34). In Flauberts Erstlingsroman werden ein romantischer Ich-Erzähler und die Prostituierte Marie, die sich trotz ihrer ausgeprägten Nymphomanie ein edles Herz und ein romantisch verklärtes Liebesideal bewahrt hat, gegenübergestellt. Für die Entwicklung von Flauberts Romankunst ist nun von Bedeutung, daß seine Erzählung im dritten Teil progressiv ›unromantische‹ Züge annimmt, die zusätzlich durch den Wechsel in der Erzählhaltung von der Ich- zur Er-Form akzentuiert werden. Der lange Lebensbericht Maries im Mittelteil verläßt die Ebene der romantischen Glorifizierung der edlen Dirne zusehends, als ihr Lebensbericht zur Krankengeschichte einer Sexualneurose gerät, deren Symptome zudem in Form psychopathischen Verhaltens ausführlich beschrieben werden. Schließlich wird im dritten Teil des Romans das im romantischen Sinne zwangsläufige Scheitern des Ich-Erzählers und seine Todeserwartung in Form eines recht wirklichkeitsnahen pathologischen Verhaltens und physischen wie geistigen Dahinsiechens beschrieben:

»... il ne se lavait plus les mains, il vivait dans une saleté de pauvre, la même chemise lui servait une semaine, il ne se faisait plus la barbe et ne se peignait plus les cheveux (...). Il se mit à boire de l'eau-de-vie et à fumer de l'opium; il passait souvent ses journées tout couché et à moitié ivre, dans un état qui tenait le milieu entre l'apathie et le cauchemar« (Flaubert, 1991, S. 485).

Außerdem mokiert sich ein neu auftretender, zweiter Ich-Erzähler über die fatale Selbstzerstörung des ersten Ich-Protagonisten. Der Roman erhält also im letzten Teil einen unverkennbaren ›realistischen‹ Tenor. Wenn sich auch das Scheitern des Helden aus der Unvereinbarkeit von Absolutheitsanspruch und Idealstreben mit permanenten Desillusionserfahrungen erklärt, also aus dem typischen romantischen Teufelskreis erwächst, so deuten die konkreten Verfallserscheinungen wie auch die pathologisch auffällige Triebhaftigkeit der Dirne Marie auf die späteren großen realistischen Romane Flauberts hin. Außerdem scheint der Autor seinen zweiten Ich-Erzähler kreiert zu haben, um sich von dem ersten ironisch zu distanzieren. Die Ansätze zu einer realistischen Personengestaltung finden allerdings auf der Ebene der verwendeten Erzähltechnik keine Entsprechung. Zwar gibt es das bekannte Argument Sartres, Flaubert habe den ersten Ich-Erzähler zum Er-Helden transformiert, als er merkte, »qu'il *ne pouvait plus* parler de lui-même à la première personne« (Sartre, 1971/72, Bd. II, S. 1717), aber diese Auffassung Sartres ist anfechtbar, da Flaubert im letzten Teil von *Novembre* fortfährt, von sich in der ersten Person zu sprechen. Dies äußert sich in der Kontinuität der Ich-Form bis zum Schluß, ist der zweite auftretende Erzähler ja wiederum ein Ich-Erzähler. Die Erzählstruktur von *Novembre* ›Ich I – Er – Ich II‹ gibt dem in die Er-Form überführten Ich des Schlußteiles keine Eigenständigkeit. Flauberts Kunst in *Novembre* bleibt subjektiv, da er die auf der Ebene der Personenkonzeption vollzogene Entwicklung zu einer größeren Wirklichkeitsbezogenheit auf der Ebene der Erzähltechnik noch nicht vollzieht:

»Zeichnet sich einerseits in *Novembre* die Tendenz zu einer Überwindung des romantischen Heldentyps eindeutig ab, verharrt Flaubert andererseits in viel höheren Maße bei romantischen Formen der Personendarstellungstechnik. Das Nebeneinander von typisch Romantischem und unfertigem Neuen hinterläßt beim Leser den Eindruck einer gewissen Uneinheitlichkeit und verleiht *Novembre* die Dimension eines romankompositorischen und technischen Experimentes« (Dethloff, 1976, S. 49).

In Flauberts Korrespondenz häufen sich zu Beginn der vierziger Jahre die Anzeichen einer inneren Krise. Seine Abscheu vor einer, wie er meint, stupiden, bürgerlichen Karriere und seiner Eingliederung in die gesellschaftliche Normalität äußert sich in respektlosen Sarkasmen gegenüber dem, was man von einem jungen Mann seines Standes in der Gesellschaft der Julimonarchie erwartet:

»Il me reste encore les grands chemins, les voies toutes faites, les habits à vendre, les places, les mille trous qu'on bouche avec des imbéciles. Je serai donc bouche-trou dans la Société, j'y remplirai ma place, je serai un homme honnête, rangé, et tout le reste si tu veux; je serai comme un autre, comme il faut, comme tous, un avocat, un médecin, un sous-préfet, un notaire, un avoué, un *juge* tel quel, une stupidité comme toute les stupidités ...« (Flaubert, *Corr.* I, S. 49).

Als Flaubert im Jahre 1843 durch sein zweites juristisches Examen fällt, scheint er die Prognose von dem, was Sartre den »Trottel der Familie« nennt, zu bestätigen. ›Glücklicherweise‹ kommt ihm ein ernstes Gesundheitsproblem zu Hilfe, denn 1844 hat er bei Pont-l'Evêque in seinem Kabriolett seinen ersten Nervenanfall, den die Flaubertkritik später mit einer epileptischen Krankheit identifiziert. Flaubert ist also ab 1844 ein ›grand malade‹, und er kann sich, nachdem sein Vater im gleichen Jahr ein Anwesen in Croisset bei Rouen erworben hat, als schreibender ›Eremit‹ auf diesen Herrensitz an der Seine zurückziehen. Das Gespenst bürgerlicher Normalität ist damit vorerst vertrieben. Das aktive Leben Flauberts ist wegen seiner prekären Gesundheit beendet; die *vita contemplativa* des Schriftstellers nimmt ihren Lauf. »Ma vie active, passionnée, émue (...) a fini à 22 ans. A cette époque, j'ai fait de grands progrès tout d'un coup, et autre chose est venu«, schreibt er am 31. August 1846 seiner Mätresse Louise Colet (Flaubert, *Corr.* I, S. 322). Dieses »andere« kristallisiert sich vor allem während seiner diversen Reisen heraus: 1847 eine Reise mit seinem Freund Maxime Du Camp in die Bretagne (*Par les champs et par les grèves*) und 1859/50 die lange Reise mit dem gleichen Partner in den Orient, wovon die *Notes de voyage* (1910) ein beredtes Zeugnis ablegen.

Bereits einige Jahre früher hat der junge Flaubert seiner intellektuellen und künstlerischen Entwicklung in der ersten (von der ›zweiten Fassung‹ von 1869 völlig verschiedenen) *Education Sentimentale* (1845) literarischen Ausdruck verliehen. In der Tat kommt diesem zweiten Roman des Autors als Bindeglied zwischen so unterschiedlichen Romanen wie *Novembre* und *Madame Bovary* eine besondere Bedeutung zu, zumal der Erzähler im letzten Romandrittel seine künstlerische Entwicklung eigens thematisiert. Zwar findet die literarische Gestaltung romantischer Motive wie Träumereien über die romantische Liebe, Ennui als Grundbefindlichkeit des Menschen und der Todeswunsch des an der Wirklichkeit zerbrechenden romantischen Outsiders, wie sie für *Novembre* typisch sind, in der *Education* von 1845 ihre Fortsetzung; der Grundtenor des Roman hat sich jedoch gewandelt. In der *Education* wird die ›Lehrzeit des Gefühls‹ als eine archetypische menschliche Entwicklungsphase schlechthin und nicht als spezifisch romantischer Initiationsritus konzipiert. Der Roman beschreibt in kontrastiver Form den Lebensweg und Werdegang zweier Freunde, Henry und Jules, es handelt sich also um einen Bildungsroman. Diese Freundschaft erwächst aus einer gemeinsamen Leidenschaft für eine romantische Lebensgestaltung. Schwärmerische Zukunftsvisionen und die Verherrlichung jeder Art von Exotik machen die beiden unzertrennlich. Später jedoch gehen ihre Wege auseinander: Henry betreibt sein Jurastudium in Paris, Jules erhält eine untergeordnete Stellung in der Provinz. Die Trennung der Freunde gibt dem Erzähler Gelegenheit zur Darstellung von zwei verschiedenen Liebesbeziehungen. Sehr schnell entwickelt Henry einen ausgeprägten Realitätssinn. Sein Verhältnis zur koketten Pensionswirtin Emilie Renaud gestaltet sich als eine stark sexuell motivierte Bindung, die aber bald unter den Symptomen gegenseitiger Sättigung leidet. Demgegenüber schmachtet der sensiblere Jules in platonischer Verzückung nach der Schauspielerin Lucinde, deren Falschheit er aufgrund seiner romantisch deformierten Vorstellung von der Liebe nicht erkennt. Das parallele Negativerlebnis von Henry und Jules wird Ausgangspunkt für die Überwindung ihres romantischen Selbstverständnisses zu Romanbeginn. Mit einer fühlbaren Distanz zeichnet der Erzähler in Form einer programmatischen Gegenüberstellung die Entwicklung Henrys zur ›vie active‹ und Jules' zur ›vie contemplative‹. Henry wird zum angepaßten Bourgeois, der nach seinem halbherzigen Ausbrechen aus den gesellschaftlichen Normen – er flieht sogar mit seiner verheirateten Mätresse nach Amerika – seine »éducation sentimentale« abgeschlossen hat und sich zum bürgerlich sozialisierten, angepaßten Pragmatiker entwickelt. Jules entkommt dem romantischen Teufelskreis von Illusion und Desillusionierung, der ihn fast zum Selbstmörder werden läßt, auf eine ganz andere Weise, die für die Entwicklung des Flaubertschen Kunstideals von höchster Relevanz ist. In der Tat läßt der Autor seinen Protagonisten seinen eigenen Abkehrprozeß von der

Romantik durchleben. In Kapitel XXVII des Romans macht der Erzähler mittels seiner Gestalt Jules dem romantischen Seinsmodus mit seinen beherrschenden Topoi den Prozeß und entwickelt im Ansatz bereits eine vom Prinzip der Unbeteiligtheit geleitete, alternative Kunstauffasung: »Arrivé à cette haute impartialité critique, qui lui semblait le vrai sens de la critique et qui doit au moins en être la base, il renonça aux parallèles où l'on fait de si douces antithèses...« (Flaubert, 1993, S. 308). Jules optiert für ein Leben als Künstler, der, befreit von seinen emotionalen Verstrickungen und romantischen Aspirationen, beschließt, die Welt nicht mehr zu ›leben‹, sondern nur noch aus der Distanz zu schauen.

Der zweite Jugendroman Flauberts stellt eine wichtige Etappe auf dem Weg zu einer realistischen Kunst durch die Überwindung seines romantischen Erbes dar. Die sich in *Novembre* bereits abzeichnende Tendenz zu einer Überlagerung von romantischer und realistischer Personenauffassung erhält in der *Education* von 1845 eine ungleich schärfere Kontur, insofern am Beispiel der beiden Protagonisten Henry und Jules die romantische Ausgangskonzeption beider Figuren von dem Oppositionsschema bürgerlicher/künstlerischer Existenzmodus ersetzt wird. Mit der Präsentation einer komplexen Romanfiktion durch die Kombination eines umfassenden Ensembles von Haupt- und Nebenpersonen, durch die Verfeinerung der Porträt-, Szenen- und Perspektiventechnik, durch die okkasionelle Verwendung der erlebten Rede weist diese erste Fassung der *Education* um vieles über *Novembre* hinaus. Dennoch stehen Welten zwischen diesem Roman und *Madame Bovary*. Dies rührt insbesondere daher, daß Flaubert die theoretisch vollzogene Hinwendung seines Protagonisten Jules zur *impartalité* in der Praxis seines Schreibens noch nicht anzuwenden weiß. Auch dieser Roman vermittelt insgesamt noch den Eindruck eines Experimentes. Eine Überfülle von heterogenen Techniken, zumal die karikierende Überzeichnung der Nebenpersonen und die deutlich fühlbare Präsenz eines persönlichen, kommentierenden Erzählers grenzen diesen insgesamt noch auktorialen Roman von *Madame Bovary* ab. Oder anders gewendet: Die Unvereinbarkeit von Jules' theoretischer Position mit der Praxis einer als subjektiv einzustufenden Technik (Kommentare und Sentenzen eines persönlich intervenierenden Erzählers, Überwiegen der Formen direkter Personendarstellung usw.; vgl. dazu Dethloff, 1976, S. 78ff.) ist dafür verantwortlich, daß die *Education* von 1845 noch kein typisch Flaubertscher Roman ist. Jean Bruneau vertritt gleichwohl die These, daß Flaubert nach der Fertigstellung seines Manuskripts im Jahre 1845 »eine Erzählung, eine Beschreibung, eine Analyse und einen Dialog« in der Art seiner in den folgenden Romanen

verwendeten Darstellungskunst gestalten kann (1962, S. 574). Nun
wird zwar das romantische Weltverständnis am Beispiel der beiden
männlichen Protagonisten in Frage gestellt, aber auf der Ebene der
technischen Gestaltung überwiegt noch eine für den ›großen Flaubert‹ atypische Erzählweise. »En effet la façon dont il décrit et fait
parler ses personnages secondaires prouve ses capacités d'observateur
›réaliste‹ (...). Mais c'est son éducation technique que l'écrivain dev-
ra parfaire pour être enfin celui qu'il projette de devenir« (Digeon,
1970, S. 39). Die künstlerische Perfektion, die das Markenzeichen
des Flaubertschen Realismus ab *Madame Bovary* sein wird, ist noch
nicht erreicht. Und wenn Pierre Moreau geneigt ist, diesen Befund
positiv zu wenden, indem er urteilt: »Der ganze Flaubert ist [bereits
in der *Education*] vorhanden, nur seine Kunst noch nicht« (1957, S.
950), so muß man diese Aussage zweifellos wie folgt modifizieren:
»Der ganze Flaubert ist in diesem Werk noch nicht vorhanden,
denn es fehlt noch seine Kunst« (vgl. auch Dethloff, 1976, S. 103).
In recht deutlicher Formulierung hat zuletzt Marc Girard die gleiche Diagnose gestellt:

»Le problème de la première *Education sentimentale*, en effet, c'est qu'elle
réunissait au mieux une thématique, mais sans expression intrinsèque, sans
style: l'herméneutique de ce roman n'entretenait aucun lien organique avec
les moyens de la représentation, et requérait, pour devenir intelligible,
l'intervention explicite d'un narrateur-auteur dogmatique – passablement
casse-pieds, soit dit sincèrement« (1995, S. 159f.).

Über die autobiographische Relevanz der ersten Fassung der *Education* hinaus ist an diesem frühen Roman Flauberts insgesamt bemerkenswert, daß die Zeichnung von Jules und Henry in die Gesellschaft der Zeit eingebettet ist. In der Tat geht die Denunzierung romantischer Topoi und Träumereien einher mit der Evozierung einer
zeittypischen, kollektiven bürgerlichen Mentalität, von der sich
Flaubert distanziert. Sein Unwille über die Borniertheit der Bürger-
massen, deren Aufschwung sich unter dem Julikönigtum auf dem
Nährboden des positivistischen Wissenschaftsoptimismus und der
fortschreitenden Technisierung und Industrialisierung der Gesellschaft unaufhaltsam vollzieht, kommt in der Karikatur des bürgerlichen Milieus in der Studentenpension von Monsieur Renaud und in
einem wahren Arsenal von provinziellen Denk- und Verhaltensmustern bei der Porträtierung von Henrys Eltern, Monsieur et Madame
Gosselin, zum Vorschein (vgl. Flaubert, 1993, S. 244ff.). Jules' Hinwendung zu einem kontemplativen Künstlerdasein kommt somit
nicht nur die Funktion der Distanzierung von seiner romantischen
Vergangenheit zu, sondern signalisiert gleichzeitig auch seinen

Rückzug aus der materiellen und ideellen bürgerlichen Wertewelt. Das Fazit des Romans – es wird das letzte Mal sein, daß Flaubert ein solches so konkret in seinen Werken anbietet – ist also, daß die Kunst eine echte Alternative zu den geistigen und kulturellen Defiziten in der französischen Bürgergesellschaft bietet. Eine Antwort auf die Frage, wie Kunst sich in Fiktion konkret realisieren sollte, gibt Flaubert allerdings erst mit *Madame Bovary*. Flauberts zweiter, erst zu Beginn des 20. Jahrhunderts veröffentlichter Roman (Flaubert, 1910) stellt freilich eine wichtige Station auf dem Wege zur Ausbildung seiner Ästhetik des »réel écrit« dar. Dies hat auch die Dissertation von Ingetraut Wild (1985) erwiesen, die bisher die umfassendste deutschsprachige Untersuchung zur ersten *Education* Flauberts vorgelegt hat.

2. Der literarische Realismus Flauberts: pessimistische Gesellschaftsauffassung und Exklusivität des Kunstideals

Die optimistische Zuversicht über ein erfülltes Künstlerdasein, wie Jules sie gegen Ende der ersten *Education* zur Schau stellt, ist nur für eine kurze Zeit mit der Grundstimmung des Autors identisch. Zwar lebt er seine lyrische Natur in der ersten Fassung der *Tentation de Saint-Antoine* eineinhalb Jahre lang (1848/49) voll aus (vgl. *Corr.* II, S. 297). Andererseits haben seine diversen Reisen, zumal die eindrucksreiche Reise in den Orient mit Maxime Du Camp, ihn für die konkreten Erscheinungsformen kultureller Alterität und fremdländischer Lebenswirklichkeiten sensibilisiert. Seine *Notes de voyage* (1910) bezeugen das Interesse Flauberts für die Details fremder Länder und Sitten, die er aufmerksam registriert und schriftlich festhält. Als er sich 1851 als Dreißigjähriger an die Redaktion von *Madame Bovary* macht, ist er sich endgültig darüber klar geworden, daß die Entlarvung seines Ich im Rahmen von Bekenntnisliteratur nicht mehr in die zeitgenössische politisch/gesellschaftliche Landschaft paßt. Die Auseinandersetzung mit sich und seiner Welt in seinen autobiographischen Schriften ist in die Einsicht eingemündet, daß seine Neigung zur romantischen Verklärung der Welt und seiner Zukunft frontal mit der ihn umgebenden, platten Wirklichkeit kollidiert. Der Rückzug aus dem Karrierekarussell in die Einsamkeit von Croisset gibt ihm Gelegenheit, die allpräsenten Formen der bürgerlichen »bêtise« am Beispiel eines »Sittenbildes aus der Provinz« (so der Untertitel von *Madame Bovary*) zu geißeln.

Madame Bovary (1856/57) erzählt das Leben einer mit einem Landarzt verheirateten Frau, die aus ihrem unbefriedigenden Lebens- und Liebesalltag in die Idealität der romantischen Leidenschaft auszubrechen versucht und nach zwei desillusionierenden, außerehelichen Beziehungen allmählich in eine ausweglose Lage gerät, da sie wegen ihrer Konsumsucht das Ehevermögen durchbringt. Psychisch gezeichnet und wegen eines Pfändungsverfahrens gesellschaftlich bloßgestellt, sucht sie im Selbstmord die Erlösung von ihrer heillosen gefühlsmäßigen und materiellen Verstrickung.

Nun bringt es die von Flaubert in diesem Roman zum ersten Mal systematisch angewandte Technik der erzählerischen Unbeteiligtheit mit sich, daß *Madame Bovary* keine eindeutige Interpretation zuläßt. Es ist ja gerade diese interpretatorische Offenheit, die diesen Roman in der Moderne noch so aktuell erscheinen läßt. Flauberts Zeitgenossen bewerten freilich die beiden Hauptfiguren des Romans, Charles und Emma, viel selbstverständlicher innerhalb des gesellschaftlichen Normensystem der Zeit. Das fiktive Geschehen von *Madame Bovary* wird auf drei Ebenen zugleich relevant: auf den Bedeutungsebenen der menschlichen, zumal weiblichen Psyche, der Gesellschaftskonzeption und der künstlerischen Gestaltung.

Emma Bovary ist eine der ersten Romanfiguren des französischen Romans im 19. Jahrhundert, die dem Trend der fortschreitenden Entheroisierung der Romangestalt unterliegen. Anstatt eines »welthistorischen Individuums« werden im Gefolge der historischen Romane Walter Scotts progressiv »mittlere Helden« in der Romanfiktion gezeichnet, und die »Gestaltung bedeutender Menschen in bedeutenden Situationen« (Lukács, 1965, S. 152ff.) tritt in den Hintergrund. Der romantische Dramen- und Romanheld, der als Paria gegen eine übermächtige Gesellschaftsnorm aufbegehrt, war in der vom unaufhaltsamen Aufstieg der französischen Bourgeoisie zehrenden Julimonarchie kaum noch aktuell. Die Zeitbezogenheit der Romane Stendhals, Balzacs und auch Flauberts wirkt sich auf die Konzeption des Romanhelden dahingehend aus, daß dieser den bürgerlichen Verhaltens- und Denkstereotypen angepaßt wird und, vor allem im Falle Flauberts, anstatt mit der ungeteilten Sympathie des Autors/Erzählers, nur noch mit dessen Bemühen, sich in seine Person hineinzufühlen, rechnen konnte. Nun wird der realistische Romancier von einem starken antibürgerlichen Engagement geleitet und verleiht diesem bei der Darstellung seiner Figuren in unterschiedlicher Weise Ausdruck. Champfleury neigt, wie wir sahen, zur Überzeichnung seiner Figuren, die ihm zuweilen zu burlesken Spottfiguren geraten. Bei Flaubert äußert sich die innere Distanz des Schöpfers zum bürgerlichen Selbstverständnis in wesentlich verhaltener Form. Emma Bovary, wie auch die anderen tragenden Gestalten von *Madame Bovary* und von seinen folgenden Romanen, inkarnieren den »unheroic hero« (Giraud, 1957),

> »der vage an der bürgerlichen Wirklichkeit leidet, diese zuweilen gefühlsmäßig oder verbal infragestellt, aber weder das Format noch die Kraft zum konsequenten Ausbruch aufweist. Der bürgerliche Held wehrt sich gegen die ihn vereinnahmenden bourgeoisen Normen allenfalls durch die tagträumerische Evokation evasionsspendender Glücksbilder und verharrt ansonsten in narzißtischer Inaktivität« (Dethloff, 1988, S. 153).

Dieser sich hinter seinem Ego verschanzende ›unheldische Held‹, der an seinem eigenen wie auch gesellschaftlichen Ungenügen leidet, ist geradezu prädestiniert für eine Mittelstellung zwischen einer positiven und negativen Persönlichkeit und Charakterausprägung. Dies gilt insbesondere auch für die beiden Hauptfiguren Emma und Charles Bovary. Flaubert hat in seiner Protagonistin – und hierin wird zugleich die psychologische und gesellschaftliche Dimension des Romans deutlich – den Lebenszusammenhang einer Frau aus dem mittleren Bürgermilieu mit seinen trivialen Details und seiner lastenden Alltäglichkeit geschildert. Emma Bovary leidet an ihrer Rolle als Ehefrau eines Mannes, den sie nicht liebt, und als Mutter der Tochter Berthe, in deren Erziehung und Pflege sie keine Erfüllung findet. Sie, die in das herrschende bürgerliche Rollenparadigma eingebunden ist, wird von Flaubert eben nicht als eine heroische, gegen die sozialen Normen ankämpfende Ausnahmefigur konzipiert, sondern als launische, unzufriedene, egozentrische, dümmliche und nach Leidenschaft schmachtende ›jeune première‹. Dadurch, daß der Leser an ihren Bewußtseinsprozessen unmittelbar teilhaben kann, macht Flaubert über seine weibliche Hauptgestalt die Enge des stickigen, provinzbürgerlichen Milieus der Normandie des 19. Jahrhunderts gleichsam ›materiell‹ erfahrbar und zeigt, in welche Zwänge eine von einem falschen romantischen Bewußtsein geleitete »mal mariée« zur Zeit der Julimonarchie gerät. Emma ist also, wie Ulrike Prokop pointiert formuliert, »lächerlich, geschmacklos, naiv, unerträglich, gemein, und sie ist stolz, großartig, unbändig« (Prokop, 1976, S. 184). Emma ist lächerlich und unerträglich, weil sie die Rezepte ihrer Selbstverwirklichung ausschließlich in erfüllten Leidenschaftserfahrungen sucht und ihre Vorstellungen vom Liebesglück aus larmoyanter romantischer Trivialliteratur herrührt. Sie ist nicht lernfähig und verharrt in permanenter Selbsttäuschung trotz wiederholter Desillusionserfahrungen und trotz der Mediokrität ihrer Liebhaber Rodolphe und Léon. Emmas auf einer Klischee-Romantik basierendes falsches Bewußtsein verhindert also jeglichen »Entwurf authentischen Gegenlebens« (Degering, 1983, S. 23).

Nun ist es Flauberts erklärte Absicht gewesen, seine Romanheldin als Durchschnittsgestalt zu zeichnen, also weder eine heldische Ausnahmefigur noch eine einseitig negative Figur zu kreieren:

»... l'idée première que j'avais eue était d'en faire une vierge, vivant au milieu de la province, vieillissant dans le chagrin et arrivant ainsi aux derniers états du mysticisme et de la passion *rêvée* (...). Seulement, pour rendre l'histoire plus compréhensible et plus amusante, au bon sens du mot, j'ai inventé une héroïne plus humaine, une femme comme on en voit davantage« (*Corr.* II, S. 697).

Emma ist auch deshalb »menschlicher«, weil sie auch durchaus positive Eigenschaften aufweist. So überragt sie »sogar noch in dem trivialen Abklatsch ihrer Ideale« (Jauß, 1963, S. 13) die anderen Personen und ist mit einer außergewöhnlichen Fähigkeit zu fühlen und zu begehren ausgestattet (dies wurde besonders von Thibaudet, 1935, und Vargas Llosa, 1975, hervorgehoben). Marianne Beyerle (1975, S. 49) unterstreicht zu Recht, daß das strebende Bemühen Emmas an sich schon bemerkenswert sei. Sie arrangiert sich mit ihrem Los als bürgerliche Ehefrau nicht, sondern versucht immer wieder hartnäckig, ihre Wünsche zu verwirklichen. »Emma Bovary wehrt sich bis zur Selbstzerstörung dagegen, daß ihr in der Realität das vorenthalten bleibt, was ihr die Kultur des Gefühls auf dem Papier, in der Literatur verspricht« (Gerhardt, 1982, S. 47). Freilich wäre es verfehlt, ihr den Status einer Rebellin, wie Mario Vargas Llosa dies tut (1975), zuzugestehen. Aber innerhalb der bürgerlichen Gesellschaftspraxis des 19. Jahrhunderts mit ihrer strengen Rollenfestlegung der Frau auf den Aufgabenradius der moralbewußten Ehefrau und Mutter kommt Emma Bovary trotz ihrer intellektuellen und charakterlichen Defizite ein gewisses Maß an Outsidertum zu, das in ihrem Selbstmord ihren deutlichsten Ausdruck erhält. Andererseits denunziert der Autor hinter Emmas subjektiv empfundenen Sonderstellung unter ihren mediokren Mitmenschen unerbittlich ihr romantisch deformiertes Bewußtsein. Ihre letzte Illusion vom romantischen Entschlafensritus (»Ah! C'est bien peu de chose, la mort! Pensait-elle; je vais m'endormir, et tout sera fini!«; Flaubert, 1971, S. 322) wird denn auch – gleichsam eine Exorzisierung dieses typisch romantischen Klischees – zu einem qualvollen Erleben des Sterbens.

Der weiblichen Hauptfigur von *Madame Bovary* eignet also eine wirklichkeitsnahe Ambivalenz in dem Sinne, daß alle ›Menschen wie du und ich‹ nicht auf ein fixes Schema der Polarisierung von ›gut‹

und ›böse‹ festlegbar sind. In gleicher Weise verkörpert Charles Bovary trotz seiner aus der Perspektive Emmas motivierten Negativzeichnung eine Reihe von positiven Charaktereigenschaften, so daß Jean Améry in einer Art essayistischen Gegenromans zu *Madame Bovary* (1978) Charles Ehegeschichte nochmals neu geschrieben hat. Améry betrachtet Charles als einen höchst ehrwürdigen »Mann der Arbeit und der Demut«, »dem all unsere Sympathie gehören muß ...« (Améry, 1978, S. 56; S. 60f.). Ähnlich wie Sartre (1971/72) meint Améry das Motiv für die überzogene Negativzeichnung von Charles Bovary im Selbsthaß des Versagers Flaubert und in seinem Standesdünkel als Großbürger gegenüber dem Kleinbürgertum und dem Volk orten zu können (ebd., S. 68ff.). Das Buch von Améry ist also um eine Rehabilitierung von Emmas Ehemann bemüht, unterschätzt aus unserer Sicht allerdings das Faktum, das Flaubert Charles besonders am Ende des Romans durchaus in einem positiven Licht erscheinen läßt, als die verzerrte Perspektive Emmas nicht mehr dominieren kann.

Die Kritik an der Romantik und die Zerstörung romantischer Heldenstereotypik werden von Flaubert zur Bewußtmachung des »Traurig-Grotesken« in der bürgerlichen Gesellschaft benutzt (vgl. hierzu die grundlegende Untersuchung von Breut, 1994). Wir befinden uns hier an der Nahtstelle, an der das Ineinandergreifen der Darstellung der menschlichen Psyche und der bürgerlichen Gesellschaft in *Madame Bovary* augenfällig wird. Die von den Nebenfiguren und Komparsen repräsentierte Provinzgesellschaft der Julimonarchie ist trotz der episodischen Differenzierung verschiedener Milieus (die Gesellschaft des Marquis d'Andervilliers versus die Dorfgesellschaft in La Vaubyessard/Tostes; das Stadt-/Landgefälle Rouen/Yonville l'Abbaye) von einer (negativ besetzten) Homogenität. Die bei Stendhal und Balzac für das Romangeschehen konstitutiven Klassenschranken verschmelzen in *Madame Bovary* auf einer übergeordneten Ebene in einem allgemeinen Habitus der menschlichen Dummheit und Unzulänglichkeit; statt differenzierter Gesellschaftsmilieus zeichnet Flaubert vielmehr die Erscheinungsformen einer allen gemeinsamen, kollektiven Mentalität.

Die ohne Zweifel wichtigste Rolle im Sinne der Gesellschaftsdarstellung kommt Homais zu. Abgesehen von seiner Bedeutung für den Fortschritt der Romanhandlung entspricht der Apotheker mit seinem Gerede und Gebaren am vorzüglichsten dem Anspruch des Untertitels »Mœurs de province«. Als ein würdiger Vertreter der prätentiösen, egozentrischen Provinznotabeln wird er zum Archetypen des großsprecherischen Schwätzers und ist zugleich der »type social«, bei dem sich unkritische Fortschrittsgläubigkeit mit der Skrupellosigkeit des bürgerlichen Arrivisten der Julimonarchie paart. Ulrich Schulz-Buschhaus hat in seinem scharfsinnigen Essay (1995) zur gesellschaftlichen Rolle dieser als unerfreulich geltenden Figur in dem Apotheker die Norm des fortschrittlichen Berufsbürgers am Übergang von Julimonarchie zum zweiten Kaiserreich rekonstruiert (1995). Hinter Homais‹ vordergründiger Ridikülisierung entlarvt Schulz-Buschhaus die Absicht des Autors, mit dieser Figur die gesellschaftliche Norm selbst »ins Ridiküle, Groteske und Widerwärtige« zu ziehen. Der Berufsbürger Homais wird zum »être grotesque« und stellt zugleich die »opinion publique« dar, was dem Roman einen höchst subversiven Charakter verleiht (ebd., S. 28f.). Denn dieser aufgeklärte, sich liberal gebende Anhänger von Wissenschaft und Fortschritt hat ja letztlich noch als ein Lichtblick in dem einheitlichen Grau von Unwissenheit und Naivität der anderen Romanfiguren zu gelten! Man sieht, wie Flaubert die Gesellschaft in *Madame Bovary* konzipiert hat: Anstatt schichtenspezifischen Kastendenkens, wie noch in *Le Rouge et le Noir* (Flaubert kritisiert im übrigen diesen Roman vehement; *Corr.* II, S. 179), konzentriert er sein Sittengemälde auf die Inventarisierung eines reichhaltigen Repertoires bourgeoiser Dummheit, an der alle seine Personen in unterschiedlicher Form leiden. Der Triumpf des Arrivisten Homais am Ende des Romans, zu dessen Absicherung dieser sogar vor illegalen Mitteln nicht zurückschreckt, gibt ihm recht; nur ist die Auszeichnung mit der Ehrenlegion für den Leser nichts anderes als die Honorierung seines widerwärtigen Berufsbürgertums.

Dagegen hat Emma den Kode bürgerlichen Wohlverhaltens nicht erfüllt. Und Charles ist in seiner einfältigen Güte seiner von ihm erwarteten Rolle des bürgerlichen ›pater familias‹ nicht gerecht geworden (vgl. zu diesem Aspekt Dethloff, 1988, S. 167ff.). Beide haben also die von Flaubert gegeißelte Norm verfehlt, ohne jedoch deswegen zu Ausnahmefiguren aufgewertet zu werden. Im Gegenteil! Romantische Idealität und die verachtenswerte, triviale bürgerliche ›Realität‹ fügen sich somit am Schluß des Romans zu einer Symphonie des Grotesken zusammen. Aus der Opposition der Poesie des Herzens und der Prosa der Verhältnisse erwächst in *Madame Bovary* eben keine auch noch so bescheidene Perspektive eines alternativen Lebensentwurfs!

Die Konsequenz, mit der Flaubert nur den Negativbefund einer abstoßenden Wirklichkeit als Botschaft seines Romans anbietet, ist das eigentliche Novum gegenüber der *Première Education Sentimentale*. Gleichzeitig offenbart sich darin des Autors bewußte Weigerung, wenn nicht Unfähigkeit, seine Titelheldin als autonomere Persönlichkeit zu konzipieren. Setzt sie sich auch über die bestehende

Ehemoral hinweg, so lassen ihr Bewußtsein und Verhalten in keiner Phase des Romangeschehens im Ansatz eine Fähigkeit zur reflektierten Auseinandersetzung mit den gesellschaftlichen Normen erkennen, die ja die Verwirklichung ihrer Träume verhindern. Aus moderner Bewertungsperspektive leistet der Roman somit eine künstlerisch höchst anspruchsvolle fiktive Gestaltung von Negativität, die sowohl in der Inauthentizität von Emmas romantischen Idealen als auch in der Borniertheit bürgerlicher Lebenspraxis zum Ausdruck kommt. Insofern kann man, wie zum Beispiel Hans-Jörg Neuschäfer, dem Autor vorhalten, anstatt eines »avancierten gesellschaftlichen Bewußtseins« (1976, S. 272), lediglich zu einer rigoros kritischen Grundhaltung gegenüber der Bürgermentalität fähig gewesen zu sein. Im Grunde zeigt sich hier jene eigentümlich dialektische Beziehung Flauberts zu der von ihm gebrandmarkten bourgeoisen Realität. Er, der sich durch die Denunzierung der »bêtise humaine« am Dasein rächen will, ist selbst viel zu sehr Bourgeois, als daß er den Horizont des bürgerlichen Status durchbrechen könnte.

So ist Flaubert, wie so viele der zeitgenössischen Schriftsteller, gegen das allgemeine Wahlrecht und das Prinzip der Demokratie (vgl. dazu Dethloff, 1989). Die Forderung des Volkes nach mehr Gleichheit bleibt ihm zeitlebens fremd. Gleichheit heißt für ihn nur »Verleugnung jeder Freiheit« und »Sklaverei« (Flaubert, Corr. II, S. 91). Zwar werden in der Education Sentimentale von 1869 die Sozialprobleme der französischen Gesellschaft mit der Thematisierung der revolutionären Ereignisse von 1848 im Roman angedeutet; aber die historische Rolle des Volkes wird auf die Darstellung einer anonym kämpfenden Masse beschränkt, und das revolutionäre Engagement der Patrioten, wie auch der Tod Dussardiers, eines Sympathisanten des Volkes, verweisen im Grunde nur auf die Sinnlosigkeit des revolutionär erstrebten Gleichheitsideals. Ohne Zweifel kann man Béatrice Slama folgen, wenn sie feststellt: »L'histoire de la génération, l'éducation de Frédéric ne seraient pas ce qu'elles sont, si elles n'étaient inscrites dans la crise économique et sociale, historique et morale des années 1840-1851« (1971, S. 20). Flaubert geht es aber nicht, wie später Emile Zola, um die fiktionale Verarbeitung der für diese Zeit brennenden ökonomischen und sozialen Probleme. Letztlich beabsichtigt er mit der Darstellung der Achtundvierziger Revolution zunächst nur, mittels der für seine Rechte kämpfenden anonymen Volksmasse, die (nicht wünschenswerten) Konsequenzen einer radikalen Demokratisierung der französischen Gesellschaft fühlbar zu machen. Einerseits leidet Flaubert an der ihm verhaßten bürgerlichen Dekadenz und an dem von ihm so benannten »blöden Pöbelhaufen« (Flaubert, Corr. II, S. 437), andererseits wäre ihm die

Option, sich außerhalb der Grundnormen der bürgerlichen Gesellschaft zu stellen, absolut fremd. Die Antipathie gegen den gesellschaftlichen Ist-Zustand ist bei keinem der französischen Realisten so ausgeprägt wie bei Flaubert. Aber man kann von ihm angesichts seines im Bürgerlichen verwurzelten Naturells kaum erwarten, daß er seine fast neurotische Aversion gegen seine Zeitgenossen in politisches Kämpfertum oder in konkretes gesellschaftliches Engagement umsetzt. So bleibt er in einer Art Sartreschen »L'enfer, c'est les autres« – Haltung befangen, aus der heraus die literarische Evokation einer destruktiven Wirklichkeit in *Madame Bovary* oder auch in *L'Education Sentimentale* genährt wird. Flauberts Phobie vor den ›anderen‹ kommt in folgendem bezeichnenden Selbstzeugnis zum Ausdruck:

»Rien de ce qui vient de moi ne me fait de mal. C'est l'élément externe qui me blesse, m'agite, et m'use. Je pourrais travailler dix ans de suite, dans la plus austère solitude, sans avoir un mal de tête; tandis qu'une porte qui grince, la mine d'un bourgeois, une proposition saugrenue, etc., me font battre le coeur, me *révolutionnent*« (Flaubert, *Corr.* II, S. 491).

Gegenüber *Madame Bovary* geht Flaubert in der *Education* von 1869 über die Beschreibung des provinzlerischen Alltags unter Louis-Philippe um einiges hinaus, ohne aber damit den erwarteten Anklang beim Publikum zu finden. Der Roman wurde insgesamt äußerst kühl aufgenommen. Er zeichnet eine Vielzahl von verschiedenen Gesellschaftskreisen, denen die unterschiedlichsten Figuren zugeordnet werden: Provinzbürger, Städter, Politiker, Kaufleute, Studenten, Künstler, die Halbwelt und auch das sich in der Achtundvierziger Revolution erhebende Volk. Diese Personen versammeln sich in bestimmten Zirkeln um Schlüsselfiguren wie Madame Moreau, Arnoux, Dambreuse, Rosanette und die Patrioten. Frédéric übernimmt die Rolle der Kontaktperson zwischen den verschiedenen sozialen Gruppen und wird somit zum ›Mittelsmann‹, der diese als strukturell aufeinander bezogen erscheinen läßt.

Frédéric ist der Typ des passiven, ›unheldischen‹ Helden, dessen Schwächen und Handlungsunfähigkeit das individuelle Pendant zur kollektiven Mediokrität der Gesellschaft bildet. Aus der Diversität der Dialoge und Detailbeschreibungen innerhalb der einzelnen sozialen Gruppierungen kristallisieren sich zwei oppositionelle ideologische Lager heraus: die fortschrittlich denkenden Patrioten um Frédéric und die bürgerliche Reaktion um Monsieur Dambreuse. Ähnlich dem Befund zu *Madame Bovary* sind aber die Zentralfigur Frédéric und die unterschiedlichen Gesellschaftszirkel auf der gleichen Ebene menschlicher und gesellschaftlicher Defizite angesiedelt.

Die revolutionären Absichten der jungen Patrioten erschöpfen sich in leeren Phrasen (vgl. Digeon, 1970, S. 154), deren Sinnlosigkeit ihren konkreten Ausdruck im Mord Dussardiers durch Sénécal findet, und im Salon der Konservativen bei den Dambreuse paaren sich geistige Borniertheit mit Besitzdenken und Sorge um das Vermögen.

Wie bereits Stendhal und Balzac behandeln *Madame Bovary* und *L'Education Sentimentale* einen Stoff aus der Zeitgeschichte. *Salammbô* (1862) und *Bouvard et Pécuchet* (erst 1881 nach dem plötzlichen Tod Flauberts veröffentlicht) haben demgegenüber einen spezifischen Zuschnitt. In *Salammbô* geht es Flaubert um die Evokation des antiken Karthago, wobei seine Tendenz zur Überbetonung der »couleur locale« und zur Häufung von pittoresken Details und exotischen Objekten unübersehbar ist. *Bouvard et Pécuchet* haftet wegen der Regelmäßigkeit des vorprogrammierten Mißerfolgs, der die beiden Freunde regelmäßig heimsucht, ein gewisser Thesencharakter an. Wenn also *Salammbô* und *Bouvard et Pécuchet* nur schwerlich mit Flauberts beiden Gegenwartsromanen vergleichbar sind, so verwendet Flaubert doch in den erstgenannten Romanen seine unpersönliche Erzählweise und die aus dieser sich ableitenden narrativen Techniken perspektivischen Erzählens.

Das Prinzip der Entpersönlichung des Erzählens zwingt Flaubert dazu, den traditionellen Kanon narrativer Techniken von Grund auf zu überdenken. Nach der Überwindung seiner romantischen ›Phase‹ ist er zutiefst davon überzeugt (und versucht auch seine Bekannte, Louise Colet, davon zu überzeugen), daß die narzißtische Selbstdarstellung des Autors im Roman die Vielfalt von Wirklichkeit auf den Focus des Dichter-Egos einenge. Die Illusion der Wahrheit des Kunstwerks stelle sich nur dann beim Leser ein, wenn die evozierte fiktive Realität aus einer objektiv wirkenden Beobachterdistanz vermittelt würde. Damit wird das stoffbezogene Realismuskonzept der programmatischen Realisten ab der Veröffentlichung von *Madame Bovary* um die Komponente der Vermittlungsformen und um das Kriterium der künstlerischen Qualität von Wirklichkeitsdarstellung im Roman erweitert.

Zunächst gebietet das Prinzip der Unpersönlichkeit, dem allwissenden, persönlichen Erzähler weitgehend abzuschwören. Dies bedeutet nicht, daß in den Romanen Flauberts ein traditioneller Erzähler nicht mehr existent sei. Aber die Tendenz zur *Diskretion* des Erzählers ist unverkennbar. Die beiden Hauptaspekte unpersönlichen Erzählens, »impassibilité« und »impartialité«, beziehen sich in erster Linie auf technische Erzählverfahren – also nicht auf die innere Haltung des Autors zu seinen Romanfiguren und zur fiktiven

Welt. Flaubert schränkt also den Kompetenzrahmen des kommentierenden und wertenden Erzählers rigoros ein, ohne ihm aber grundsätzlich das Wort zu verbieten (vgl. dazu Dethloff, 1976, S. 120-127). Flauberts weitgehender Verzicht auf die Transparenz des Erzählvorgangs mittels eines aktiv eingreifenden Regisseurs hat einschneidende Auswirkungen auf die Darstellungstechniken. Da die Subjektivität des Autors bzw. des Erzählers stark reduziert wird, sieht er sich gezwungen, die Subjektivität einer oder mehrerer Romanpersonen zu fokussieren, indem er Figuren, Vorgänge oder Dinge aus der Perspektive der Zentralfigur oder sporadisch auch aus dem Blickwinkel anderer Personen schauen und reflektieren läßt. Die Ambivalenz dieses mit dem Terminus ›subjektiver Realismus‹ belegten Verfahrens liegt in der Koppelung einer ›objektivierten‹ Erzählweise an die Subjektivität der Romangestalt, die Träger der Perspektive ist. In *Madame Bovary* und insbesondere in der *Education* von 1869 stellt sich das Personengefüge nicht mehr als ein auf Geheiß eines Erzählerdemiurgen agierendes Ensemble mit klarer Rollenverteilung dar, sondern als eine komplexe, in ihrer Widersprüchlichkeit wirklichkeitsnah erscheinende Auswahl von Individuen, die vom Rezipienten sorgfältig eingeordnet werden müssen. Die Unmittelbarkeit der Fiktionsaufbereitung bei Stendhal und Balzac wird von einer zu entschlüsselnden Mittelbarkeit der Fiktionsgestaltung abgelöst.

Diese entscheidende Veränderung in der Romantechnik impliziert für die Romane Flauberts, daß neben der Abbildung von Wirklichkeit die Erfahrung derselben zu einem entscheidenden Aspekt realistischen Erzählens wird. Nicht nur die Funktion des Romans als Zeitdokument, sondern auch die Wiedergabe der Erfahrung perspektivischer Brechungen von Wirklichkeit über den zerebralen Katalysator fiktiver Individuen konstituieren das Paradigma realistischen Erzählens.

Andererseits kann nicht oft genug betont werden, daß die Spuren einer diskreten Erzählerpräsenz in Flauberts Romanen evident sind. Ob Emma, Charles oder Homais, sie alle unterliegen der Beurteilung oder ironischen Bewertung durch ihren Schöpfer. So mancher Kritiker hat demzufolge auch Flauberts Formel »keine Lyrik, kein Kommentar, Persönlichkeit des Autors abwesend« lediglich als Absichtserklärung gewertet (so Sherrington, 1970, S. 138).

Aber allein schon die Diskretion des Erzählers bewirkt eine grundlegende Veränderung der Romantechnik, da Flaubert das Prinzip der Unpersönlichkeit des Erzählens auf den verschiedensten Ebenen wie Handlung, Personeneinführung und -charakterisierung, Redewiedergabe und Dingweltbeschreibung zu gewährleisten hat.

Und als ob der Künstler damit nicht bereits genug gefordert wäre, macht er sich zusätzlich noch die Maxime von der Autonomie und Perfektion des Stiles zu eigen. Rhythmus, Ausgewogenheit des Satzbaus, Genauigkeit des Ausdrucks und Wohlklang der Kollokationen lassen ihn während seines zweiten Lebensabschnittes täglich die »Qualen der Kunst« (Flaubert, *Corr.* II, S. 234) erleiden. Was nicht den Test des »gueuloir«, das heißt des lauten Rezitierens seiner Sätze übersteht, wird gnadenlos verworfen; ganze Passagen, an denen Flaubert wochenlang gefeilt hat, werden schließlich doch eliminiert. Die Entwürfe und Manuskripte von Flauberts Romanen, die sich größtenteils in der Stadtbibliothek von Rouen und in der Nationalbibliothek befinden, legen ein beredtes Zeugnis von Flauberts konsequentem ›Stilwillen‹ ab.

In dem Maße, wie der Erzähler sich auf seine Beobachterfunktion beschränkt, überläßt er scheinbar das Aktionsfeld seinen Gestalten selbst, die erst mit fortschreitendem Geschehen deutlichere Konturen erhalten. Formal äußert sich dies in der Dynamisierung der Personendarstellung. Die typisch Balzacsche Methode der direkten, erzählergesteuerten Charakterisierung durch kohärente und umfangreiche Porträts wird zu einer sukzessiven, situationsabhängigen und über das Bewußtsein eines oder mehrerer ›personnages-témoins‹ gefilterten Beschreibung der Romanfiguren abgewandelt. Dies führt zu einer für die Flaubertsche Personendarstellung signifikanten Redundanz von Formen indirekter Charakterisierung. Handlungsweise, Verhalten, Reaktionen, Gestik, Mimik, Rede und Gedanken der Personen stehen im Vordergrund. Dem raffenden Erzählerbericht stehen auffällig viele Passagen gegenüber, in denen die szenische Darstellung und das Prinzip zeitdeckenden Erzählens dominieren. Die Innenwelt von Flauberts Protagonisten Emma und Frédéric wird einerseits in Form kohärenter Stimmungsanalysen und Seelenzustände vermittelt, zum anderen noch häufiger als Kette von Bewußtseinsvorgängen, die sich situationsabhängig als Momentaufnahmen von Träumereien, Evokationen, Erinnerungen, Wunschbildern darstellen.

Zudem gewinnt die Wiedergabe von punktuellen psychischen Verfassungen in exteriorisiertem Verhalten an Bedeutung. Diese behavioristische Orientierung äußert sich ab *Madame Bovary* in einem Arsenal von Reaktionen und Verhaltensmustern wie Erröten, Erblassen, Gestik usw. In der *Education* von 1869 erreicht diese Technik ihren Höhepunkt, da die Psyche und das Innenleben des Protagonisten Frédéric Moreau nicht vom Erzähler vermittelt sind, sondern aus seinem Verhaltensdiagramm und aus der Summe der situationsspezifischen Bewußtseinsaufnahmen erschlossen werden müssen.

Die anderen Romanpersonen und die Außenwelt stellen sich meist als Erfahrung der Zentralfigur Frédéric dar, und dieser Erfahrungscharakter wird vornehmlich durch den systematischen Einsatz der erlebten Rede unterstrichen, deren Anteil in der *Education* besonders hoch ist (zum Style indirect libre im allgemeinen und bei Flaubert im besonderen sei auf den fundamentalen Artikel von Dorothea Kullmann [1992] verwiesen).

Das Inauthentische der bürgerlichen Lebens- und Denkweise wird von Flaubert durch die direkte und erlebte Rede transparent gemacht. Der hohe Redeanteil in *Madame Bovary* und vor allem in der *Education* erklärt sich daraus, daß Flaubert die vorgestanzten Konversationsmuster und vorgefaßten Meinungen der ihm verhaßten Bürgergesellschaft vorführen will. Ab 1852 beabsichtigt er, das für die zeitgenössische Gesellschaft typische Inventar von Gemeinplätzen und Vorurteilen in einem *Dictionnaire des idées reçues* zu dokumentieren. Das Beispielmaterial des unvollendet gebliebenen Wöterbuches (vgl. Flaubert, 1966), als Band II von *Bouvard et Pécuchet* vorgesehen, wird also bereits in seinen Romanen fiktional präsentiert. Homais, der ›Hauptredner‹ von *Madame Bovary*, verbreitet die Klischees der im französischen Bürgertum hoch im Kurs stehenden Fortschrittsideologie, und die Unterhaltungen im Hause Dambreuse in der *Education* degenerieren regelmäßig zu einem bunten Potpourri von Konversationsfetzen, die für Flaubert eine Symphonie des Grotesken intonieren.

Mit der Veröffentlichung von *Madame Bovary* hat Flaubert für die Kritik an der Verbürgerlichung der Gesellschaft seiner Zeit in der Prosa neue Wege erschlossen. Voraussetzung hierfür war die persönlich schwer erkämpfte Überwindung seiner romantischen Vergangenheit und die Bewußtwerdung seiner antibourgeoisen Berufung als Künstler. Die Absage an die Romantik konkretisiert sich in der Ausbildung seines Impersonalitätsdogmas, die Abscheu vor der bürgerlichen Lebensweise in seiner Hinwendung zur ›vita contemplativa‹ des Einsiedlerliteraten. Dieser doppelte Aspekt in seiner Entwicklung bildet die Ausgangsbasis für den Identifikationsprozeß, dem Form und Gehalt in seinen Romanen unterliegen. Der triviale, substanzarme Romangegenstand geht auf in einer bis dahin in der Prosa unerreichten formalen Perfektion. Die Außenseiterposition des Künstlers Flaubert in der Gesellschaft erklärt seinen Anspruch auf einen elitären Sprachstil, der die beschriebene bürgerliche Trivialität in ihrer ganzen Ungeheuerlichkeit transparent macht. Bei der Wahl seiner Methode hingegen, gleichsam nach dem Prinzip, man müsse den Gegner mit den eigenen Waffen schlagen, bedient er sich, streng szientistisch arbeitend, eines bevorzugten Instruments des bürgerlichen Wissenschaftsverständnisses. So artikuliert sich der Protest gegen den Bourgeois in subtiler Form hinter der Fassade einer scheinbar nüchternen, objektiven Beschreibung einer Wirklichkeit, die letztlich doch eine künstlerisch manipulierte Vision der Realität ist. Die Faszination seiner Prosa geht aus von dem meisterhaft gehandhabten Prinzip des Andeutens, des Suggerierens. Stilistische Nüancierung und künstlerisches Understatment konnotieren die ironische Infragestellung des Dargestellten und bewirken gleichzeitig doch die Illusion einer ›objektiven‹ Wirklichkeitsabbildung.

Mit Gustave Flaubert erreicht der französische Realismus seinen Höhepunkt und zugleich seine entwickelteste Form. Bei ihm ist die zu Beginn dieses Bandes vorgenommene Merkmalsbestimmung des literarischen Realismus des 19. Jahrhunderts in komplettester Form verwirklicht. Seine Romane ab *Madame Bovary* sind gekennzeichnet durch eine antiromantische, antiidealisierende Tendenz; die zeitgenössische gesellschaftliche Realität ist Gegenstand seiner großen Romane – in der spezifischen Form der Denunzierung der bourgeoisen Lebens- und Wertewelt; die fiktive Wirklichkeit wird als hochgradig ›defekt‹ begriffen und zugleich durch die künstlerische Perfektion zu einer besonderen Kunstwirklichkeit überhöht. Zudem ist Flaubert der Realist des 19. Jahrhunderts, bei dem die Triade Wirklichkeit, Erfahrung derselben und Form ihrer Darstellung in gleicher Weise relevant werden. Er ist der Romancier, der durch seine Ästhetik des *art pur* dem Realismus nach 1857 den Odeur des Skandalösen nimmt. Und er ist der einzige französische Realist, bei dem der Erkenntniswert in gleicher Weise über die Relation von werkimmanenter und äußerer Realität sowie über die künstlerische Form vermittelt ist.

Literaturverzeichnis

I. Einführung (einschließlich grundsätzliche Abhandlungen zum literarischen Realismus)

Erich Auerbach: *Mimesis. Dargestellte Wirklichkeit in der abendländischen Literatur*, Bern, München [5]1971, ([1]1946).

Hugo Aust: *Literatur des Realismus*, Stuttgart [2]1981, ([1] 1977).

Colette Becker: *Lire le Réalisme et le Naturalisme*, Paris 1992.

Richard Brinkmann: *Wirklichkeit und Illusion. Studien über Gehalt und Grenzen des Begriffs Realismus für die erzählende Dichtung des 19. Jahrhunderts*, Tübingen [2]1966, ([1]1957).

Peter Bürger: »Was leistet der Widerspiegelungsbegriff in der Literaturwissenschaft?«, *Das Argument* 17 (1975), S. 199-228.

Ernst Robert Curtius: *Balzac*, Bonn 1923.

René Dumesnil: *Le Réalisme*, Paris 1936.

Winfried Engler: »Die Vorbereitung der französischen Realismusdiskussion im 19. Jahrhundert«, *Zeitschrift für französische Sprache und Literatur* 81 (1971), S. 193-207.

Gustave Flaubert: *Madame Bovary*, hrsg. von Edouard Maynial, Paris 1961.

Hugo Friedrich: *Drei Klassiker des französischen Romans. Stendhal, Balzac, Flaubert*, Frankfurt/M. [8]1980, (Leipzig [1]1939).

Hans Vilmar Geppert: *Der realistische Weg. Formen pragmatischen Erzählens bei Balzac, Dickens, Hardy, Keller, Raabe und anderen Autoren des 19. Jahrhunderts*, Tübingen 1994.

Klaus Heitmann: *Der Immoralismus – Prozeß gegen die französische Literatur im 19. Jahrhundert*, Bad Homburg, Berlin, Zürich 1970.

Klaus Heitmann: *Der französische Realismus von Stendhal bis Flaubert*, Wiesbaden 1979.

Eckhard Höfner: *Literarität und Realität. Aspekte des Realismusbegriffs in der französischen Literatur des 19. Jahrhunderts*, Heidelberg 1980.

Wolfgang Klein: *Der nüchterne Blick. Programmatischer Realismus in Frankreich nach 1848*, Berlin, Weimar 1989.

Erich Köhler: *Das 19. Jahrhundert I. Vorlesungen zur Geschichte der französischen Literatur*, hrsg. von Henning Krauss, Dietmar Rieger, Stuttgart, Berlin, Köln, Mainz 1987.

Stephan Kohl: *Realismus: Theorie und Geschichte*, München 1977.

Hans-Joachim Lotz: *Die Genese des Realismus in der französischen Literaturästhetik. Zur Kritik des nichthistorischen Epochenbegriffs*, Heidelberg 1984.

Georg Lukács: *Essays über Realismus*, Berlin 1948.

Georg Lukács: *Balzac und der französische Realismus*, Berlin 1952.

Georg Lukács: *Wider den mißverstandenen Realismus*, Hamburg 1958.

Georg Lukács: *Der historische Roman*. In: *Probleme des Realismus III*, Neuwied, Berlin 1965.

Georg Lukács: »Erzählen oder Beschreiben? Zur Diskussion über Naturalismus und Formalismus« [1936]. In: Richard Brinkmann (Hrsg.), *Begriffsbestimmung des literarischen Realismus*, Darmstadt 1969, S. 33-85.

Pierre Martino: *Le Roman réaliste sous le Second Empire*, Paris 1913.

Christoph Miething: »›Realienklassifikation‹ oder ›Wirklichkeit‹? Einige Anmerkungen zum logischen Status des Realismus-Begriffs«, *Germanisch-Romanische Monatsschrift* 65 (1984), S. 1-7.

Hans-Jörg Neuschäfer: *Populärromane im 19. Jahrhundert von Dumas bis Zola*, München 1976.

Hans-Jörg Neuschäfer, Dorothee Fritz-El Ahmad, Klaus-Peter Walter: *Der französische Feuilletonroman*, Darmstadt 1986.

Klaus Oehler (Hrsg.): *Zeichen und Realität*, Tübingen 1984.

Charles S. Peirce: *Collected Papers*, Bd. 8, hrsg. von A.W. Burks, Cambridge/Mass. 1958.

Claude Pichois: *Le Romantisme II (1843-1869), Littérature française*, Bd. 13, Paris 1979.

Michel Raimond: »Le réalisme subjectif dans ›L'Education Sentimentale‹« *CAIEF* 23 (1971), S. 299-310.

Joachim Ritter, Karlfried Gründer (Hrsg.): *Historisches Wörterbuch der Philosophie*, Bd. 8, Basel, Darmstadt 1992.

Alain Robbe-Grillet: »Du réalisme à la réalité«. In: ders.: *Pour un nouveau roman*, Paris 1963, S. 171-183.

Guy Robert: »Le réalisme devant la critique littéraire de 1851 à 1861«, *Revue des Sciences Humaines* 69 (1953), S. 5-26.

Gerhard Schmidt-Henkel: »›Die wirkliche Welt ist in Wahrheit nur die Karikatur unserer großen Romane‹ – über die Realität literarischer Fiktionalität unserer Realitätswahrnehmungen«, *Saarbrücker Universitätsreden* 25, Saarbrücken 1995.

Rita Schober: *Von der wirklichen Welt in der Dichtung. Aufsätze zu Theorie und Praxis des Realismus in der französischen Literatur*, Berlin 1970.

Bernhard F. Scholz (Hrsg.): *Mimesis. Studien zur literarischen Repräsentation*, Tübingen 1997.

Joseph Peter Stern: *Über literarischen Realismus*, München 1982.

Toos Streng: ›*Realisme‹ in de kunsten literatuurbeschouwing in Nederland tot 1875. Een begripshistorishe studie*, Amsterdam 1995.

René Wellek: »Der Realismusbegriff in der Literaturwissenschaft«. In: ders.: *Grundbegriffe der Literaturkritik*, Stuttgart, Berlin, Köln, Mainz 1965, S. 161-182.

II. Geschichtlicher und sozialhistorischer Hintergrund des realistischen Romans in Frankreich

Fernand Braudel, Ernest Labrousse: *Histoire économique et sociale de la France. L'avènement de l'ère industrielle (1789-années 1880),* Bd. III, 2, Paris 1976.

Jean Bron: *Histoire du mouvement ouvrier français,* Bd. I, Paris 1968.

Adeline Daumard: *Les Bourgeois de Paris au XIXe siècle,* Paris 1970.

Georges Dupeux: *La Société française 1789-1970,* Paris [6]1972.

Emmanuel de Las Cases: *Mémorial de Sainte-Hélène,* 8 Bde., 1822/23; [moderne Ausgabe von André Fugier, Garnier Frères 2 Bde., Paris 1961].

Hugo Friedrich: *Drei Klassiker des französischen Romans. Stendhal, Balzac, Flaubert,* Frankfurt/M. [5]1966, ([1]1939).

Gudrun Gersmann, Hubertus Kohle (Hrsg.): *Frankreich 1815-1830. Traum oder Utopie? Die Gesellschaft der Restauration und das Erbe der Revolution,* Stuttgart 1993.

Colin Jones: *Frankreich. Eine illustrierte Geschichte.* Aus dem Englischen von Udo Rennert, Frankfurt/M. 1995.

Yves Lequin (Hrsg.): *Histoire des Français. XIXe-XXe siècles,* Bd. 1, Paris 1984.

Max Milner: *Littérature française. Le Romantisme I, 1820-1843,* Paris 1973.

Hans-Jörg Neuschäfer: »Das Autonomiestreben und die Bedingungen des Literaturmarktes. Zur Stellung des ›freien Schriftstellers‹ im 19. Jahrhundert«, *Literaturwissenschaft und Linguistik* 11 (1981), S. 73-92.

Peter Schunck: *Geschichte Frankreichs. Von Heinrich IV. bis zur Gegenwart,* München 1994.

III. 1-3 Die Realismusdebatte in Frankreich (Klassik, Victor Hugo, Honoré de Balzac, Stendhal)

Primärwerke

François Hédelin, abbé d'Aubignac: *La Pratique du théâtre,* Nachdruck der dreibändigen Ausg. Amsterdam 1715 mit einer einleitenden Abhandlung von Hans-Jörg Neuschäfer, München 1971.

Honoré de Balzac: *Falthurne,* hrsg. von Pierre-Georges Castex, Paris 1950.

Honoré de Balzac: *Les Chouans,* hrsg. von Maurice Regard, Paris 1957.

Honoré de Balzac: *La Comédie humaine,* Bd. I (»Etudes de moeurs«), hrsg. von Pierre-Georges Castex, Paris: Bibliothèque de la Pléiade 1976 [»Avant-Propos«, S. 6-20].

Honoré de Balzac: *Lettres à Madame Hanska,* Bd. I, hrsg. von Roger Pierrot, Paris 1967.

Amable-Guillaume-Prosper Barante: *Histoire des ducs de Bourgogne de la maison de Valois, 1364-1477,* 12 Bde., Paris 1824-26.

Nicolas Boileau: *Œuvres complètes,* Bibliothèque de la Pléiade, Paris 1966.

Louis de Bonald: *Œuvres complètes,* Ausg. J.-P. Migne, 3 Bde., Paris 1864 [Bd. III: »Du mérite de la littérature ancienne et moderne« (1802), Sp. 967-976; Du style et de la littérature« (1806), Sp. 975-1016].

François René de Chateaubriand: *Atala-René-Les aventures du dernier Aben-cérage,* hrsg. von Fernand Letessier, Paris 1958.

Pierre Corneille: *Œuvres complètes,* Bd. III, Bibliothèque de la Pléiade 1987 [»Discours du poème dramatique«, S. 117-141; »Discours de la tragédie«, S. 142-173; »Discours des trois unités«, S. 174-190].

Denis Diderot: *Œuvres complètes,* Bd. 10, hrsg. von Roger Lewinter, Paris 1971 [»Paradoxe sur le comédien«, S. 413-490].

Denis Diderot: *Le drame bourgeois. Fiction* II, Bd. 10, Paris: Hermann, 1980 [*Le Fils naturel; Le Père de famille; Discours sur la poésie dramatique].*

Denis Diderot: *Arts et lettres* (1739-1766), *Œuvres complètes,* Bd. 13, Paris: Hermann, 1980 [»Eloge de Richardson«, S. 192-208].

Etienne Geoffroy Saint-Hilaire: *Sur le principe de l'unité de composition organique, discours servant d'introduction aux leçons professées au Jardin du roi,* Paris 1828.

Pierre Daniel Huet: *Traité de l'origine des romans,* Faksimiledrucke nach der Erstausg. von 1670 u. der Mappelschen Übersetz. von 1682, Stuttgart 1966.

Victor Hugo: *Notre-Dame de Paris,* hrsg. von Marius-François Guyard, Paris 1961.

Victor Hugo: *Théâtre complet,* Bd. I u. II, Bibliothèque de la Pléiade, Paris 1963/1964 [»Préface de Cromwell«, Bd. I, S. 409-454; »Préface de Marie Tudor«, Bd. II, S. 410-415].

Guy de Maupassant: *Pierre et Jean,* Paris: Albin Michel 1968.

Prosper Mérimée: *Romans et Nouvelles,* Bd. I, hrsg. von Maurice Parturier, Paris 1967 [*Chronique du règne de Charles IX,* S. 21-231].

Charles Nodier: *Mélanges de littérature et de critique,* mis en ordre et publiés par Alexandre Barginet, 2 Bde., Paris 1820.

Samuel Richardson: *Pamela, or virtue rewarded,* 4 Bde, Oxford 1929.

Samuel Richardson: *Clarissa,* 4 Bde., London 1932.

George Sand: *Valentine, Œuvres complètes,* Paris, Michel Lévy 1864.

George Sand: *Jacques, Œuvres complètes,* Paris, Michel Lévy 1866.

George Sand: *Lélia,* hrsg. von Pierre Reboul, Paris 1960.

George Sand: *Indiana,* hrsg. von Béatrice Didier (coll. Folio), Paris 1984.

Walter Scott: *Werke,* 48 Bde., Edinburgh 1833.

Stendhal: *Mélanges d'art,* hrsg. von Henri Martineau, Paris 1932.

Stendhal: *Romans et Nouvelles I u. II,* hrsg. von Henri Martineau, Bibliothèque de la Pléiade, Paris 1952.

Stendhal: *Racine et Shakespeare,* hrsg. von Roger Fayolle, Paris 1970.

Augustin Thierry: *Histoire de la conquête de l'Angleterre par les Normands,* Paris: Furne 1867.

Alfred de Vigny: *Œuvres complètes,* Bd. II, Bibliothèque de la Pléiade 1948 [*Cinq-Mars,* S. 27-374].

Sekundärliteratur

Pauline Bernheim: *Balzac und Swedenborg. Einfluß der Mystik Swedenborgs und Saint-Martins auf die Romandichtung Balzacs,* Berlin 1914.

Georges Blin: *Stendhal et les problèmes du roman,* Paris 1954.

René Bray: *La Formation de la doctrine classique en France,* Paris ³1963, (¹1927).

Joachim Carl: *Untersuchungen zur immanenten Poetik Balzacs,* Heidelberg 1979.

Pierre Chartier: *Introduction aux grandes théories du roman,* Paris 1990.

Giovanni Dotoli: *Littérature et société en France au XVIIe siècle,* Paris 1987.

Manfred Fuhrmann: *Einführung in die antike Dichtungstheorie,* Darmstadt 1973.

Théophile Gautier: *Histoire du romantisme,* Paris 1874.

Rolf Geißler: *Romantheorie in der Aufklärung. Thesen und Texte zum Roman des 18. Jahrhunderts in Frankreich,* Berlin 1984.

Klaus Heitmann: *Das französische Theater des 16. und 17. Jahrhunderts,* Wiesbaden 1977.

Hans Robert Jauß: *Literaturgeschichte als Provokation,* Frankfurt/M. 1970.

Erich Köhler: *Aufklärung I. Vorlesungen zur Geschichte der Französischen Literatur,* hrsg. von Dietmar Rieger, Stuttgart, Berlin, Köln, Mainz 1984 [bes. S. 78-91 »Diderot und die Theorie des Theaters im 18. Jahrhundert«].

Hans-Joachim Lotz: *Die Genese des Realismus in der französischen Literaturästhetik. Zur Kritik des nichthistorischen Epochenbegriffs,* Heidelberg 1984.

Louis Maigron: *Le roman historique à l'époque romantique. Essai sur l'influence de Walter Scott,* Paris ²1912, (¹1898).

Klaus Massmann: *Die Rezeption der historischen Romane Sir Walter Scotts in Frankreich (1816-1832),* Heidelberg 1972.

Wolfgang Matzat: *Dramenstruktur und Zuschauerrolle. Theater in der französischen Klassik,* München 1982.

Pierre Moreau: *Le classicisme des romantiques,* Paris 1932.

Renate Petermann, Peter-Volker Springborn (Hrsg.): *Theater und Aufklärung. Dokumentationen zur Ästhetik des französischen Theaters im 18. Jahrhundert,* München, Wien 1979.

Dietmar Rieger (Hrsg.): *Das französische Theater des 18. Jahrhunderts,* Darmstadt 1984.

Jean-Jacques Roubine: *Introduction aux grandes théories du théâtre,* Paris 1990.

Jacques Scherer: *La Dramaturgie classique en France,* Paris 1959.

Jochen Schlobach: »Motive und Folgen einer ästhetischen Revolution: Victor Hugos ›Préface de Cromwell‹«, *Lendemains* 21 (1981), S. 57-69.

Rulon N. Smithson: *Augustin Thierry. Social and Political Consciousness in the Evolution of a Historical Method,* Genf 1972.

Jürgen von Stackelberg: *Die französische Klassik. Einführung und Übersicht,* München 1996 [UTB 1930].

Peter Stadler: *Geschichtsschreibung und historisches Denken in Frankreich 1789-1871*, Zürich 1958.

Hartmut Stenzel: *Die französische »Klassik«. Literarische Modernisierung und absolutistischer Staat*, Darmstadt 1995.

Anne Ubersfeld: »Victor Hugo homme de théâtre«. In: Mireille Calle-Gruber, Arnold Rothe (Hrsg.): *Lectures de Victor Hugo*, Colloque de Heidelberg, Paris 1986, S. 111-118.

Paul Viallaneix (Hrsg.): *Le Préromantisme: Hypothèque ou hypothèse?*, Colloque de Clermont-Ferrand (1972), Paris 1975.

Rainer Warning: *Hugo: Ruy Blas*. In: Jürgen von Stackelberg (Hrsg.), *Das französische Theater vom Barock bis zur Gegenwart*, Düsseldorf 1968, S. 139-164.

Harald Wentzlaff-Eggebert: *Zwischen kosmischer Offenbarung und Wortoper. Das romantische Drama Victor Hugos*, Erlangen 1984 [dort weiterführende Sekundärliteratur S. 60-61].

Brigitte Winklehner: *Legitimationsprobleme einer Gattung. Zur Romandiskussion des 17. Jahrhunderts in Frankreich*, Tübingen 1989.

III. 4 Der programmatische Realismus der fünfziger Jahre

Primärwerke

Max Buchon: *Le réalisme*. Discussions esthétiques, recueillies et commentées par M. Buchon, Neuchâtel 1856.

Champfleury: *Le Réalisme*, Paris 1857, Reprint Genf 1967.

Champfleury: *Les Aventures de Mademoiselle Mariette*, Paris ³1857, (¹1853).

Champfleury: *Souvenirs des Funambules*, Paris 1859, Slatkine reprints, Genf 1971.

George Eliot: *Adam Bede*, London 1859.

Gustav Freytag: *Soll und Haben*, 3 Bde., Leipzig 1855.

Edmond et Jules de Goncourt: *Germinie Lacerteux*, Paris: coll. 10/18, 1979.

Gottfried Keller: *Der grüne Heinrich*, 4 Bde., Braunschweig 1854-55.

Henri Murger: *Scènes de la Bohème*, Brüssel 1851 [Ab der 4. Ausgabe unter dem Titel: *Scènes de la vie de Bohème*, Paris 1852].

Henri Murger: *Scènes de la vie de jeunesse*, Paris 1851.

Henri Murger: *Les Vacances de Camille*, Paris 1857.

Réalisme, Faksimilé-Ausgabe, L'Arche du Livre, 1970.

William M. Thackeray: *Vanity Fair. A Novel without a Hero* (with Illustrations by the Author and a Portrait), London 1899.

Sekundärliteratur

Luce Abélès: *Champfleury. L'art pour le peuple*, »Les Dossiers du Musée d'Orsay« 39, Paris 1990.

Luce Abélès (Hrsg.): *Champfleury – George Sand. Du réalisme. Correspondance*, Paris 1991.

Emile Bouvier: *La Bataille Réaliste (1844-1857)*, Paris 1913.

Jean-Luc Chalumeau (Hrsg.): *Courbet (1819-1877)*, »Découvrons l'art, 19e siècle«, Paris 1995.

Pierre Courthion: *Courbet raconté par lui-même et par ses amis*, 2 Bde., Genf 1948-50.

René Dumesnil: *Le Réalisme*, Paris 1936 [Eine überarbeitete Version erschien 1962 in Paris unter dem Titel *Le Réalisme et le Naturalisme*].

Winfried Engler (Hrsg.): *Texte zur französischen Romantheorie des 19. Jahrhunderts*, Tübingen 1970.

Walter F. Greiner, Fritz Kemmler (Hrsg.): *Realismustheorien in England (1692-1912). Texte zur historischen Dimension der englischen Realismusdebatte*, Tübingen 1979 [2. überarb. und erweit. Auflage, Tübingen 1997].

Christoph Heilmann, Michael Clarke, John Sillevis (Hrsg.): *Corot, Courbet und die Maler von Barbizon. »Les amis de la nature«*, Ausstellungskatalog, München 1996.

Klaus Herding: *Farbe und Weltbild. Thesen zu Courbets Malerei*. In: Werner Hofmann, (Hrsg.): *Courbet und Deutschland*. Ausstellungskatalog Hamburger Kunsthalle und Städelsches Kunstinstitut Frankfurt/M., München 1978, S. 478-492.

Klaus Herding: *Mimesis und Innovation. Überlegungen zum Begriff des Realismus in der bildenden Kunst*. In: Klaus Oehler (Hrsg.): *Zeichen und Realität*, Tübingen 1984, S. 83-113.

Wolfgang Klein: *Der nüchterne Blick. Programmatischer Realismus in Frankreich nach 1848*, Berlin, Weimar 1989.

Yves-Marie Lucot: *Husson dit Champfleury*, Creil 1990.

Pierre Martino: *Le Roman réaliste sous le Second Empire*, Paris 1913.

Guy Robert: »Le Réalisme devant la critique littéraire de 1851 à 1861«, *Revue des Sciences Humaines* 69 (1953), S. 5-26.

Jules Vallès: »L'exposition Courbet«, In: ders.: *Littérature et révolution. Recueil de textes littéraires*, hrsg. von Roger Bellet, Paris 1969, S. 259-265.

Bernhard Weinberg: *French Realism: The Critical Reaction, 1830-1870*, New York, London 1937.

Helmuth Widhammer: *Die Literaturtheorie des deutschen Realismus (1848-1860)*, Stuttgart 1977.

III. 5 Gustave Flaubert oder die Ästhetik des »livre sur rien«

Primärwerke

Gustave Flaubert: *Correspondance*. Supplément, hrsg. von René Dumesnil, Jean Pommier, Claude Digeon, Bd. 1-4, Paris 1954.

Gustave Flaubert: *Extraits de la correspondance ou Préface à la vie d'écrivain*, hrsg. von Geneviève Bollème, Paris 1963.

Gustave Flaubert: *Correspondance*, Bd. I-III, hrsg. von Jean Bruneau, Bibliothèque de la Pléiade, Paris 1973-1991.

Gustave Flaubert: *La première éducation sentimentale*, hrsg. von Martine Bercot, Paris 1993.

Gustave Flaubert: *L'Education sentimentale. Histoire d'un jeune homme*, hrsg. von Edouard Maynial, Paris 1961.

Emile Zola: *Le Roman expérimental*, Œuvres complètes, Ausg. Bernouard, Paris 1928.

Sekundärliteratur

Paul Binswanger: *Die ästhetische Problematik Flauberts. Untersuchung zum Problem von Sprache und Stil in der Literatur*, Frankfurt/M. 1934.

Marianne Bonwit: *Gustave Flaubert et le principe d'impassibilité*, Berkeley, Los Angeles 1950 [University of California Publications in Modern Philology, Bd. 33, S. 263-420].

Raymonde Debray Genette, Jacques Neefs: *L'œuvre de l'œuvre. Etudes sur la correspondance de Flaubert*, Paris 1993 [mit einer ausführlichen Spezialbibliographie zur Korrespondenz Flauberts von Odile de Guidis, S. 163-188].

Thomas Degering: *Gustave Flaubert: Madame Bovary*, München 1983.

Uwe Dethloff: *Das Romanwerk Gustave Flauberts. Die Entwicklung der Personendarstellung von ›Novembre‹ bis ›L'Education Sentimentale‹ (1869)*, München 1976.

E.-L. Ferrère: *L'Esthétique de Gustave Flaubert*, Paris 1913.

Hélène Frejlich: *Flaubert d'après sa correspondance*, Paris 1933.

Gerhard Walter Frey: *Die ästhetische Begriffswelt Flauberts. Studien zu der ästhetischen Terminologie der Briefe Flauberts*, München 1972.

Roger Genette: *Figures III*, Paris 1972.

Jürgen Grimm (Hrsg.): *Französische Literaturgeschichte*, Stuttgart 1989.

Guy Larroux: *Le Réalisme. Eléments de critique, d'histoire et de poétique*, Paris 1995.

Wolfgang Preisendanz: *Humor als dichterische Einbildungskraft. Studien zur Erzählkunst des poetischen Realismus*, München 1963.

Guy Robert: »Le Réalisme devant la critique littéraire de 1851 à 1861«, *Revue des Sciences Humaines* 18 (1953), S. 5-26.

Charles-Augustin Sainte-Beuve: *Les grands écrivains français du XIXe siècle. Les romanciers* II, Paris 1927.

Nathalie Sarraute: »Flaubert le précurseur«, *Preuves* 168 (1965), S. 3-11.

Richard J. Sherrington: *Three Novels by Flaubert. A Study of Techniques*, Oxford 1970.

Franz K. Stanzel: *Typische Formen des Romans*, Göttingen [10]1981, ([1]1964).

Franz K. Stanzel: *Theorie des Erzählens*, Göttingen [4]1989, ([1]1979).

Alfonso de Toro: »En guise d'introduction: Flaubert, précurseur du roman moderne ou la relève du système romanesque balzacien: *Le Père Goriot* et l'*Education sentimentale*«. In: ders. (Hrsg.), *Gustave Flaubert. Procédés narratifs et fondements épistémologiques*, Tübingen 1987, S. 9-29.

Peter Michael Wetherill: *Flaubert et la création littéraire*, Paris 1964.

IV. Stendhal

Primärwerke

Honoré de Balzac: *Lettres sur Paris*, Œuvres complètes, Bd.22 (Club de l'Honnête homme), Paris 1956, S. 397-496.

Victor Hugo: *Les Misérables*, Bibliothèque de la Pléiade, Paris 1951.

Madame de Lafayette: *Romans et Nouvelles*, hrsg. von Emile Magne, Paris 1958.

Prosper Mérimée: *Portraits historiques et littéraires*, Paris 1894.

Jean-Jacques Rousseau: *Julie ou la Nouvelle Héloïse*, hrsg. von Michel Launay, Paris 1967.

Stendhal: *Armance*, hrsg. von Raymond Lebègue, Paris: Champion 1925.

Stendhal: *Romans et Nouvelles*, Bd. I und II, hrsg. von Henri Martineau, Bibliothèque de la Pléiade, Paris 1952.

Stendhal: *Œuvres intimes*, hrsg. von Henri Martineau, Paris 1955.

Stendhal: *Vie de Henry Brulard*, hrsg. von Michel Crouzet, Henri Martineau, Coll. 10/18, Paris 1964.

Stendhal: *Correspondance*, Bd. I-III, hrsg. von Henri Martineau, Victor Del Litto, Bibliothèque de la Pléiade, Paris 1962-1968.

Stendhal: *Le Rouge et le Noir*, hrsg. von Victor Del Litto, Paris 1983.

Emile Zola: *Les Romanciers naturalistes*. Œuvres complètes, Bd. 11, hrsg. von Henri Mitterand, Paris 1968, S. 13-261.

Sekundärliteratur

Mechthild Albert: *Unausgesprochene Botschaften. Zur nonverbalen Kommunikation in den Romanen Stendhals*, Tübingen 1987.

Robert André: *Ecriture et pulsions dans le roman stendhalien*, Paris 1996.

Erich Auerbach: *Mimesis. Dargestellte Wirklichkeit in der abendländischen Literatur*, Bern, München [5]1971, ([1]1946).

Colette Becker: *Lire le Réalisme et le Naturalisme*, Paris 1992.

Karl-Heinz Bender: »Realität und Roman. Die französische Restaurationsgesellschaft in Stendhals ›Le Rouge et le Noir‹«, *Zeitschrift für französische Sprache und Literatur* 85 (1975), S. 193-210.

Georges Blin: *Stendhal et les problèmes du roman*, Paris 1954.

Georges Blin: *Stendhal et les problèmes de la personnalité*, Paris 1958.

Serge Bokobza: *Contribution à la titrologie romanesque: variations sur le titre ›Le Rouge et le Noir‹*, Genf 1986.

Hans Boll-Johansen: *Stendhal et le roman. Essai sur la structure du roman stendhalien*, Arau, Kopenhagen 1979.

Victor Brombert: *Stendhal. Fiction and the Themes of Freedom*, New York 1968.

Peter Bürger: »Stendhal – ›Le Rouge et le Noir‹«. In: Klaus Heitmann (Hrsg.): *Der französische Roman. Vom Mittelalter bis zur Gegenwart*, Düsseldorf 1975, S. 274-292.

Michel Crouzet: *Nature et société chez Stendhal. La révolte romantique*, Lille 1985.

Michel Crouzet: *Le roman stendhalien: La Chartreuse de Parme,* Orléans 1996.

Victor Del Litto (Hrsg.): *Stendhal-Balzac. Réalisme et cinéma.* Actes du XIᵉ Congrès International Stendhalien (Auxerre 1976), Paris 1978.

Béatrice Didier: *Stendhal autobiographe,* Paris 1983.

Hans Felten: *Französische Literatur unter der Julimonarchie (1830-1848). Eine Einführung,* Frankfurt/M. 1979.

Hugo Friedrich: *Drei Klassiker des französischen Romans. Stendhal, Balzac, Flaubert,* Frankfurt/M. ⁵1966, (¹1939).

Gérard Genette: *Figures III,* Paris 1972.

Gudrun Gersmann, Hubertus Kohle (Hrsg.): *Frankreich 1815-1830. Traum oder Utopie? Die Gesellschaft der Restauration und das Erbe der Revolution,* Stuttgart 1993.

René Girard: »Le Rouge et le Noir«. In: ders.: *Mensonge romantique et vérité romanesque,* Paris 1961, S. 119-143.

Jean-Jacques Hamm: *Le texte stendhalien: achèvement et inachèvement,* Sherbrooke (Québec, Canada) 1986.

Klaus Heitmann: *Der französische Realismus von Stendhal bis Flaubert,* Wiesbaden 1979.

F.W.J. Hemmings: *Stendhal. A Study of his Novels,* Oxford 1964.

Judd D. Hubert, »The Devaluation of Reality in the ›Chartreuse de Parme‹«. In: Victor Brombert (Hrsg.): *Stendhal,* New York 1962, S. 95-100.

Henri-François Imbert: *Stendhal et la tentation janséniste,* Genf 1970.

Walter Killy: »Der Roman als Geschichte. Stendhal: ›Le Rouge et le Noir‹«. In: ders.: *Wirklichkeit und Kunstcharakter. Neun Romane des 19. Jahrhunderts,* München 1963, S. 59-82.

Wolfgang Klein: *Der nüchterne Blick. Programmatischer Realismus in Frankreich nach 1848,* Berlin, Weimar 1989.

Wolfram Krömer: *Stendhal,* Darmstadt 1978.

C. Lecigne: »Stendhal et le roman d'analyse«, *La Jeune Fille contemporaine* 8, 5. Juli 1908.

Micheline Levowitz-Treu: *L'amour et la mort chez Stendhal,* Arau (Schweiz) 1978.

Georg Lukács: *Balzac und der französische Realismus,* Berlin 1952.

John Mitchell: *Stendhal: le Rouge et le Noir,* London 1973.

Jean Mourot: *Stendhal et le roman,* Nancy 1987.

Claude Scheiber: *Stendhal et l'écriture de ›La Chartreuse de Parme‹,* Paris 1988.

Stendhal: *La Chartreuse de Parme ou la chimère absente,* Sondernummer von *Romantisme,* Paris 1996.

Emile Talbot (Hrsg.): *La Critique stendhalienne de Balzac à Zola. Textes choisis et présentés,* York (South Carolina) 1979.

Alice Tibi: *Stendhal sur la voie publique,* Toulouse 1996.

V. Honoré de Balzac (1799-1850)

Primärwerke

Honoré de Balzac: *La Comédie humaine*, 10 Bde., hrsg. von Marcel Bouteron, Bibliothèque de la Pléiade, Paris 1935-1937. Ergänzungsband 11, hrsg. von Roger Pierrot, Paris ²1965, (¹1959).

Honoré de Balzac: *La Comédie humaine*, 12 Bde., hrsg. von Pierre-Georges Castex, Bibliothèque de la Pléiade, Paris 1976-1981.

Honoré de Balzac: *Correspondance*, 5 Bde., hrsg. von Roger Pierrot, Paris: Garnier Frères, 1960-1969.

Sekundärliteratur

André Allemand: *Unité et structure de l'univers balzacien*, Paris 1965.

Pierre Aurégan: *Balzac*, Paris 1992.

»Honoré de Balzac«, No. spécial, *Revue des Sciences Humaines* 175 (1979).

Pierre Barbéris: *Balzac et le mal du siècle*, 2 Bde., Paris 1970.

Pierre Barbéris: *Le Monde de Balzac*, Paris 1971.

Pierre Barbéris: *Mythes balzaciens*, Paris 1972.

Maurice Bardèche: *Balzac romancier*, Paris ²1943, (¹1940).

Maurice Bardèche: *Balzac*, Paris 1980.

Richard Beilharz: *Balzac* (Erträge der Forschung, 109), Darmstadt 1979.

Richard Beilharz: »Sept ans de recherches balzaciennes en Allemagne (1978-1984)«, *Œuvres et Critiques* 11 (1986), S. 313-329.

André Billy: *Vie de Balzac*, 2 Bde., Paris 1944.

Barbara Brumm: *Marxismus und Realismus am Beispiel Balzacs. Eine kritische Auseinandersetzung mit Marx, Engels, Lukács und Barbéris*, Frankfurt/M., Bern 1982.

Philippe Bruneau: *Guide Balzac*, Paris 1997.

Joachim Carl: *Untersuchungen zur immanenten Poetik Balzacs*, Heidelberg 1979.

René-Alexandre Courteix: *Balzac et la Révolution française*, Paris 1997.

Lucien Dällenbach: *La Canne de Balzac*, Paris 1996.

Joan Yvonne Dangelzer: *La Description du milieu dans le roman français de Balzac à Zola*, Paris 1938, Reprint Genf 1980.

Geneviève Delattre: *Les Opinions littéraires de Balzac*, Paris 1961.

Uwe Dethloff: *Die literarische Demontage des bürgerlichen Patriarchalismus. Zur Entwicklung des Weiblichkeitsbildes in französischen Romanen des 19. Jahrhunderts*, Tübingen 1988.

Uwe Dethloff: *Le Père Coriot. Honoré de Balzacs Gesellschaftsdarstellung im Kontext der Realismusdebatte*, Tübingen 1989 [UTB, 1542].

Jean-Hervé Donnard: *Les Réalités économiques et sociales dans ›La Comédie humaine‹*, Paris 1961.

Winfried Engler: »Zur Typisierung bei Balzac«, *Lendemains* 1 (1975), S. 41-47.

Marie-Henriette Faillie: *La Femme et le Code Civil dans la Comédie Humaine d'Honoré de Balzac*, Paris 1968.

Hugo Friedrich: *Drei Klassiker des französischen Romans*, Frankfurt/M. [5]1966, ([1]1939).

Juliette Grange: *Balzac. L'argent, la prose, les anges*, Paris 1990.

Hans-Ulrich Gumbrecht, Karlheinz Stierle, Rainer Warning (Hrsg.): *Honoré de Balzac*, München 1980.

Bernard Guyon: *La Pensée politique et sociale de Balzac*, [2]1967, ([1]1947).

Klaus Heitmann: *Der französische Realismus von Stendhal bis Flaubert*, Wiesbaden 1979 [»Balzac«, S. 42-71].

Willi Jung: *Theorie und Praxis des Typischen bei Honoré de Balzac*, Tübingen 1983.

Pierre Laubriet: *L'Intelligence de l'art chez Balzac*, Paris 1961.

Fernand Lotte: *Dictionnaire biographique des personnages fictifs de la Comédie humaine*, Paris [2]1968, ([1]1952).

Georg Lukács: *Balzac und der französische Realismus*, Berlin 1952.

Félicien Marceau: *Balzac et son monde*, Paris [2]1971, ([1]1955).

Karl Marx, Friedrich Engels: *Über Kunst und Literatur*, Berlin 1950.

Arlette Michel: »Balzac juge du féminisme. Des ›Mémoires de deux jeunes mariées‹ à ›Honorine‹«, *L'Année Balzacienne* 1973, S. 183-200.

Arlette Michel: *Le Mariage chez Honoré de Balzac. Amour et féminisme*, Paris 1978.

Arlette Michel: »Etat présent des études balzaciennes«, *Information littéraire* 38 (1986), S. 142-148; S. 205-214.

Jean Paris: *Balzac*, Paris 1986.

Roger Pierrot: »Chronologie de la vie et de l'œuvre de Balzac«, *La Comédie humaine*, Bd. I, Bibliothèque de la Pléiade, 1976, S. LXXVII-CXVII.

Roger Pierrot: *Honoré de Balzac*, Paris 1994.

Anthony R. Pugh: *Balzac's recurring characters*, Toronto 1974.

Hans-Ludwig Scheel: »Balzac als Physiognomiker«, *Archiv für das Studium der Neueren Sprachen und Literaturen* 198 (1961), S. 227-244.

Claudia Schmölders (Hrsg.): *Balzac: Leben und Werk*, Zürich 1993.

Birgit Tappert: *Balzac und die Lyrik. Untersuchungen zur Verseinlage in der ›Comédie humaine‹*, Tübingen 1989.

Friedrich Wolfzettel: »Balzacforschung 1967-1977«, *Romanistische Zeitschrift für Literaturgeschichte* 2 (1978), S. 350-382.

Friedrich Wolfzettel: »Honoré de Balzac«. In: Wolf-Dieter Lange (Hrsg.): *Französische Literatur des 19. Jahrhunderts*, Bd. 1, Heidelberg 1979, S. 217-243.

André Wurmser: *La Comédie inhumaine*, Paris 1964.

VI. Der realistische Roman der Programmatiker

Primärwerke

Max Buchon: *En Province, scènes franc-comtoises*, Paris 1858 [*Le Matachin; le Gouffre gourmand*].

Champfleury: *Les Aventures de Mademoiselle Mariette*, Paris [3]1857, ([1]1853).

Champfleury: *Les Bourgeois de Molinchart*, Paris 1855.
Champfleury: *Le Réalisme*, Paris 1857, Reprint Genf 1967.
Champfleury: *L'Usurier Blaizot*, Paris 1858.
Champfleury: *Souvenir des funambules*, Paris 1859.
Champfleury: *Grandes figures d'hier et d'aujourd'hui*, Paris 1861.
Champfleury: *Histoire de la caricature*, 2 Bde., Paris (E. Dentu) 1865.
Champfleury: *Ma tante Péronne*, Paris 1867 [*Le Cabaret de ma tante Péron-ne*, S. 3-75].
Champfleury: *Contes*, hrsg. von G. Secchi, Rom 1973.
Champfleury: *Le Violon de faïence, Les Enfants du Professeur Turck, La Son-nette de M. Berloquin*, hrsg. von Michael Weatherilt, Genf 1985.
Champfleury: *Chien-Caillou, Fantaisies d'hiver*, hrsg. von Bernard Leuilliot, Paris 1989.
Champfleury: *Feu Miette, Fantaisies d'été*, hrsg. von Bernard Leuilliot, Paris 1989.
Champfleury: *Pauvre Trompette, Fantaisies de printemps*, hrsg. von Bernard Leuilliot, Paris 1989.
Edmond Duranty: *Les combats de Françoise du Quesnoy*, Paris 1873.
Edmond Duranty: *La Nouvelle Peinture. A propos du groupe d'artistes qui ex-pose dans la Galerie Ruand-Ruel*, Paris 1876.
Edmond Duranty: *Le malheur d'Henriette Gérard*, Paris 1981.
Edmond Duranty: *La cause du beau Guillaume*, Tusson (Charente) 1985.
Gustave Flaubert: *Correspondance*, Bd. I-III, hrsg. von Jean Bruneau, Bi-bliothèque de la Pléiade, Paris 1973-1991.
Henri Murger: *Le Roman de toutes les femmes*, Paris 1854.

Sekundärliteratur

Luce Abélès (Hrsg.): *Champfleury – George Sand. Du réalisme. Correspon-dance*, Paris 1991.
Joseph-Marc Bailbé: »Stendhal et Champfleury. Du Réalisme à l'intimité«, *Revue d'histoire littéraire de la France* 84 (1984), S. 231-244.
Jules Amédée Barbey d'Aurevilly: *Les œuvres et les hommes*, Bd. 4 (*Les ro-manciers*), Paris 1865, Reprint Genf 1968, S. 227-238 [»M. Duranty«].
Charles Baudelaire: »Les Contes de Champfleury«, *Œuvres complètes*, Bi-bliothèque de la Pléiade, Bd. II, Paris 1975, S. 21-23.
Charles Beuchat: *Histoire du naturalisme français*, Bd. I, Paris 1949.
Emile Bouvier: *La bataille réaliste (1844-1857)*, Paris 1913.
Marcel Crouzet: *Un Méconnu du Réalisme: Duranty (1833-1880). L'homme – le critique – le romancier*, Paris 1964.
Uwe Dethloff: *Die literarische Demontage des bürgerlichen Patriarchalismus. Zur Entwicklung des Weiblichkeitsbildes im französischen Roman des 19. Jahrhunderts*, Tübingen 1988.
René Dumesnil: *Le Réalisme*, Paris 1936.
Pierre-Jean Founau: »Le roman. Louis Edmond Duranty: ›Le Malheur d'Henriette Gérard‹«, *La Nouvelle Revue Française* 342/343 (1981), S. 187-190.

Wolfgang Klein: *Der nüchterne Blick. Programmatischer Realismus in Frankreich nach 1848*, Berlin, Weimar 1989.

Helmut Kreuzer: *Die Boheme. Beiträge zu ihrer Beschreibung*, Stuttgart 1968.

Johannes van de Locht: *Der ›style indirect libre‹ in den Romanen Edmond Durantys*, Frankfurt/M. 1995.

Yves-Marie Lucot: *Husson dit Champfleury*, Creil 1990.

Pierre Martino: *Le Roman réaliste sous le Second Empire*, Paris 1913 [»Les romans de Champfleury; Les romans de Duranty«, S. 108-149].

Helmut Pfeiffer: *Roman und historischer Kontext. Strukturen und Funktionen des französischen Romans um 1857*, München 1984 [»Der Realismus Champfleurys und Durantys«, S. 100-139].

Claude Pichois: *Le Romantisme* II. (1843-1869), Littérature française 1979, [»Champfleury«, S. 257-261; »Duranty«, S. 264-268].

Albert Salvan: »Duranty ressuscité?« *The Romanic Review* 58 (1967), S. 109-119.

Louis Edouard Tabary: *Duranty (1833-1880). Etude biographique et critique*, Paris 1954.

Jules Troubat: *Souvenirs sur Champfleury et le réalisme*, Paris 1905.

Michael Weatherilt: »Les Cahiers inédits de Champfleury: quelques considératons sur l'époque réaliste et naturaliste«, *Cahiers naturalistes* 55 (1981), S. 117-128.

Rudolf Zellweger: *Les débuts du roman rustique. Suisse – Allemagne – France (1836-1856)*, Paris 1941.

VII. Gustave Flaubert

Primärwerke

Maxime Du Camp, Gustave Flaubert: *Par les champs et par les grèves,* hrsg. von Adrianne J. Tooke, Genf 1987.

Gustave Flaubert: *Correspondance. Supplément,* hrsg. von René Dumesnil, Jean Pommier, Claude Digeon, Bd. I-IV, Paris 1954.

Gustave Flaubert: *Extraits de la correspondance ou Préface à la vie d'écrivain,* hrsg. von Geneviève Bollème, Paris 1963.

Gustave Flaubert: *Correspondance*, Bd. I-III, hrsg. von Jean Bruneau, Bibliothèque de la Pléiade, Paris 1973-1991.

Gustave Flaubert: *Mémoires d'un fou, Novembre* et autres textes de jeunesse [u.a. *Un parfum à sentir*], hrsg. von Yvan Leclerc, Paris 1991.

Gustave Flaubert: *L'Education Sentimentale (version de 1845), Œuvres de jeunesse,* Bd. III, Paris 1910.

Gustave Flaubert: *La ›Première‹ éducation sentimentale*, hrsg. von Martine Bercot, Paris 1993.

Gustave Flaubert: *Madame Bovary*, hrsg. von Claudine Gothot-Mersch, Paris 1971.

Gustave Flaubert: *Salammbô*, hrsg. von Edouard Maynial, Paris 1961.

Gustave Flaubert: *Œuvres*, Bd. 2, Bibliothèque de la Pléiade, Paris 1952 [*L'Education Sentimentale, Trois Contes, Bouvard et Pécuchet*].

Gustave Flaubert: *La Tentation de Saint Antoine*, hrsg. von Edouard Maynial, Paris 1954.

Gustave Flaubert: *Notes de voyage*, 2 Bde., Paris 1910.

Gustave Flaubert: *Dictionnaire des idées reçues*, hrsg. von Lea Caminiti, Paris 1966.

Sekundärliteratur

Jean Améry: *Charles Bovary, Landarzt. Porträt eines einfachen Mannes*, Stuttgart 1978.

Maurice Bardèche: *L'Œuvre de Flaubert*, Paris 1974.

Marianne Beyerle: ›*Madame Bovary*‹ *als Roman der Versuchung*, Frankfurt/ M. 1975.

Michèle Breut: *Le Haut et le Bas. Essai sur le grotesque dans* ›*Madame Bovary*‹ *de Gustave Flaubert*, Amsterdam, Atlanta 1994.

Jean Bruneau: *Les débuts littéraires de Gustave Flaubert (1831-1845)*, Paris 1962.

Corrada Biazzo Curry: *Description and Meaning in Three Novels by Gustave Flaubert*, New York, Bern, Berlin, Frankfurt/M., Paris, Wien 1997.

Lucette Czyba: *La Femme dans les romans de Flaubert. Mythes et idéologie*, Lyon 1983.

Thomas Degering: *Gustave Flaubert. Madame Bovary*, München 1983.

Uwe Dethloff: *Das Romanwerk Gustave Flauberts. Die Entwicklung der Personendarstellung von* ›*Novembre*‹ *bis* ›*L'Education Sentimentale*‹ (1869), München 1976.

Uwe Dethloff: *Die literarische Demontage des bürgerlichen Patriarchalismus. Zur Entwicklung des Weiblichkeitsbildes im französischen Roman des 19. Jahrhunderts*, Tübingen 1988 [bes. Kap. 6 zu *Madame Bovary*, S. 148-184].

Uwe Dethloff: »Liberté et égalité. Gustave Flaubert et les acquis de la Révolution«, *Lendemains* 55/56 (1989), S. 124-128.

Claude Digeon: *Flaubert*, Paris 1970.

Jacques-Louis Douchin: *Le Bourreau de soi-même. Essai sur l'itinéraire intellectuel de Gustave Flaubert*, Paris 1984.

Jacques-Louis Douchin: *La Vie érotique de Flaubert*, Paris 1984.

Philippe Dufour: *Flaubert et le pignouf. Essai sur la représentation romanesque du langage*, Saint Denis 1993.

Philippe Dufour: *Flaubert ou La Prose du silence*, Paris 1997.

René Dumesnil: *Gustave Flaubert. L'homme et l'oeuvre*, Paris [3]1947, ([1]1905).

René Dumesnil: *La vocation de Gustave Flaubert*, Paris 1961.

Alison Fairlie: *Flaubert: Madame Bovary*, London 1962.

Thierry Ferraro: *Flaubert: oeuvres majeures*, Alleur (Belgien) 1992 [*Madame Bovary, Salammbô, L'Education Sentimentale*].

171

Gérard Gengembre: *Gustave Flaubert. Madame Bovary*, Paris 1990.

Marlis Gerhardt: *Kein bürgerlicher Stern, nichts, nichts konnte mich je beschwichtigen. Zur Kränkung der Frau*, Neuwied, Darmstadt 1982.

Marc Girard: *La passion de Charles Bovary*, Paris 1995.

Raymond Giraud: *The Unheroic Hero in the Novels of Stendhal, Balzac and Flaubert*, New Brunswick 1957.

Jeanne-Antide Huynh: *L'Education Sentimentale. Gustave Flaubert*, Paris 1991.

Hans Robert Jauß: »Der Fall ›Madame Bovary‹«, *Die Grünenthal Waage* 1 (1963), Bd.3, S. 9-14.

Andreas Kablitz: »Erzählperspektive – Point of view – Focalisation. Überlegungen zu einem Konzept der Erzähltheorie«, *Zeitschrift für französische Sprache und Literatur* 98 (1988), S. 237-255.

Wolfram Krömer: *Flaubert*, Wiss. Buchgesellsch., Darmstadt 1980.

Dorothea Kullmann: »Systematische und historische Bemerkungen zum Style indirect libre«, *Romanistische Zeitschrift für Literaturgeschichte* 16 (1992), S. 113-140.

Yvan Leclerc: *Gustave Flaubert. L'éducation sentimentale*, Paris 1997.

Ehrhart Linsen: *Subjekt-Objektbeziehungen bei Balzac, Flaubert und Nathalie Sarraute, unter besonderer Berücksichtigung der Sprachproblematik*, Frankfurt/M. 1981.

Mario Vargas Llosa: *La Orgía perpetua. Flaubert y ›Madame Bovary‹*, Lima, Barcelona, Madrid 1975.

Georg Lukács: *Der historische Roman*. In: ders., *Probleme des Realismus III*, Neuwied, Berlin 1965.

Pierre Moreau: »Etat présent de notre connaissance de Flaubert«, *L'Information littéraire*, mai-juin 1957, S. 93-105.

Hans-Jörg Neuschäfer: »Flauberts Madame Bovary«. In: *Lebendige Romania*, Festschrift für Hans-Wilhelm Klein, hrsg. von A.Barrera-Vidal, E. Ruhe, P.Schunck, Göppingen 1976, S. 263-274.

Jean-Marie Privat: *Madame Bovary, moeurs de province. Essai d'ethnocritique*, Paris 1994.

Ulrike Prokop: *Weiblicher Lebenszusammenhang. Von der Beschränktheit der Strategien und der Unangemessenheit der Wünsche*, Frankfurt/M. 1976.

Pierre-Louis Rey: *Madame Bovary de Gustave Flaubert*, Paris 1996.

Patricia Reynaud: *Fiction et Faillite. Economie et métaphores dans Madame Bovary*, New York 1994.

Jean-Paul Sartre: *L'Idiot de la famille. Gustave Flaubert de 1821 à 1857*, 3 Bde., Paris 1971/72.

Ulrich Schulz-Buschhaus: *Flaubert – Die Rhetorik des Schweigens und die Poetik des Zitats*, Münster 1995 [u.a. »Homais oder die Norm des fortschrittlichen Berufsbürgers. Zur Interpretation von Flauberts ›Madame Bovary‹«, S. 7-29].

Lewis P. Shanks: *Flaubert's Youth (1821-1845)*, Baltimore 1927.

Richard J. Sherrington: *Three Novels by Flaubert. A Study of Techniques*, Oxford 1970.

Béatrice Slama: »Une lecture de *L'Education Sentimentale*«, *Littérature* 2 (1971), S. 19-38.

Albert Thibaudet: *Gustave Flaubert*, Paris [2]1935, ([1]1922).
Ingetraud Wild: *Das Experiment der ›Première Education Sentimentale‹*,
  Frankfurt/M. 1985.

Namenregister

Angaben zum Autor

Uwe Dethloff, geb. 1940; Professor für Romanische Philologie an der Universität des Saarlandes; Professeur invité für Vergleichende Literaturwissenschaft an der Universität Tours. Zahlreiche Veröffentlichungen zur französischen Literatur des 18. und 19. Jahrhunderts sowie zur Fragen der Kulturwissenschaft.

Sammlung Metzler

Printed in the United States
By Bookmasters